JN100947

一般社団法人
地域デザイン学会 監修

原田　保
石川和男 編著
福田康典

地域デザイン学会叢書 9

地域価値発現モデル

ZTCAデザインモデルの進化方向

学文社

編著者プロフィール

＊**原田　保**(はらだ　たもつ)
　(一社)地域デザイン学会理事長，ソーシャルデザイナー，地域プロデューサー，現代批評家(序章，第1章，第2章，第3章，第9章，終章)

＊**石川　和男**(いしかわ　かずお)
　専修大学商学部教授(第1章，第3章，第7章，終章)

＊**福田　康典**(ふくた　やすのり)
　明治大学商学部教授(第2章，第9章)

西田小百合(にしだ　さゆり)
　東海大学観光学部准教授(第1章，第3章，第9章)

諸上　茂光(もろかみ　しげみつ)
　法政大学社会学部教授(第4章)

木暮　美菜(こぐれ　みな)
　法政大学大学院社会学研究科博士後期課程(第4章)

菊池　史光(きくち　ふみあき)
　玉川大学経営学部准教授(第5章)

森本　祥一(もりもと　しょういち)
　専修大学経営学部教授(第6章)

庄司　真人(しょうじ　まさと)
　高千穂大学商学部教授(第8章)

上原　義子(うえはら　のりこ)
　高千穂大学商学部准教授(第8章)

藤田　直哉(ふじた　なおや)
　日本映画大学映画学部准教授(第10章)

(執筆順，＊は編者)

はしがき

　本書は，地域デザイン学会が刊行する叢書の9号であり，学会の設立後10年を捉えた研究の成果である。そこで，この研究の機会を利用して今後の学会をリードしていくことが期待される研究者を集め，地域デザイン研究の成果を取りまとめることにした。原田がゾーンという概念に注目したのは，三浦俊彦（中央大学）の力を借りて地域ブランディングの研究を行ったときであり，これを地域デザインモデルに導入したのは，原田が浅野清彦（東海大学（当時）），庄司真人（高千穂大学），そしてつづく古賀広志（関西大学）と西田小百合（東海大学）らとともに行った研究の際であった。このときに構想されたのが，ZTCAデザインモデルの前のモデルであったZCTデザインモデルであった。その後，原田が初めて地域デザインモデルとしてのZTCAデザインモデルを学会誌に掲載したのは，第4号巻頭論文「地域デザイン理論のコンテクスト転換—ZTCAデザインモデルの提言」であった。以後，西田，古賀，石川和男（専修大学）の協力の上で，今日まで研究が継続されてきた。

　この原田が構想したZTCAデザインモデルは，地域デザイン学会の唯一の公式モデルとして現在に至っている。本学会は，地域研究では後発であり，確固たる基盤がなかったために，組織に求心力を付けるためのシンボルが必要であった。公式モデルの構築によって，本学会はZTCAデザインモデルの地域デザイン学会という明確なアイデンティティを保持できることになったわけである。その意味で，ZTCAデザインモデルを維持することが本学会に期待されるようになっている。

　そうなると，このデザインモデルの継続的な深化と進化が求められることになる。そこで，このZTCAデザインモデルに対しては，リターン・トゥ・フォーエバー（Return to Forever）とエターナル・ナウ（Eternal Now）の追求が必要になってきた。こうしたことを踏まえて，今回の著作への期待が膨らんできたわけである。

　さて，ここで取り上げられる ZTCA デザインモデルについては，極度なコンテクスト主義者である原田が指向するコンテクスト転換を活用しての地域デザインモデルの研究が行われてきた。つまり，コンテンツクリエイターの立場からではなく，コンテクストクリエイターの立場からの指向が行われてきたということである。これにより，ZTCA デザインモデルのコンテクスト転換が追求されることになった。ここでは，モデルの進化は主に原田が担いつつ，他方でモデルの深化は石川と福田康典(明治大学)が担い，これらの統括的な管理を原田と西田が担当するという体系で行われている。また，学会誌の依頼論文の執筆と叢書の執筆についても二人の責任で行われている。

　このようなことから，今回の執筆者体制が決まったが，それなりの個性的な著作になっていると思われる。この著作をご覧いただくことで，より多くの人にデザインによる地域価値の発現に興味を抱いていただければ幸いである。また，編者としては，本書を読んだ学会員が，ZTCA デザインモデルに対して何らかの関心を持ってほしいとも願っている。さらに，読者の中から，我々と一緒に地域デザイン研究に取り組んでいただける方が増えることを期待している。

　最後に，本学会の今後の活動方向を示しておくことにしたい。これは，可能な限り多くの他分野の研究者や研究組織との連携である。また，多くの若手研究者との共同研究を促進し，ZTCA デザインモデルをさらに進化させていきたいと考えている。こうして，ZTCA デザインモデルへの関与者が増加していく中で，このモデルが実装されるよう努力を払っていきたい。そのためには，本学会会員に若手研究者や若手実践者を増やしていくことが不可欠である。今後は各種フォーラムをさらに強化しながら，学会の若返りを進めていきたい。

2022 年 8 月 1 日

編者を代表して

(一社)地域デザイン学会理事長　原田　保

目　次

序章

ZTCA デザインモデルの本質と進化方向

原田　保

はじめに

　本書は，地域デザイン学会が刊行する著作であるため，まずは地域デザイン学会(以下，本学会)の基本的な考え方を確認しておく。本学会は，学としての地域デザインの研究を指向する学術団体である。本書は，この基本的考え方に依拠して上梓された著作になる。それゆえ，本書の主たる目的は，いわゆる地域に対して価値(value)を発現させるための理論を構築することになる。また，この理論が実践のための知として活用されることも大事な役割とされている(原田ら編，2014)。

　本学会が他の関連学会と根本的に異なるのは，地域はいわゆるエリア(area)ではなくゾーン(zone)であるという原則に依拠していることである[1]。また，本学会は，地域研究に関するダイバーシティ(diversity：多様性)を指向することから設立された。したがって，本学会ではゾーン起点の地域研究の推進が新規参入の理由であったわけである。つまり，本学会員に要請されるのは，地域をゾーンであるとすることおよびデザイン指向による価値発現を行うことに対して同意することである。このように，本学会においては，ダイバーシティという概念はインクルージョン(inclusion：包含)とエクスクルージョン(exclusion：

排除)の的確なマネジメントが前提になることへの理解が不可欠である。

そもそも，設立者の原田が地域価値の発現のために地域をエリアとして考えるのではなく，ゾーンであると捉えることにしたのは，コンテクスト(context)としてのゾーンに注目したからである(原田，2020 等)。後述するが，ゾーンという概念は多用な分野で使用されており，それぞれの領域における戦略的なツール(tool)として活用されている。原田は，このゾーンという概念を地域価値の発現のためのツールとして考えたわけである。

それゆえ，エリア起点ではなくゾーン起点での理論構築が重視されるようになり，本学会はゾーンを重視する研究組織であることが期待されるようになった。このように，ゾーンが地域経営のためのツールとして有効であると考えたことが，地域から価値を発現させるためのモデル創造の契機になったわけである。つまり，ゾーンこそが，いかなる地域に対しても価値の最大化を可能にする戦略的なツールであるといえる。

さて，エリアはあくまでも地を捉えた域であるのに対して，ゾーンは多様な次元に設定できる区域である。言い換えれば，ゾーンの方がエリアより広範囲に利用できる概念であるといえる。

◇ エリアとゾーンの差異 ◇

エリア＝特定の地域(地起点の概念)

ゾーン＝特定の区域(区起点の概念)

これによって，本学会においてはゾーン起点のモデルが公式モデルとなり，原田が後述する Z 起点の地域デザインモデルである ZTCA (zone, topos, constellation, actors network)デザインモデルの構築を行うことに結び付くことになった(原田，2020)。また，本学会では多様なモデルの構築を推奨しているが，Z 起点でないモデルについては公式モデルとしての認定は行われない。

このような前提を踏まえながら，本章では以下のような論述が展開されることになる。これらは，第 1 が ZTCA デザインモデルを理解するための基本的

な事項，第2が空間軸概念の拡張に伴うゾーン概念の多様化，第3が地域デザインモデルの複数化とその他の分野への活用，第4がデザイン科学から見た地域デザインである。

第1節　ZTCA デザインモデルを理解するための基本的な事項

　ここにおいては，ZTCA デザインモデルにおけるゾーンと他の3要素，つまりトポス（topos），コンステレーション（constellation），アクターズネットワーク（actors network）との関係を整理したい。まず，この ZTCA デザインモデルにおける4要素を概括的に示していく（原田・三浦（2011）および原田（2020）を参照）。現時点では，第1要素であるゾーンはデザイン対象となる固有の区域設定のためのデザイン行為，第2要素であるトポスは牽引装置活性化のためのデザイン要素，第3の要素であるコンステレーションは潜在顧客誘引のためのデザイン要素，第4の要素であるアクターズネットワークは推進主体育成のためのデザイン要素である（原田，2020；原田ら，2021a）。

◇　**ZTCA デザインモデルの構成要素**　◇

①ゾーン（zone）
②トポス（topos）
③コンステレーション（constellation）
④アクターズネットワーク（actors network）

　元来，ZTCA デザインモデルはゾーンが起点のモデルであるが，これらの4つの要素が効果的に連携することによって，期待される地域価値が発現できるようになる。これについては，ゾーンが地域デザインを牽引する1つの，しかも最も重要なトリガー（trigger）となっているからである。これを踏まえて，なぜ地域をエリアといわないのかについての議論を行っていきたい。
　一般的な地域活性化モデルにおいては，活性化すべき対象地域が所与の場合

が多い。現在では，国家政策である地方創生の視点から，市町村という行政単位の地域活性化策がまさに大きな潮流である。その際，当然ながら地域デザインの対象となる地域の単位は主に市町村という行政単位において展開される。これによる欠点の克服のために，広域連携など補完的対応も取られるが，政策による地域振興の支援予算は市町村単位で編成されるものも多いため，市町村の壁を越える連携を模索するのは容易ではない。

　他方で，われわれが指向するゾーンデザインとは，これらの制約を乗り越えることによって取られる戦略的方向性に依拠しており，境界の壁を越えた地域価値最大化を図る独自の空間を設定し，以前よりも多大な価値を発現可能な地域デザイン手法である。つまり，ゾーンは地域行政単位に限らず，あらゆる空間としての地域に対し，各目的で戦略的線引きを行い，導出する地域空間を捉える戦略的行為である。

　われわれが提唱するゾーンデザインは，成り行きとは異なるアプローチによって，市町村合併などで人為的に再編された存在意義が明確でない空間からは生まれない地域価値を新たに現出させる戦略的行為である。これはデザインが常に戦略を背景とした価値発現のために展開される創造的行為だからである。これが地域デザインモデルにゾーンという概念を起点として設定した最大の理由である（原田，2013）。

第2節　空間軸概念の拡張に伴うゾーン概念の多様化

　次に，空間軸概念の拡張に伴うゾーン概念の多様化について考察する。ゾーン概念を地域研究に導入した時点では，エリアにゾーンというデザイン要素が新たに追加されたというような捉え方がなされていたが，それは当時まだデザインモデルとしてのZTCAデザインモデルが提示されていなかったためである。しかし，ゾーンはエリアを否定するために構想された概念であるため，本学会では地域はゾーンであるという考え方が次第に定着していった。

　このような経緯で市町村や都道府県における行政の単位，すなわちエリアが

次第にゾーンとして選択されることになったが，場合によってはエリアも戦略的に設定されるゾーンとして捉え直された。これにより，エリアがゾーンとして有効に機能する場合は，これらも戦略的に設定される地域としてのゾーンとして捉えられることになった。たとえば，さいたま市はエリアに過ぎないが，横浜市はゾーンになりうる。このように，概念としてのエリアが否定されることは，実際のエリアの存在を否定することを意味するのではなく，多くのエリアは ZTCA デザインモデルを活用することでゾーンに転換することを表している。

　加えて，地域戦略の推進には，エリアがそのままゾーンとして機能することが望ましいという見解も出されることになった。すなわち，エリアに対して ZTCA デザインモデルを活用すれば，ゾーンとしての地域価値が発現することを示していることになる(原田ら，2021a)。

◇　**ゾーン概念によるエリア概念の吸収**　◇

ゾーンとしても機能させられるエリアの存在

↓

ゾーンもエリアもともにゾーンとして捉えるゾーンデザイン

　さらに，近年の技術革新によりデザイン対象地域は拡大させることも，また縮小させることも可能になり，海外も含めた離れた地域どうしのゾーン連携も可能になってきた。たとえば，神奈川県藤沢市の場合には，藤沢市をそのままゾーンにしてもよいが，これに含める観光トポスとしての江の島をゾーンにすることもできるし，あるいは両隣の鎌倉や茅ヶ崎などを含めた広域の湘南を設定することも可能である。また，宮島(広島県)は，単独でも強力な地域ブランドあるが，フランスのモン・サン・ミシェル(Mont Saint-Michel)との提携関係にあることを踏まえた遠距離連携ゾーンの形成も可能になっている。

　ゾーンの対象は，人が暮らす地域のみならず，たとえば資源を捉えたゾーンデザインを構想すれば，地球の内部や深海，あるいは山岳や空にまで拡大でき，

図表序-1　空間拡張

リアル空間

宇宙空間　　　　　**地球空間**

無限空間　　　　　　　　　　　　　　　　有限空間

サイバー空間

バーチャル空間

出所：原田・西田(2020：6)，図1より引用

　さらには宇宙空間にも拡大することができる。近年ではデジタル化の進展により，デジタル空間としてサイバー(cyber)空間が多様に現出するようになり，リアル＝バーチャル統合型のハイブリッド空間も多様に，しかも日常的に現出している。これらの新たな空間も，ゾーンデザインの対象として活用される(図表序-1)。

◇　空間拡張　◇

地球空間⇒＋宇宙空間

リアル空間⇒＋バーチャル空間

　このような物理的な空間のみならず，頭脳や神経に影響を与えることによって多次元的な空間を想像させることも可能になる。AI (Artificial Intelligence：人工知能)はロボットの力を借りた新たな空間も多様に構築することもできる。これは，サイコロジカル(psychological)な空間の登場を捉えており，コンステレーションと深く関連づけられる概念の構築を予見させる。

第3節　地域デザインモデルの複数化による他分野への活用

　前節では，本学会の公式な地域デザインモデルである ZTCA デザインモデルに関する考察が行われてきた。本節では，これを踏まえて地域デザインモデルの複数化に関する経営についての論述を行うことにする。ここでは，モデル自体の複数化と，これらがカバーする対応領域の複数化が行われる（図表序-2）。

◇　モデルの拡張　◇

モデル数の増大 + 対応領域の拡大

　一方では，ZTCA デザインモデルは地域デザインモデルとしてのみならず，地域ブランディングデルとしても地域マーケティングモデルとしても使用できることが述べられている。これを踏まえて，これはある種のメタモデルとしての可能性があることも提示されている。

図表序-2　ZTCA デザインモデルの発展

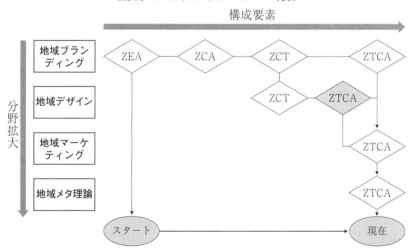

出所：原田・西田(2019：138)，図表5より引用

　他方で，ZTCA デザインモデルは地域ブランディングモデルのトライアングルモデル（ZEA：zone, episode make, actors network）を契機としているが，これが発展して ZCT（zone, constellation, topos）デザインモデルになった。これは，ZTCA デザインモデルの構築後に ZTC デザインモデルに変更されることになったが，現在もモデルとして活用されている。

　このように，地域デザインモデルの多様化の契機になった ZTCA デザインモデルは，同時にマーケティングモデルやブランディングモデルとしても利用できる。そのため，もはや個別モデルであるだけではなく，ある種のメタモデルとしての性格を保持するようにもなったのである。

　その後，ZTCA デザインモデルとは異なるモデルとして提言されたものに，デザインモデルとしての展開が可能な SSR（sign create, story select, resonance act）マーケティングモデル（原田ら編，2019）や ISET（make identity design, make symbol design, make episode design, make tribe design）デザインモデル（原田ら，2020）が提言された。併せて，これまで開発された複数のモデルを踏まえてメタモデル化も構想されることになった。加えて，現在では，これらの著者が開発したモデルを中心にしながら，他の会員による多くのモデルがすでに公表されるまでになっている（原田編，2020）。

◇　著者らが開発したモデル　◇

① SSR マーケティングモデル
② ISET デザインモデル
③ ZTCA デザインモデルのメタモデル化

　このような新たなモデルの開発とともに，地域デザインモデルの他の活用も試行されている。具体的には，ISET デザインモデルの社会課題解決のためのダイバーシティとしての活用である。これは，ダイバーシティデザインモデルとしての ISET デザインモデルの構想である（原田ら，2021b）。

◇ 2つの ISET デザインモデル ◇

①地域デザインモデルとしての ISET デザインモデル
②ダイバーシティデザインモデルとしての ISET デザインモデル

第4節　デザイン科学から見た地域デザイン

　前節までは，ZTCA デザインモデルを契機とした地域デザインモデルの発展方向に関する議論が行われてきた。本節では，地域デザインモデルに活用すべきデザイン手法が紹介される。具体的には，第1がデザインメソドロジー（design methodology：デザイン方法論）とメソッド（method）に関する議論，第2がコンテンツ（contents）とコンテクストとの差異に関する議論，第3がゾーン・カテゴリー（category）連携，第4がトリガー（trigger），レバレッジ（leverage），トランス（trans）に関する議論である。

◇　地域デザインに活用すべきデザイン手法　◇
①メソドロジーとメソッド
②コンテンツとコンテクスト
③ゾーン・カテゴリー連携
④トリガー，レバレッジ，トランス

　ここでまず認識すべきは，アートデザインとの差異を捉えたデザインの方法論としてのメソドロジーとモデル化である。重要なのは，複数のメソッドの体験からメソドロジーを導出すること，そしてこのメソドロジーからモデルの抽出を行うことである。メソッドの体験を増やすことからメソドロジーの改善を行い，これをモデルに反映することが必要である。

おわりに

　本章では，ZTCA デザインモデルの解釈と今後の方向に関する考察を行ってきた。今後の活動においては，これらを踏まえた ZTCA デザインモデルの進化に向けた，組織的な対応が不可欠になる。それには，研究すべき分野の見直しや新たな研究者の獲得が欠かせない。また，そのうえで研究のための組織対応が求められる。そこで，すでに研究委員会の委員を増強するとともに，編集委員会との連携体制の構築も強化されている。

　フォーラムにおいては，研究推進のためのフォーラムの設立も行われた。すでに，地域デザイン研究推進フォーラム，ZTCA デザイン研究モデルフォーラム，デザイン科学研究推進フォーラムなどが活動を始めている。そこで，これらのフォーラムを継続的に活動させるためには外部からの人材確保が必要になる。

　さて，本書の第 3 章以降においては ZTCA デザインモデルに関係が深い研究者が，自身の専門分野においてモデルの発展を指向した考察が展開される。具体的には，以下のとおりである。第 1 が，空間概念の拡張に関するゾーンに関する対応である。第 2 は，個別のモデル構成要素に関する対応である。第 3 は，モデルの構成要素の変更に関する変更である。たとえば，ZTCA から操作対象の A を除けば ZCT デザインモデルになり，I を追加すれば ZTCAI デザインモデルということになる。その第 4 は ISET デザインモデルのような新たなモデルの提言である。第 5 は，たとえば TLT（trigger, leverage, trans）などのメソドロジーの投入による価値発現力の強化に向けての対応である。第 6 は，ゾーン＝カテゴリー連携による新たな連携形態の提言である。第 7 は，これらとは異なる新たなモデルの進化を可能にする対応である。

注
1）地域デザイン学会 HP（2012）「地域デザイン学会設立趣旨」，http://zone-design.org/aim.html（2021.9.2 アクセス）。

参考文献

原田保（2013）「地域デザインの戦略的展開に向けた分析視角―生活価値発現のための地域のコンテクスト活用」地域デザイン学会誌『地域デザイン』第 1 号，1-15 頁。

原田保（2020）「地域デザイン理論のコンテクスト転換―ZTCA デザインモデルの提言」地域デザイン学会誌『地域デザイン』第 4 号改訂版，11-27 頁。

原田保編著（2020）『地域デザインモデルの研究：理論構築のための基本と展開』学文社。

原田保・石川和男・小川雅司編著（2019）『地域マーケティングのコンテクスト転換：コンステレーションのための SSR モデル』学文社。

原田保・石川和男・西田小百合（2021a）「ゾーンのトレースとカテゴリーとの連携によるデザインメソドロジーの深化方向」地域デザイン学会誌『地域デザイン』第 17 号，11-66 頁。

原田保・古賀広志・西田小百合編著（2014）『海と島のブランドデザイン：海洋国家の地域戦略』芙蓉書房出版。

原田保・西田小百合（2019）「デザインの視角から捉えた地域デザイン研究のコンテクスト転換―新たな価値創造に向けた地域デザイン理論の革新」地域デザイン学会誌『地域デザイン』第 13 号，121-147 頁。

原田保・西田小百合（2020）「空間概念の拡張を捉えた地域デザインモデル：ゾーンデザインに見られるコンテクスト転換」『日本情報経営学会誌』Vol. 40，No. 3，1-14 頁。

原田保・西田小百合・宮本文宏（2020）「もう 1 つの地域デザインモデル『ISET デザインモデル』の提言―従来の『ZTCA デザインモデル』に加えて」地域デザイン学会誌『地域デザイン』第 15 号，11-37 頁。

原田保・西田小百合・宮本文宏（2021b）「サステナビリティブランディングの地域デザインへの活用―社会デザインモデル＝『目的から手段への転換モデル』による戦略的アプローチ」地域デザイン学会誌『地域デザイン』第 18 号，63-109 頁。

原田保・三浦俊彦（2011）「地域ブランドのデザインフレーム―ゾーンデザイン，エピソードメイク，アクターズネットワーク」原田保・三浦俊彦編著『地域ブランドのコンテクストデザイン』同文舘出版，11-20 頁。

第1章

空間概念の拡張を捉えた ZTCA デザインモデルの展開

原田　　保
石川　和男
西田小百合

はじめに

　本学会のオフィシャルモデルである ZTCA デザインモデルは，インターネットにより急速に進展した空間拡張によって，その適用範囲が拡大し，広く多様な空間を捉えたモデルとして期待される。それは地域をエリア（area）ではなく，ゾーン（zone）としてきたため，当然のことであろう。このような概念拡張が新たなデザインメソドロジーを展開し，これによってリアルな地域に対するデザインの展開を可能にしている。

　多様な理論的アプローチは，それらの方向性を統一的なものとするため，共通認識が披露され，これにより，これまでの理論を発展させるための基盤が形成される。ここでの議論を踏まえた新たな視角は，都市地域などリアルな地域に対する価値発現の有益な手段となることが期待される。

　本章では，この後の論述を規定するものとして，次のことが主張される。具体的には，第1が新たな空間概念としてのバーチャル空間と宇宙空間，第2がバーチャル空間とサイバー空間に見られる同義性と異義性，第3がもう1つのリアル空間として提示されるフィクション空間，第4がリアル空間よりも影響力が多大な幻想空間である。これらを踏まえ，3つのトピックスが紹介される。

第1節　新たな空間概念としてのバーチャル空間と宇宙空間

　本章では，序章で示された課題中の1つである空間概念の拡張に伴うゾーンの戦略的な対応に関するコンテクスト(context)ベースによる考察を行う。繰り返しになるが，序章で取り上げたとおり，空間概念の拡張は，概ね次のようにまとめられる。

◇　空間の拡張　◇

地球空間⇒＋宇宙空間

リアル空間⇒＋バーチャル空間

　空間概念の拡張は，コンテンツとしての空間変化だけでなく，空間という概念のコンテクスト転換を誘発する。近年，急速に存在感を強めるバーチャル(virtual)空間とリアル(real)空間との関係に見られるコンテクスト転換の現出が注目される。空間は，リアルな空間だけでなく，バーチャルな空間も指す概念である。つまり，われわれが関わる空間は，まさにリアル空間とバーチャル空間から構成されている。また，これらは新たな空間を現出させている。つまり現時点では，バーチャル空間はリアル空間と連携することで，第3の空間ともいえる編集された空間としてのハイブリッド(hybrid)空間を現出させている

図表 1-1　ハイブリッド空間の現出

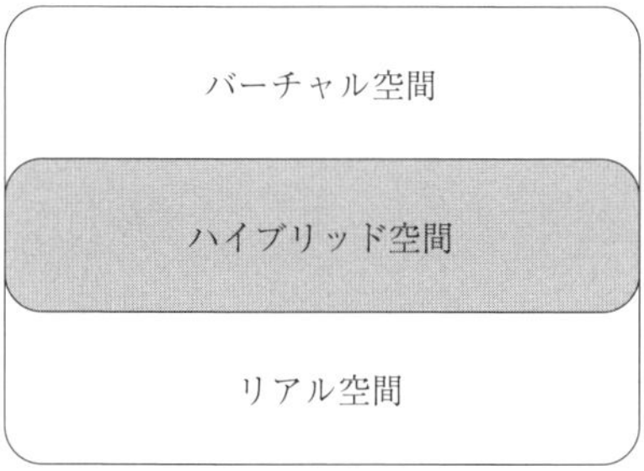

出所：著者作成

のである(図表1-1)。

◇ **第3の空間になるハイブリッド空間** ◇

リアル空間(第1の空間)＆バーチャル空間(第2の空間)

＋

ハイブリッド空間(第3の空間)

　近年のICT(Information and Communication Technology：情報通信技術)やAI(Artificial Intelligence：人工知能)の急速な進歩は，人間がこれらの操作主体であるだけでなく，場合によっては人間がこれらの操作対象になる場面もあろう。これにより，バーチャル空間はリアリティを保持し，それを示すことになる。リアリティは，バーチャルな存在になるというリアルからバーチャルへのコンテクスト転換が行われる。

第2節　バーチャル空間とサイバー空間に見られる同義性と異義性

　バーチャル空間の反意語はリアル空間である。ただ，バーチャル空間とほぼ同意とされるサイバー(cyber)空間には反意語が見当たらない。両者はともにコンピュータ上で構築されるため，概ねバーチャル空間＝サイバー空間というイメージが定着している。それでは，これらが同意語であるとされているのに，なぜサイバー空間には適切な反意語が存在しないのだろうか。

◇ **バーチャルとサイバーの比較** ◇

同義性＝バーチャルもサイバーもインターネット上の空間
異義性＝バーチャルの反意語はリアルだが，サイバーには反意語を見出せない

　実際には，バーチャル空間とサイバー空間を同義と考えるのは適当ではない。

そこで，サイバーが保持する意味をあらためて捉え直したい。サイバーは，サイバネティックス(cybernetics)に由来し，語源はギリシャ語のキュペルネーテーゼ(kuberne-te-s)であり，船を操る操艇や水先案内を表す言葉である。これは何かを操ったりコントロール(control)したりすることを意味する。こうしたコントロールという言葉が，現在ではインターネットの世界に流用され，インターネット空間のコントロールとして使用されている。そのため，サイバーセキュリティ(cyber security)は，インターネット空間に対する安全のためにコントロールすることを意味し，サイバー空間が次第にインターネット上の空間自体を示すことになった。つまり，前者のバーチャルは，空間の性格を示す形容詞であり，後者のサイバーは動詞のインターネット空間に対するコントロールとなる。このように，バーチャルは空間の状況を示し，サイバーは空間に対する行為である。

◇　バーチャルとサイバーに見られる差異　◇

バーチャル＝空間の状況

VS

サイバー＝空間に対する行為

　一般に，バーチャル空間もサイバー空間もインターネット上の仮想空間として捉えられるが，これらの言葉の成立を理解すれば差異は明白である。バーチャル空間は，空間形態の１つの種類であり，これと対抗的な言葉がリアルである。これに対し，サイバーは形容詞であるため対抗概念も形容詞になるが，サイバーがコントロール(制御)を意味するとすれば，その反意語としては開放(release)が想起できる。そこで，バーチャルの反意語はリアルであるのに対して，サイバーの反意語はリリースとする。こう考えると，バーチャル空間もサイバー空間もともにインターネット上の空間という意味では同じであるが，本来の意味は異なることになる。

◇　バーチャル空間とサイバー空間の差異　◇
A．バーチャル空間＝リアルでないバーチャルな空間
VS
B．サイバー空間＝リリースされていないサイバーな空間

　次に，バーチャルとサイバーの差異を考える。サイバー攻撃，サイバー戦争，サイバー国家といった使い方がしばしばなされるが，これに対してバーチャル攻撃，バーチャル戦争，バーチャル国家とはいわない。そのため，2つの用語は大きく異なることがわかる。つまり，サイバーは何らかのパワーの行使を意味するが，これは何らかの対象にパワー行使することを表しているためである。

　本章では，インターネット上の空間は原則としてバーチャル空間に限定して考察する。それゆえ，本章では戦争などに関する議論はしない。支配のための行為を地域の問題として扱うのは地政学分野であり，地域デザインの問題ではないからである。サイバー空間では，戦争を伴う支配─被支配の関係が重要課題となるため，このような国家間などのパワー行使は地域デザインには含まれない。サイバー空間を支配する者は世界を支配するといわれるが，これは地域デザインの領域ではなく地政学や戦争論が取り扱う分野である。

第3節　もう1つのリアル空間として提示されるフィクション空間

　われわれが接触する空間には，ある種の想像空間であるフィクション（fiction）がある。この空間は，わが国でも平安時代に花開いた文学作品を契機とし，数多くの場面が示されている。近年では，映画やテレビドラマで多くの地域を利用した作品となり，構想されてきた。これらの作品で取り上げられた地域は，フィクションとして描かれることが多いが，これらが個性的なアイデンティティを保持し，地域価値を発現している。つまり，作品として使用された地域がリアルな地域ではなく，作品を彩るフィクションの地域として地域価値を発現

しているのである。これにより，作品に描かれたフィクション空間がリアルな地域価値を発現する。これは，リアル空間の価値が認められない地域でもフィクション空間に転換し，価値発現をする地域に転換させることができることを示している。

◇　リアル空間のフィクション空間へのコンテクスト転換　◇
①作者によるリアル空間とは異なるフィクション空間の創造
&
②訪問者の目的はリアル空間ではなくフィクション空間が担当

　かつてシチリア(Sicilia)島でそれほど目立つ都市ではなかったチェファルー(Cefalù)は，世界的に著名な映画『ニュー・シネマ・パラダイス(Nuovo Cinema Paradiso)』[1] の舞台となったことで多くの観光客が訪れる有数の観光スポットになった。ここには，海や多くの建物がまさに映画のままに存在している。これは優れた映画が地域を豊かにした好事例である。
　わが国でも，『男はつらいよ』[2] で有名になった葛飾・柴又(東京都葛飾区)の地域ブランドは大きく高揚した。この評判の高い映画が地域を捉えて制作されなければ，多くの人が訪れ，賑わう地域になっていなかっただろう。つまり，この地域は映画によって地域価値が発現したといえる。
　このように，世界や日本でも映画のロケ地になることは，全国的あるいは世界的なアイデンティティを獲得することにつながる。つまり，『ニュー・シネマ・パラダイス』のチェファルーや寅さんの柴又は，映画と地域の関係が価値を生む関係にある。地域が価値を獲得するため，映画の活用は地域デザインにおいて有効な対応となっている。

◇　映画と地域との良好な関係　◇
①『ニュー・シネマ・パラダイス』×チェファルー
②フーテンの寅さん×葛飾・柴又

　また，この種のフィクションで最も強固なポジションを確立しているジャン
ルが，サイエンスフィクション(science fiction：SF) 3)である。これにはヴェル
ヌ(J. Verne)による『海底二万里(Vingt mille lieues sous les mers)』『地底旅行
(Voyage au centre de la terre)』，そして『80日間世界一周(Le tour du monde
en quatre-vingt jours)』，さらにはウェルズ(H. G. Wells)による『宇宙戦争(War
of the Worlds)』などがある。

　これらは，海底や地底，大空という地球のフロンティアや，フィクションに
とって好適な領域である宇宙を対象にしたSFである。SFは，リアルに縛ら
れない新たな空間を対象にしたものが多く描ける。これらの対象は，いずれ現
実が追いつく未来を感じさせるフィクションのため，未来のリアルな物語とし
て現出することが期待される。これらは，単なる妄想を超えた科学的思考から
構築されていることに特徴が見出される。

◇　SFに見られるフィクション空間の広がり　◇

①海底のフィクション空間

②地底のフィクション空間

③大空のフィクション空間

④宇宙のフィクション空間

　SFは，人間に対して新たな価値を与えるリアル空間に転換するものが多く
ある。これは未来の価値を現時点で窺わせる予測価値空間に転換する。つまり，
将来価値の現在への移動を可能する価値顕在化装置となる。ここで関連して触
れるべきは，フェイク(fake：偽物)という言葉である。古くは，フェイクファ
ーに見られるように紛い物という意味で使用されてきたが，トランプ前米国大
統領(D. J. Trump)がフェイクニュース(fake news) 4)という言葉を広め，たびた
び使用されるようになった。

　これを踏まえると，リアル空間とは異なるフェイク空間を自在に設定できる。
たとえば，吉里吉里国 5)がある。これは作家の井上ひさしがその著作『吉里吉

里人』で表した岩手県に接する宮城県の県境にある地域を捉えたフィクション国家である。これが実際の地域ブランディングに活用され，全国からフィクションによって生まれたフェイク国家への訪問者が現れた。1980 年代にはこのようなフェイク国家が生まれた。これは，ある種の地域活性化の方法である。

　本節では，フィクション，特にサイエンスフィクション(SF)，フェイクフィクションについて考察した。リアルな対応はハードも含めた多大な投資が必要だが，フィクションの場合にはフィクションによって起業する場所を探すだけで十分であり，原則として投資は必要ないと考えられる。つまり，フィクションによる価値最大化を指向したリアルなゾーンの探索である。

第4節　リアル空間よりも影響力が多大な幻想空間

　幻想空間は，フェイク空間と類似する面もあるが，フェイクは実際に存在，つまり実在するのに対し，ここで紹介する幻想(illusions)は実際には存在しない単なる幻であり，心に描かれる，いわば妄想のようなものである。これは実際には存在していないが，特定の個人やその関係者のみに認識できる空間であり，当事者には他者にも同様に認識できるものに感じられる。

　幻想空間は，個人の心の中に実在しているように描かれる空間だが，これはファンタジー(fantasy)的な明るい色彩が強く，どちらかというとポジティブなイメージがある。ただ，実際にはネガティブな場合もある。それは個人の時々の精神状態が反映され，それゆえ外部から正確に理解するのは容易ではない。すなわち，元来はリアルではない空間が人間の心に深く入り込み，あたかもリアルな存在として現出する空間になることを示す。この心の中にのみ存在する空間が，本人はリアルな空間と思う場合もあり，これがリアルな空間と混在するまさにハイブリッドな空間を現出することもある。

　また，これは個人的な空間であるが，何らかの共通の影響を受けて，複数の人々や特定の集団に共有される場合もある。このようなことは組織的に行われることもあるが，これはある種の共同幻想(複数の人間で共有される幻想)的な状

態である(吉本, 1968)。このように幻想空間が個人的空間ではなく，ある種組織的空間へと転換したと考えられる。つまり，幻想が集団化によって組織的なパワーを保持することになる。

　空間は，いかなる空間も時間の流れの中に存在し，それゆえ多様な速度感を捉え，多様なポジションで自在に時間軸を変化させ続けられる。つまり，いつの時代も現在から自在に過去の空間にも未来の空間にも，何らかの方法でいつでも自在に踏み込める。地域性や各地に多様にある構築物などの現在価値は，過去からの価値の蓄積と未来への価値創造から捉えられる。現在の空間は，まさに過去や未来を結びつけられる。

◇　過去と未来を結びつける現在空間　◇
A．過去空間の通時的延長の現在空間
＆
B．現在空間の通時的延長の未来空間

　過去や未来の空間は，現在において構想できるが，これはリアルな空間ではなく幻想空間，すなわち空想的あるいは妄想的な心象として現出する想像的空間として現出する。こうして，現実に存在する実際の空間が，非現実，つまり想像的な空間として過去や現在を自在に結びつける。このような過去や未来との自在の結びつきが，単に個人レベルでなく，多様なレベルの集団で展開されると，そこにはある種の共同幻想が現出する空間が現れることになる。

　多様に存在する空間—時間軸を活用すれば，無限に存在する異なる空間価値を現在に発現できる。これらを提言したトポスの5層モデルと関係づけると(原田ら, 2021)，時間が空間に対して新たな価値を与える。トポスの5層とは，具体的には第1層が経済的環境層，第2層が文化的環境層，第3が自然的環境層，第4が気候的環境層，第5が地球的環境層である。この仕組の中では，過去から現在まではどのような空間も5段階の時間を捉えた環境層を設定することによって地域価値の発現が行われる。ただし，未来に向けて5階層をそのまま

使用することはできず，未来への環境層の設定は今後の課題である。つまり，
未来でも何らかの科学的な環境層に関するモデルの構築が急がれる。

　世界遺産は，文化遺産が経済的環境層と文化的環境層を捉えたものであり，
自然遺産は自然的環境層，気候的環境層，そして地球的環境層である。これに
対し，ジオパーク(geopark)は，主に地球的環境層を捉えたものである。これ
は同じ地域でも，時代の流れの中では価値の創造工程が存在することを示す。
それゆえ，現在に価値を大きく発現する時代の地域の価値を現出させればよい。
しかし，幻想空間では，いかなる時代かどうかを科学的に論じず，たとえば遠
い昔とか遠い未来とすればよい。現実とは異なる時代で，しかもある程度の共
同幻想の実現がありそうであれば，自由に空間を設定できる。これは SF 的ア
プローチとは異なり，幻想であるがゆえにフィクションではなく，実在すると
意識される空間になる。その意味では，人間に対する影響は SF 的アプローチ
よりも幻想的アプローチが有効である。

　この観点から，遠い過去に遡って描かれる空間についてある種の共同幻想を
構築するのがアルカディア(arcadia)である。これに対し，遠い未来に描かれる
共同空間幻想がユートピア(utopia)である。これは対照的アプローチであり，
遠い過去と遠い未来は現在から遠いが，どちらに向けて遠いかは人間にしか意
識できない。つまり，これが幻想空間を捉えた時間感覚になる。

◇　**地域価値の飛躍的増大による地域の現実からの脱却**　◇

A．アルカディア空間指向

&

B．ユートピア空間指向

　地域デザインの展開では，時間にも空間にも縛られない空想的な共同幻想が
現出しやすいアルカディアやユートピアを活用することで，効果が期待できる。
これらはゾーンとしてもトポスとしても活用でき，コンステレーションデザイ
ンも容易に展開できる。この部分を掘り下げるためには，ISET (make identity

design, make symbol design, make episode design, make tribe design）デザインモ
デルを活用することが有効であろう。こうしたコンステレーションデザインに
よって，人々は幻想空間に強く結びつけられる。

　アルカディアの巧みな使用事例では，熊本県の黒川温泉（熊本県阿蘇郡南小国
町）がある。ここでは，主なターゲットとして 30〜40 歳代の女性のグループ客
を誘引するため，日本の古代の自然に着目し，ゆっくりと日本の原風景が堪能
できるプロモーションを展開したことが話題となった。日本の原風景はまさに
アルカディアであり，人間の心の奥底に潜むアルカディア願望を掻き立てた。
女性グループ顧客には，同様のグループやストーリーと出会うことにより，あ
る種の共感空間が生まれる。こうして，黒川温泉は現在に残る日本の原風景で
あるアルカディアとしての地域ブランドを構築した。

　ユートピアの地域ブランドの向上に関連する事例としては，花巻（岩手県）が
ある。わが国の著名な小説家の中で，宮沢賢治は地域との関係性が現れている。
つまり，花巻といえば宮沢を差しおいて名前があがらない。また，花巻は花巻
城の存在により後天的に市の名前になった地名であるが，花巻は宮沢市という
ような一極集中の状態である。ここでは「賢治ワールド」のようなイメージが
確立している。花巻には，花巻温泉もあるが，宮沢賢治によってゾーンのコン
ステレーションは一色に塗り込まれている。これらから，宮沢賢治の世界はあ
る種のユートピアであり，そこには未来が統制されているかのようなイメージ
が現出する。

第5節　トピック①＝権力の正当性を確保するための装置とし
　　　　ての神話空間

　ギリシャ神話 6)に代表されるように，世界のどの地域にも神話はある。多く
の場合，神話は紀元前に完成したようである。これは何を意味するのだろうか。
神話は，各地域での権力組織，国家権力が他国を自らの何らかの影響下に置く
ためにつくられた。このような権力組織との結びつきが多様にあり，支配者は

自身の妥当域確保のために神を取り込み，自身の体制を確立することが可能になった。たとえば，国家や民族に対する支配者は，自身が国民に対して揺るぎない力を見せるため，自身が唯一の存在であることを国民に示すことが重要である。そうすると，上にいて自身のみを認める絶対的存在が妥当域として存在することが必要になる。このように，権力者がそれら権力の妥当性を確保し，同時に他者に対し圧倒的支配力を行使するために神の存在が必要になる。このような神に関わる表面的に架空の物語は，一方で権力者に対して神との関係性の明示を担保する権力維持のためのツールとして存在する。

　わが国では，このような神話は主に古事記に多くあるが，当時は神代の時代を現実の世界とつなげることで現実の神としてのポジションが担保された。これらから想起できそうなフィクションを，あたかも史実とする強引な展開が受容される時代の気分による権力の正当化のための戦略的対応が行われていたことは，極めて恣意性が高い行為である。

　神話はリアルな事柄を反映するが，フィクション部分もある。重要なのは，これらのフィクションがリアルを反映していると考えられるものが多いことである。国家権力や宗教組織は，これらに関与する人間にはリアルと同様な影響力を発揮するだけでなく，リアルではないことがリアル以上の影響力を保持する。それゆえ，神話はフィクションと捉えても，リアル以上の影響力を保持し，重要な権力創造装置となる。古事記の役割は，わが国最初の統一王権である大和朝廷を確立する現実の戦略的フィクション化であり，現実を踏まえたフィクションのリアルな現実へのコンテクスト転換であった。

　そこで，権力を担保する神話から3つのエピソードを取り上げる。第1は国生み神話であり，第2が天孫降臨，第3が国譲りである。これにより，日本という国家は神からの付託を受け構築されたという物語が歴史として語られるようになった。このような観点から有効な活用がなされてきた神話には，以下の3つがある。

◇　日本のために構築された3つの神話　◇
①国生み＝淡路島（兵庫）
②天孫降臨＝宮崎＆奈良
③国譲り＝出雲（島根）

　第1の神話は，いわゆる国生みに関するものである。権力主体は，人が暮らす場所である空間がなければ国家が成立しないため，現在の日本列島である大八洲を作る。この島々は，地上に降り立った神である伊邪那岐命と伊邪那美命の交わりで次々に登場するが，最初にできた島が現在の淡路島とされる（原田・金澤編，2014）。一体なぜ淡路島が設定されることになったかであるが，その理由は未だ不明確である。しかし，古代では日本の土地のすべては，まさに地上に降り立った男神と女神により生み出された神話の効力を超えられる有効な手段がなかったことを意味する。

　これは，その後の継承権力サイドが神との関係性を打ち出すには有効性が高いものであった。すなわち，日本は神が創造した国であり，それは二神の後継者から生まれるということを示すために的確な対応である。そのため，その後において万世一系[7]という指向性が定着した。このようにわが国の権力には，大事な神話が多大な貢献をしており，国生み神話の舞台となった淡路島の地域ブランディングを容易に設定できるのはそのためである。

　淡路島には，国生みの地といわれる場所が複数あるが，これが問題ではなく，複数の場所があることを前面に打ち出した国生みを捉えた地域ブランディングの競演を表出させればよい。実際に立派な神社である伊弉諾神宮がわが国で最も尊い神が祀られている地域であることの正当性を保持する。また，この伊弉諾神宮は伊勢神宮との強い結びつきもあり，淡路の国生み神話を捉えたブランディングが期待できる。

　これに瀬戸内に浮かぶ宮島[8]を加え，世界に誇る日本の神社としてセット化すれば，これこそがポストコロナ時代のインバウンドにおけるリーディング商品となることが期待できる。そこで，島つながりでの宮島にある厳島神社，香

川県琴平町にある金刀比羅宮[9]と淡路島の伊弉諾神宮をセット化することも外国人には期待されるトポス群となる。

　第2の神話は，日本の登場を極めて巧みに表した権力装置としての神話を彷彿させる。多くの人が暮らすこの世においては，時の権力に新たな秩序をもたらすことが政治的に望ましいと考えられるが，そのためには神話を前述した人々に対する受け皿としての権力装置として活用するのが望ましい。また，権力の正当性を担保するために権力の正統性が求められる。言い換えれば，正当な文書で表された系譜が意味をもち，系譜が権力を形成することを活用したものである。その系譜は，日本人が暮らす場所では，人が暮らす空間を挟んだ3つの空間概念が設定され，上と下の2つの戦略的なデザインにより，人々が暮らす空間の秩序を追求する構造が構築された。

　また，人が暮らす空間は葦原中津国[10]であり，その上に神がいる高天原，下が黄泉の国[11]という3層構造である。上層に神々がいる高天原が広がり，下にはまさに地獄のような黄泉の国が構想される。この2つの空間に挟まれ，リアルな空間が神の葦原中津国とされた。このような葦原中津国という人の空間の権力装置として構想されたのが，神から神であるとされる天皇に至る系譜であり，天皇が西洋的系譜の引継ぎを行うことにより，現実の空間である葦原中津国，そしてこれを引き継ぐ日本というリアルな空間が存続する状況となっている（図表1-2）。

　高天原にいる多くの神のうち，最大の権力を保持する天照大神[12]は人が暮らす葦原中津国の秩序を維持するため彼女の孫である邇邇芸命を送り込んだ。つまり，神を地上に送りこむことにより，この地の安定が図られた。そして，邇邇芸命が初代の神武の時代に日本の地に送りこまれたことが，現在に至るまで日本という国家の継続を担保する神話として存在する。天孫降臨によって，後に国家としての体制が容易にできたことは明白であろう。これらが天皇は現人神であるという根拠ができた大きな要因となっている。

　諸説あるが，神武天皇[13]から数代の天皇は架空の存在であるという考え方も天皇制を国民が納得するためには必要な時間であったと考えられる。現在は，

図表1-2　リアル空間のポジショニング

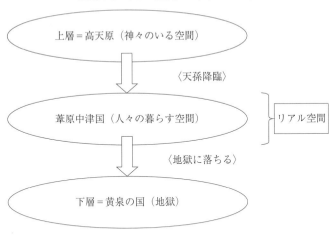

出所：著者作成

　初期の天皇は架空の存在であるという説があるが，これにより神と人間を結び付けるために必要な時間がセットされたといえよう。また，表記が明らかに後の実在した天皇に比べて不自然な部分があり，天皇の寿命が不自然に長いことも意図的なメッセージかもしれない。

　遠い古代でも，当時の権力者は天皇が神の子孫であることを受容させるには，ある程度の時間が必要であったと推察される。大昔，天皇の寿命が信じられないほど長いことも天皇という人間が神であることを受け入れさせるために必要な時間であったのかもしれない。すなわち，時の権力者が，空想的な存在の天照大神の孫はリアルな空間である葦原中津国に現れ，その神が天皇をつくりだしていくという理解を得るには，少し時間を要したことの反映である。

　このような天孫降臨に関わる地域には，宮崎県と奈良県の2カ所がある。神話であるため，科学的な証明はできず，2つの地域が想定できると考えることには問題を見出せない。ただ，神話といえども整合性が必要なため，宮崎に降臨があった場合は，大和政権ができる前に政権が奈良に移転したというストーリーを描く必要がある。つまり，神話がフィクションでも，その中で人間が受

容するには合理性が必要なことを意味する。この範囲内で，両県とも天孫降臨神話を活用した地域デザインを強化すべきであり，東京や京都を経験した外国人を誘引することが期待される。

◇　天孫降臨のインバウンドビジネスへの活用　◇

①宮崎県(ゾーン)＆高千穂(コアトポス)

②奈良県(ゾーン)＆高天原(コアトポス)

　第 3 の神話は，日本統一の平和的実現を表すために構想された大国主命 おおくにぬしのみこと 14)による出雲国の大和国への国譲りという戦略的対応である。国譲りにより，当時の統一国家である日本で大和政権が確立した。この時代は，関東以北の地域は大和政権外の地域として理解されていたため，当時の意識としては大和による全国統一を意味していた。そもそも，大国主命が支配する出雲国は，大和国に匹敵するような力を保持していたため，大和国は国家統一には出雲国を支配下に置くことが必要であった。おそらく戦いがあったのだろうが，大和国に平和的に組み込まれたという政治的ストーリーが必要であったと推察できる。そのため，大和国が地上の権力の代表という立場を築くことができ，これを正当化できる。大和国の権力は神の力を保持する出雲国を封じ込めることができたのである。

　これは 1 つの国家間での約束を反映したものである。政治権力と引き換えず，それに見合う宗教的権力を出雲に与えたことの象徴として出雲大社ができた。つまり，出雲大社が巨大な建物であったことは，出雲が強大な権力を保持していたことを示している。淡路をめぐる国生みでも取り上げたが，ここでは出雲を主体にした連携関係ゾーンの形成，つまり奈良，岡山，そして島根を結ぶ古代国家連携関係ゾーン化が期待される。

　このような背景により，現在の出雲市あたりはこの神話によるブランディング効果がある。しかし，現時点ではローカル色が強く，グローバルなブランディングが不十分である。そこで，現在の日本への観光ブームにより，もう 1 つ

の日本として出雲をブランディングすることが期待される。現在のような大きな緊張感が見出される状況においては，国家間の平和的融和の1つの姿を現すことは地域活性化のための有効的な対応となろう。

　既に桃太郎伝説を巧みに活用し，ブランディングをしている岡山も，古代には大和国に匹敵する大勢力吉備国があった地域であるが，海外向けには日本の古代三大国家というブランディングが可能である。具体的には，宮崎や奈良は天孫降臨を，岡山は桃太郎伝説，出雲は国譲りを活用すればよい。これで京都に対抗するもう1つの日本発見という新たなかつ強力なブランディングが展開できる。

◇　神話のビジネス活用　◇

①天孫降臨神話を活用した宮崎や奈良のブランディング
②桃太郎伝説を活用した岡山のブランディング
③国譲り神話を活用した出雲のブランディング

　宮崎県は，神話がパワーの正当化を裏付ける重要なツールになるため，これを最大限に活用することで多くの人の関心を醸成できる。人間は，どこの国の人，またどの民族でも，すべてが権力によって統合されており，権力に対する関心は極めて大きい。それゆえ，神話は部分的に伝説を活用し，ゾーン設定とこれらを結びつける広域連携が地域価値発現に期待される。

第6節　トピック②＝空間のコンステレーションを起点とした　　モデル形成

　これまで，空間の拡張による新たに現出した空間に関する考察を行ってきたが，ここではこれらの背景にあるコンテクスト転換に関して議論する。これは心理的インパクトによる誘引の手法である。つまり，地域価値があるという認識がされてこなかった空間を，コンテクスト転換により人間にとっての価値の

ある空間に転換することを意味する。新たな空間であるため，既存の方法論は使用できない場合もあるが，未知であるため新たな可能性もある。ただここで獲得したノウハウは，既存の空間にも活用できるものもあり，空間価値の発現の方法としての可能性は高い。

　ここで重要なのは，空間の拡張により実際に新たな空間が構築されるということであり，発見されることによる新たな空間自体ではなく，新たな空間から生まれた方法が既存の空間に適用できる機会が得られることである。つまり，空間の種類が増えると，われわれは多くの方法を展開できる。リアルな空間で，バーチャルな空間で獲得した方法を試すことができ，宇宙空間での実験がリアルな空間に活用できることを示す。また，現在は価値が現出しがたいと思われる空間に対しても観光の空間価値を現在に持ち出すことで新たな価値を創出できる。

　わが国には，長崎県の通称軍艦島といわれる世界遺産である炭鉱島 [15] や，ハンセン病の島といわれてきた瀬戸内にある大島 [16] をはじめ，国民として学ぶべき啓発に有効なトポスがあり，これらをうまく扱えば地域価値発現のため

図表 1-3　コンテクスト転換による価値発現

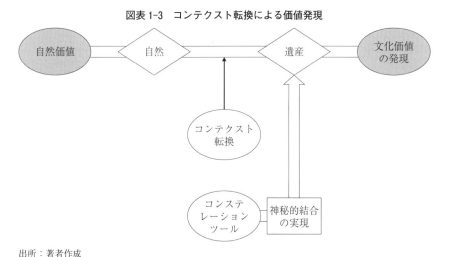

出所：著者作成

に効果を発揮する場合がある。また，太古の時代からなくならない世界の戦争
に関わる多数のトポスも，啓発視点からのブランディングを適切に行えば，経
済的価値を発現できる。既に，世界遺産に認定された広島の原爆ドーム[17]に
は世界中から多くの人が訪問し，結果として広島に経済的価値を発現している
（図表 1-3）。

　また，これまで述べてきたトポスの多くの価値が歴史的な遺産であることに
気がつく。したがって，トポスの価値発現の多層的な掘り下げによる現在価値
の発現を可能にするため，トポスの5層という設定は，地域価値発現には効果
がある。

　さらに，価値発現の対象は，実際に存在していなくても地域価値が発現でき
る。それは，元来ゾーンという概念が専ら地域を表す概念でなく，空間に関す
るもののすべてに使用可能な概念だからである。このように，多様に使用が可
能な ZTCA デザインモデルでは，主体の客体との関係を可能にするコンステ
レーションの役割が期待される。これは人間に対する求心力を発揮させる機能
を保持している。そのため，人と多様な人間との関係をデザインするには重要
な要素になり，また空間が対象に拡大すればこれに対する役割が拡大する。

◇ 価値発現のためのコンテクスト転換 ◇
①意味を捉えたコンテクスト転換
②時間軸を捉えたコンテクスト転換

　これらは ZTCA デザインモデルの C を捉えた技術的対応であるが，ここで
強調すべきは人の心の奥底にしっかりと光を当てる対応がとれるかどうかであ
る。つまり，コンステレーションのためのデザインモデルが必要になっている。
こうして構想されたモデルが ISET デザインモデルであった。第1がメイクア
イデンティティデザイン（make identity design），第2がメイクシンボルデザイ
ン（make symbol design），第3がメイクエピソードデザイン（make episode de-
sign），第4がメイクトライブデザイン（make tribe design）である。

◇　ISET デザインモデルの構成要素　◇

I（make identity design）

S（make symbol design）

E（make episode design）

T（make tribe design）

第7節　トピック③＝空間の認識とその変化

　2008 年から NHK で放送されている番組に「ブラタモリ」がある。この番組は，タレントのタモリが，近世や近代初期の古地図を片手に，さまざまな地域を散策し，当該地域に古くから残っている建造物や神社，公園や街道，観光スポットや飲食店，川や池など彼独自の視点により，現在の地域に残っている歴史的な痕跡を発見し，彼が当該地域の現在までを空想・推測する。それに対し，各地における各々の専門家が登場し，彼の空想や推測に対して，コメントをすることが中心となっている。特に，当該地域における地理学や地質学的な側面から詳しく掘り下げ，その地域のエピソードを探っている。

　ブラタモリを見ていると，タモリの教養の深さだけではなく，何かしらに裏打ちされたモノやコトの見方があることを感じる。彼の見方は，われわれと同様であったり，異なったりすることがある。また，その見方に対する専門家からの指摘やコメントが，当該地域に対する事物の見方を変化させることがある。同番組で彼が訪問した場所は，地域の人だけではなく，観光や仕事などで訪問した経験がある人も多い。もちろん，居住者や近隣者は，それなりの知識を持っており，対象に対する見方を有している。同様に，観光客や出張者も当該地域にある事物に対しての知識だけでなく，居住者や近隣者と比べると少ないが，対象に対しての見方を有している。

　ただ，当該地域の居住者や近隣者，さらに観光や出張などで訪問したことがある者の認識は，ブラタモリを見ると覆されることがある。著者も番組でタモリが訪れた場所について，彼自身の見方が披露されたり，専門家の解説などが

なされたりすることにより，当該地域に対する考え方，認識が覆された経験が何度もある。こうした状況を考えると，われわれは事物に対して何らかの認識をしており，それが主に経験により行われているとわかる。

　現象学を確立したフランスの哲学者フッサール(E. G. A. Husserl)は，われわれの認識を基礎づけようとした。その基礎づけは，あるものを根拠づけることを意味する。認識とは，何かを見る経験である。フッサールは，認識がどのように成立しているのか根拠づけようとした。その際，フッサールの研究目的を表す「事象そのものへ」という有名な標語がある。ここでの「事象」は，われわれが認識する対象だけを指すのではなく，対象を認識する働きも含んでいる。つまり，われわれがある対象を認識していることがどのような事態かを解明することを意味している(高階，1987：1-2)。

　他方，現象学では，フッサールの弟子であるハイデガー(M. Heidegger)の存在がある。彼が1927年に執筆した『存在と時間』は，20世紀最大の哲学書といわれる。フッサールとハイデガーを比較する際，「認識論」と「存在論」の相違が際立っている。フッサールは，「認識論」に立ち，ハイデガーは「存在論」に立脚した。各々の理論は，対象への関わり方に違いがある(伊賀，2009：151-153)。

　　○認識論(フッサール)……われわれが対象を「どのように」捉えるかを考える
　　○存在論(ハイデガー)……われわれに対象が「どのように」存在しているのかを考える

　認識論は対象を捉えるわれわれの側に力点が置かれるが，存在論は存在しているものの側に力点がおかれる。ハイデガーの「解釈的現象学」は，存在しているものをどう理解するかを解明しようとした。つまり，彼は既に存在しているものがあるという前提に立っている。しかし，フッサールは，存在しているという前提を受容しなかった。それは，われわれが何らかの対象が存在するといえるのは，その対象を認識で捉える必要があるためである。それゆえ，何らかの対象がわれわれの外部に存在しているというには，その対象を認識する必

要がある。

　フッサールが認識論の立場をとったのは，そこに経験が生じているためである。つまり，われわれがある対象が存在するというのは，常にその対象を認識しているときであり，存在しているとは認識していることと同義である。したがって，フッサールの現象学は，われわれの認識を離れ，存在しているもの（フッサールは，われわれを超え存在しているものとして「超越」と呼ぶ）を考えず，そのような存在を根拠づけている認識を明らかにしようとした。つまり，フッサールの現象学は，何らかの対象がわれわれの外部に存在しているというために認識がどのように成立しているのかを根拠づけようとした。

　フッサールの現象学は，「本質主義」や「直観主義」といわれる。本質とは，ある個々の対象がどのようなものかを示す概念である。それは，あらゆる個々の違いにもよらず，共通してそれ自体を特徴づけている「本質」と呼ばれるものがあるからである。本質主義と呼ばれたフッサールの現象学は，この本質を捉えようとする。フッサールはその際に「直観」を用いた。そのため，フッサールの現象学は「直観主義」とも呼ばれる。彼の「直観」は「直接的に観る」という意味である。本質を捉えるため「直観」という方法を使用するのは，本質があらゆる個々の存在者に共通してある規定である。しかし，個々に存在するものを眺めても本質に辿り着けない。それはこの世に存在しているすべてのものに共通している特徴を理解するため，世界中のものを実際に見て特徴を分析することが不可能なためである。それゆえ，本質を捉えるには，この個々のものを超えたところに本質が存在していると考えなければならない。この個々のものを超えたところが「意識」である（岡田，2015）。

　フッサールは，意識について個々のものを介して間接的に本質を捉えるのではなく，直観することで本質が捉えられると主張した。この方法をフッサールは「本質直観」と呼んだ。現象学は，一般に目の前に現れる象（かたち）である「現象」の成立を解明しようとする。しかし，実際的には「現象」優位の学である。それは，まず世界に対象物「存在者」があり，それが光や音などを媒介して感覚器官に「現象」として現れ，対象が「知覚」される。現象学はこの逆

の立場により，目の前の諸「現象」が「存在者(対象)」を作り出す，という立場である(佐藤，2005)。

　日本各地には，さまざまな城郭が残っている。残っているというよりも近年になり再建されたものも多い。中には姫路城のように世界遺産に登録された城もある。こうした城を眺める人々の認識は多様である。多くの人は，近世以前，あるいは近世に建築され，自然災害に耐え，現在もその姿を残していることに感動を覚える。この感動は，われわれ人間が認識する城郭という事物に対するものである。しかし，何度も訪れる城郭についてその石垣や環濠の説明を読み返すと，長い時間をかけ，しかも多くの人員が動員され，中には強制労働に近い状況があったことや石垣を積む際に人命が失われたことを認識すると，これまでの城郭に対する感動とは別の認識を抱くようになる。

　本節冒頭のブラタモリに戻すと，ブラタモリを見て視聴者がこれまでの認識とは異なった認識に出合うのは，タモリの認識との相違や専門家の話により，これまでの認識とは異なった考え方を持つことである。こうした異なった認識をすることで，それ以前の認識は塗り替えられる。古代ギリシャ人は現象A「夜明けに輝く明るい星」により，その星を存在者「フォスフォロス(あるいはイオスフィルス)星」と認識していた。そして現象B「夕暮れに輝く明るい星」により，その星を存在者「ヘスペルス星」と認識した。しかし，天体観測の精度が上がったことで現象C「それらの星の大きさの変化や満ち欠け」が現れると，今度はそれら別々の星であった存在者は，現象ABCを通して，1つの星「金星」という存在者につくり変えられることになった。

　このように存在者は，諸現象から推論的に導出される可変的な仮設物でしかない。仮にすべての現象を集めれば，真の存在者に辿り着けると考えるかもしれないが，現象は無限にあるため原理的にそれは不可能である。これまでずっと白黒のボールを蹴り，相手方ゴールを揺らすことが醍醐味であると認識してきたサッカーというスポーツは，その起源には諸説あるが，8世紀頃のイングランドでは，戦争に勝利すると敵の将軍の首を切り取って蹴りあい，勝利を祝い，それが大衆の間に広まり，王の首に見立てた球体を蹴って決められた地点

まで運ぶ「遊び，祭り」となったことを聞かされると別の存在者へとつくり変えられる。したがって，対象（存在者）は，観察者のさまざまな経験によりつくり変えられる。これまでしばしば取り上げられてきたようにダークツーリズムなどは，その存在者は観察者のさまざまな経験によりつくり変えられるものの典型例であるといえる。

おわりに

　本章では，Z 起点の ZTCA デザインモデルの空間拡張によって新たな可能性が生じることを取り上げた。これは新たな可能性を現出するとともに，他方で地域価値の発現という社会課題から離れるリスクがあることも指摘した。しかし，これによりデザインメソドロジーの多様化が図れる。つまり，デザインの効果が増大する可能性があり，新たなアプローチが提示された。

　これらの可能性と課題を踏まえながら，後章では多様な視点からのモデルの進化へ向けた考察が加えられる。なお，今回は紙面の都合上，展開領域を省略したが，今後さらに議論を深める。これらを通じて，地域概念のさらなる考察，デザイン概念の新たな展開を指向しながらデザインモデルとデザインメソドロジーの多様な進展を図る予定である。これは，本学会が主に取り組む課題であり，多くの地域に関心のある研究者との連携を図るような機会を多様に構築するため，多くの人の参加を期待している。

注
　1）『ニュー・シネマ・パラダイス』は，1988 年のイタリアのドラマ映画である。映画の内容と相まってエンニオ・モリコーネの音楽がよく知られている。
　2）松竹映画『男はつらいよ』シリーズは，山田洋次原作・脚本・監督（一部作品除く）・渥美清主演で 1969 年に第 1 作が公開され，以後 1995 年までの 26 年間で全 48 作品が公開されている。
　3）SF とは，科学的な空想に基づいたフィクションの総称である。
　4）フェイクニュースとは，Web サイトや SNS で発信・拡散される，真実ではない情報のことである。

5）井上ひさしの小説『吉里吉里人』（新潮社）に登場する架空の国。

6）古代ギリシャ民族が伝承した神話や伝説で，主神ゼウスを中心に，オリンポスの神々や人間の英雄などが登場する。

7）万世一系とは，永久に1つの系統が続くことを指し，わが国では皇室・皇統の系統が継続していることを指す場合が多い。

8）宮島は通称で，正しくは厳島という。広島湾にある島である。沖合の朱色の大鳥居は，干潮時には歩いて渡ることができ，厳島神社の玄関口となっている。

9）金刀比羅宮は，香川県に所在し，象頭山の中腹に鎮座し，古来海の神様，五穀豊穣・大漁祈願・商売繁盛など広範な神様として全国からの参拝者を集めている。

10）葦原中津国は，日本神話において，高天原と黄泉の国の間にあるとされる世界を指している。

11）黄泉の国とは，本来は山岳的他界を指しているが，墳墓を山丘につくることが多かったため，死者の国を指すこともある。

12）天照大神は，日本神話に主神として登場する神であり，太陽，光や慈愛，真実などを象徴する，最も尊い神様といわれており，皇室の祖先とされる。

13）神武天皇は，古事記や日本書紀の中において初代天皇とされている人物である。

14）大国主命は日本神話に登場する神であり，国津神の代表的な神である。国津神の主宰神とされ，出雲大社・大神神社の祭神でもある。

15）通称軍艦島といわれる端島は，長崎県の沖合にある廃墟となった炭鉱施設である。

16）瀬戸内海には，他にも大島と呼ばれる島はあるが，ここでの大島は高松市庵治の沖合の島であり，ハンセン病の国立療養所 大島青松園があり，入所者たちが暮らしている。現在は瀬戸内国際芸術祭の開催地としても有名である。

17）原爆ドームは，1915年に広島県内の物産品の展示・販売をする施設として建てられ，当初は広島県物産陳列館という名称であったが，爆心地から北西約160メートルの至近距離で被爆し，爆風と熱線を浴びて大破し，天井から火を吹いて全焼したが，爆風が上方からほとんど垂直に働いたため，本屋の中心部は倒壊を免れ，現在は「原爆ドーム」として戦争の悲惨さを伝える象徴となっている。

参考文献

伊賀光屋（2009）「解釈学的現象学の方法論」新潟大学教育学部『新潟大学教育学部紀要』第1巻第2号，151-178頁。

NPO法人世界遺産アカデミー監修，世界遺産検定事務局著（2016）『すべてがわかる世界遺産大事典〈下〉 世界遺産検定1級公式テキスト』NPO法人世界遺産アカデミー／世界遺産検定事務局。

大場惑（1999）『サイバー大戦略 出撃！はるか隊』KKベストセラーズ。

岡田光弘（2015）「論理哲学の学際研究—直観主義論理の推論・証明理論を中心として—」『2014年度科学研究費補助金成果報告書』。

小笠原春夫（1987）『神道信仰の系譜［新版］ 中世・近世の諸説の考察』ぺりかん社。

学研編集部（1996）『古代秘教の本—太古神話に隠された謎の秘儀と宗教』学習研究社。

佐藤真理人（2005）「現象学的に考察するとはいかなることか」早稲田大学文学研究科『早稲田大学大学院文学研究家紀要』第 1 分冊 51，13-28 頁。

佐藤泰裕・田淵隆俊・山本和博（2011）『空間経済学』有斐閣。

ダークツーリズム・ジャパン編集部編（2016）『DARK tourism JAPAN 産業遺産の光と影』東邦出版。

高階勝義（1987）「『事象そのもの』への問い―フッサール知覚の現象学」鳥取大学教養部『鳥取大学教養部紀要』第 21 号，1-21 頁。

原研哉（2003）『デザインのデザイン』岩波書店。

原田保（2013）『地域デザイン戦略総論―コンテンツデザインからコンテクストデザインへ』芙蓉書房出版。

原田保（2020）「地域デザイン理論のコンテクスト転換―ZTCA デザインモデルの提言」地域デザイン学会誌『地域デザイン』第 4 号改訂版，11-27 頁。

原田保・浅野清彦・庄司真人編著（2014）『世界遺産の地域価値創造戦略：地域デザインのコンテクスト転換』芙蓉書房出版。

原田保・石川和男・小川雅司編著（2019）『地域マーケティングのコンテクスト転換：コンステレーションのための SSR モデル』学文社。

原田保・石川和男・西田小百合（2021）「ゾーンのトレースとカテゴリーとの連携によるデザインメソドロジーの深化方向」地域デザイン学会誌『地域デザイン』第 17 号，11-66 頁。

原田保・石川和男・諸上茂光（2022）「コンステレーションを捉えた地域デザインモデルの進化方向―空間（「固定」vs.「流動」）と起点（「主体」vs.「客体」）によるコンステレーションデザインの諸相」地域デザイン学会誌『地域デザイン』第 19 号，11-50 頁。

原田保・金澤和夫編著（2014）『淡路島 神の国を背景にしたブランディング：淡路地域（淡路市・洲本市・南あわじ市）の地域ブランド戦略』芙蓉書房出版。

原田保・立川丈夫・西田小百合編著（2017）『スピリチュアリティによる地域価値発現戦略』学文社。

原田保・森川裕一編著（2013）『飛鳥 時空間ブランドとしての飛鳥劇場：奈良県高市郡「明日香村」の地域ブランド戦略』芙蓉書房出版。

原田保・宮本文宏（2016）「場の論理から捉えたトポスの展開―身体性によるつながりの場とエコシステムの創造」地域デザイン学会誌『地域デザイン』第 8 号，9-36 頁。

山本理顕（2015）『権力の空間／空間の権力 個人と国家の〈あいだ〉を設計せよ』講談社。

吉田邦博（2007）『図説古事記と日本の神々』学習研究社。

吉本隆明（1968）『共同幻想論』角川文庫。

渡部潤一監修，渡部好恵・ネイチャー・プロ編集室著（2010）『知識ゼロからの宇宙入門』幻冬舎。

第 2 章

ZTCA デザインモデルにおける 地域価値の体系化と評価の方法

福田　康典
原田　保

はじめに

　地域デザイン研究の進展とともに，いくつかの基本的な概念やモデルが提示されてきた。特に，原田(2020)が提唱した ZTCA デザインモデルは，地域デザインに関わる基本的な理念や発想と具体的なデザイン手法とを結びつける一般化モデルとして多くの研究において引用・議論され，地域デザインにおけるコンテクスト転換を主導してきている[1]。

　地域デザインに関する理論的及び実践的な知の蓄積は，ZTCA デザインモデルを中心に広がりを見せているが，このモデルを構成する基礎概念の中でいまだに十分な議論がなされていない領域が 1 つだけ残されている。それが地域価値である。地域デザインを地域資源の統合や再編集によって地域価値の発現を目指す行為と捉えるならば(原田・古賀，2016)，地域価値は地域デザインの目指すべき方向や地域デザインが生み出した成果を指し示すものとして常に意識されていなければならない。しかし，地域デザイン研究の文脈において地域価値そのものに着目し，その概念的特性や測定についてより詳細に検討を行っている研究はほとんど見られない。価値という言葉の意味が持つ高い抽象性と汎用性は，この概念を明確に定義することを難しくしており，同時に多様で曖

昧なままの概念利用を放置する原因ともなっている。すでに十分な精緻化が進んでいるZTCAデザインモデルではあるが，本研究ではこうした認識に基づき，これまであまり注目されてこなかった地域価値のより詳細な考察を足掛かりに，ZTCAデザインモデルのさらなる進化と深化の道筋を示そうと考えている。

　無論，価値概念のつかみどころのない特性を考慮すれば，地域価値の概念的な精緻化や体系的な理解が一朝一夕に成せるものではないことは容易に想像がつく。そういう意味で，本章は，地域価値に関して何らかの結論めいたことを論じようとするものではない。地域価値の概念的特質を踏まえたうえで論点を整理し，ZTCAデザインモデルのさらなる進化・深化のためにさらなる考察が必要とされるような研究課題について探索的な検討を行うことを目的としている。

第1節　地域価値の概念的特徴

(1)　地域価値の本質的次元と手段的次元

　価値という言葉の意味や用法が多岐にわたっているという指摘は，もはや価値に関わる議論の枕詞となりつつある。価値論(axiology)は価値に関する哲学的研究領域として広く知られているが(Hart, 1971)，この領域に限らず人間の行動や人間が作り出す事物に関わる学問領域では，ほぼ必ずと言っていいほど価値という概念が登場してくる。地域を自然発生的な空間としてではなく戦略的にデザインされたゾーンと捉える地域デザイン研究(原田ら，2021a)もまた，こうした領域と同様に価値概念と強く関わっており，概して言えば，地域デザインが目指す目標として，あるいは地域デザインが生み出す成果として地域価値が議論されている。

　価値は，一般に，対象物が有する何らかの「良さ(goodness)」を示す概念であると考えられている(Korsgaard, 1983)。したがって，地域価値は地域の特性や状態の良さを示すものと解釈することができる。とはいえ，この漠然とした「良さ」には実に多様な内容が含まれうるため，これまでに種々の概念的整理

がなされている。ギリシャの哲学者プラトン(Plato)は，紀元前360年ごろに著されたとされる『国家(The Republic)』の中で価値を描写する際に本質的価値(intrinsic value)と手段的価値(instrumental value)という概念区分を利用している(c.f. Ng and Smith, 2012)。前者の本質的価値は，対象物に固有に備わっており，周囲の状況や他の価値とのつながりとは関係なくそれ自体が良いとされる性質を指している。たとえば，「正義」や「公平」「公正」といったものは，それ自体が純粋に価値であるとされる(Thacher and Rein, 2004)。一方，後者の手段的価値とは，何らかの目的や目標を達成するための手段としてその対象物が有している良さであり，特定の状況や立場のもとでの有用性を指している(Ng and Smith, 2012; Baggini and Fosl, 2007)。

　これを踏まえると，地域価値にも2つの次元が含まれると考えられる。1つは，たとえば「地域の安全・安心」に備わる価値のように，地域の状況や地域内での立場の違いにかかわらず本来的な意味で地域が有するべき良さであり，本質的地域価値と呼ぶことができよう。もう1つは，地域に関わる特定の状況や立場のもとでの有用性として認識される良さである。たとえば，「観光地としての知名度」は，当該地域の観光産業に関わるアクターの立場からはその地域の価値として認識されるかもしれないが，地域住民など別のアクターがこれを交通渋滞やごみ問題を引き起こす原因と認識する場合には，必ずしも価値と知覚されるわけではない。このように，地域価値には状況や立場に特定的な意味での良さを示す次元が存在しており，ここではこれを手段的地域価値と呼ぶことにする。

◇　**地域価値の2つの次元**　◇

・本質的地域価値(地域価値の本質的次元)：地域が本来的な意味で有するべき
良さ
・手段的地域価値(地域価値の手段的次元)：特定の状況や立場において認識される良さ

⑵　地域価値の手段—目的関係上のつながり

　地域デザインが創出しようとする地域価値は，いずれの価値次元をもその射程に含めているが，両者の区分けはそれほど明確なものではなく，地域デザインを論じる際には，両次元は一体化されたものとして議論されることが多い。物事の本質的性質とは何らかの状況や文脈に関連付けて論じられる際に手段性を帯びるようになるというデューイ(Dewey, 1960)の指摘は，この2つの価値次元が互いに独立したものではなく，相互に変換可能なつながりを有している点を示唆している。また，サイモン(Simon, 1976)は，決定の階層性と呼ばれる概念の中で，価値がより上位の価値の手段として認識されると同時に，より下位の価値の目的として認識されうるという点を指摘している。これは手段—目的連鎖(means-end chain)の考え方を価値のつながりの説明に応用したものである(Gutman, 1984; Zeithaml, 1988)。こうした点を踏まえると，地域価値の本質的次元は，その実現のために必要な多種多様な手段的地域価値へと変換され，地域価値の手段的次元同士もまた，手段—目的関係の入れ子構造の中で変換されうるといえよう。

　たとえば，本質的地域価値として「高い地域 QOL (Quality of Life)」が注目される場合，それを達成するために必要な「充実した医療体制」「地域雇用の安定性」「便利な買い物環境」といったものには手段的な価値が見出されるかもしれない(Sirgy, 2001)。また，それと同時に「充実した医療体制」を達成するために必要な「医療機関へのアクセスのしやすさ」や「健康相談のしやすさ」といったものも手段的価値を帯びるようになるかもしれない。

◇　地域価値の手段—目的関係上のつながり　◇

・本質的地域価値はそれを達成するために必要な手段的地域価値へと変換可能
・手段的地域価値はそれを達成しうるより特定的・具体的な手段的地域価値へと変換可能

(3) 地域価値の相互補完的関係，代替関係，対立関係

　地域価値は，手段—目的上の垂直的な関係だけでなく，水平的なつながりも有している。たとえば，「地域の安全・安心」という地域価値を達成するためには「災害に対する事前準備の充実」と「災害時の即時的対応体制の確立」に手段的地域価値が備わっていると考えられるが，これら2つの手段的価値の間には相互補完的な関係が見られる。この場合，2つの手段的価値が共存することで安全や安心が達成される。そのため，地域デザインにおいていずれか一方のみを生み出そうとすることは，その手段的価値を大きく減じる可能性を有しており，統合的な地域デザインが志向される必要がある（原田ら，2021b）。

　一方，「緊急物資の行政備蓄の充実」と「各家庭における災害時備蓄の充実」は，「災害に対する事前準備の充実」を達成するための手段的価値を有しているが，これらの間には緩やかにではあるが代替関係を見出すことができる。特に，限られた地域リソースの中での地域デザインという文脈で考えると，目指す地域価値の中で取捨選択が強いられる状況も予想されるため，こうした地域価値間での代替関係については十分な考慮が必要になると思われる。

　最後に，地域価値の間の対立関係についても考慮しておく必要がある。いわゆるニンビー問題やオーバーツーリズム問題といったものは，地域に関連した施設や施策に対する手段的地域価値の判断が多様であり，時に対立しうることを示唆している[2]。地域デザインでは，デザインの対象が公共財的性格の強い地域であり，またそれに関わるアクターが非常に多様である。このため，特定の手段的地域価値を高めるための地域デザインが，図らずも他のアクターの地域価値を毀損するという場合も生じる。こうした点も踏まえると，地域価値同士の対立関係についても慎重な議論がなされる必要がある。

◇ 地域価値の水平的関係 ◇

・相互補完的関係：いずれか一方のみでは十分な手段的地域価値が発揮されない

・代替的関係：目指すべき地域価値の取捨選択において選択肢となる

・対立関係：一方の地域価値の達成が他方にネガティブな影響を及ぼす

第2節　地域デザインにおける地域価値の概念的位置づけ

(1)　地域デザインと地域価値の根源的つながり

　それでは，前節で検討した概念的特徴を踏まえながら，地域価値が地域デザインにおいてどのように位置づけられているのかについて簡単な整理を行うことにしよう。地域デザインは，最も根源的な意味において，地域に関連した種々の地域資源を統合あるいは再編集することで地域価値の発現を目指す行為であると解釈できる(原田，2020; 原田・古賀，2016)。これは，地域価値概念が，地域デザインを方向づける目標としての位置づけと，地域デザインが生み出す成果としての位置づけの双方を有していることを示唆している。

　こうした点はデザイン科学に関する見解の中にも見出すことができる。サイモン(Simon, 1996)は，より良い状態への変容を目指して人が意図的に何かを創造する行為をデザインと定義したうえで，その科学的な研究を人工物の科学，あるいはデザイン科学と呼んでいる。自然科学が自然の事物のいかにあるかを探求する学問であるのに対して，このデザイン科学は，人間によって作られた事物が人の定めた目標を達成するためにいかにあるべきか，そしてそうした人工物を生み出すためにどうすべきかを探求することであるとされている(March and Smith, 1995; Simon, 1996)[3]。こうした指摘は情報システムなどを念頭になされたものであるが，地域のデザインに当てはめて解釈することができる。本質的次元にせよ手段的次元にせよ，望ましい状態を達成する性質をその地域の価値とするならば，地域デザインはそうした価値の発現という目標を達成するための手段であり，地域デザイン科学はそうした手段の最適化，満足化といったものを目指すための知的活動であるということができる。

　こうした処方的な文脈での「デザイン目標としての地域価値」とその「達成手段としての地域デザイン」というつながりは，地域デザインの事象説明的な文脈では，「原因としての地域デザイン」と「結果としての地域価値」という関係に投影し直すことができる。ウォールズら(Walls et al., 1992)は，デザイン科学における理論の特性を論じる中で，「X を行うことで Y を達成することが

できる」という手段―目的関係と「XはYを引き起こす」という因果関係とは容易に変換できる点を指摘している。これに従えば，手段―目的関係で目的に位置づけられる地域価値は，因果関係においては結果とみなされることになる。つまり，地域デザインを記述・説明的に捉える文脈では，地域価値が地域資源の組み合わせをインプット変数とした場合のアウトプット変数として定式化されるようになると考えられる。

◇ 地域デザインと地域価値の根源的なつながり ◇

・地域デザインを意思決定として手段―目的関係上で捉える

→デザイン目標としての地域価値

・地域デザインを地域事象として因果関係上で捉える

→デザイン成果としての地域価値

(2)　地域価値に関する2つの概念的位置づけ

　このように，デザインと価値の根源的なつながりから考えると，地域デザインにおける地域価値は，意思決定におけるデザイン目標と地域事象におけるデザイン成果という2つの異なる概念的な位置づけを有しているということができる。ここでは，これら2つの位置づけにおける地域価値概念のそれぞれの特徴について簡単に整理することで，地域デザインと地域価値のつながりをより詳細に検討していく。

　地域価値の2つの位置づけについて，それぞれの意味と特徴を整理したものが図表2-1である。1つ目の「デザイン目標としての地域価値」は，地域プロデューサーなどの地域をデザインする主体が，地域デザインを通じて当該地域に生み出そうとしているものを地域価値と位置づけている。デザインプロセスの中で，そのプロセスを主導するアクターによって設定され，地域デザインの種々のプロセスを方向づけるような役割を果たす。実際に知覚される価値というよりも想定上の価値であるため，測定に関わる側面は有しておらず，その論点は専ら設定した価値の適切さや他の価値との関連性に関するものとなる

図表2-1　地域価値に関する2つの概念的位置づけとその特徴や論点

	デザイン目標としての地域価値	デザイン成果としての地域価値
意味	地域デザインプロセスにおいて設定した目標(＝当該地域に生み出したい良さ)	地域デザインによって当該地域に生み出された成果(＝当該地域に生じた良さ)
関与する主体	地域をデザインするアクター	地域デザインに影響を受ける種々のアクター
概念的特徴	地域デザインの立案初期段階を中心にデザイン主体が設定する想定上の良さ	地域デザインの結果を体験する中で各種のアクターがそれぞれ知覚する良さ
研究や実践上の論点	・設定価値の本質的次元での適切さ ・設定価値の手段的次元での適切さ ・価値間の相互補完強化や対立解消	・価値の評価様式や知覚メカニズム ・価値の測定方法 ・知覚された価値の内容の解釈，統合

出所：著者作成

(Simon, 1976)。

　先の価値次元の類型に従えば，この適切さはいくつかのタイプに整理することができる。たとえば，議論の対象となる地域デザインの目標が普遍的に目指すべき地域価値として適切であるかどうかを本質的次元での適切さとして問うことができるし，当該地域の置かれた特定の状況や立場から目指すべきものとして適切であるかどうかを手段的次元での適切さとして問うこともできる。また，手段的次元での地域価値は互いに関連性を有していることも多く，相互補完的関係の強化や対立関係の緩和といった観点から設定するデザイン目標の適切さを議論することも想定される。

　地域価値のもう1つの位置づけは「デザイン成果としての地域価値」であり，地域デザインが当該地域に生み出した結果や変化に対する評価を地域価値とみなしている。この地域価値を知覚・評価するのは，地域事業者や地域住民あるいは観光客など地域デザインによって影響を受けるアクターや利害関係者であり，評価する主体や文脈によってそれぞれ独自に知覚されうる(Vargo et al., 2008)。こうした概念的特徴は，同一の地域デザインに対して，複数の地域価値が生じるという点を示唆している。このタイプの地域価値は実際の知覚と

して位置づけられているので，主な論点には，地域デザインを地域アクターが評価する様式や知覚メカニズムに関する議論，そしてそうした地域価値の測定に関する議論が含まれるようになる。これについては節を改めて検討を行うが，知覚プロセスの概念的なモデリングと測定方法の開発は，いまだ十分な研究が蓄積されておらず，地域デザイン研究で今後の精緻化が求められる領域の１つであると言えよう。

　また，成果としての地域価値は同一のデザインに対して複数存在しうるので，地域デザインに対する総合的な評価として地域価値を利用するためには，それら種々の価値知覚をどのように関連づけ，統合し，解釈するかという点も論じられなければならない。先にも述べたように，地域デザインの対象である地域は公共財的性格を強く帯びており，さまざまなアクターが地域デザインによる影響を受けることになる。そのため，成果としての地域価値は製品やサービスのデザインの場合よりもさらに多様であり，場合によっては正反対の評価がなされる場合すら存在する。先述した価値対立の議論はこの論点に示唆を与える要素の１つであり，政策科学の分野ではすでに参照可能な研究成果が多く蓄積されている（Sunstein, 1996）。多様なアクターが知覚する地域価値を関連づけ，統合し，総合的に解釈することは，地域価値研究にとって重要なテーマとなりうる。

◇　地域価値の２つの概念的位置づけ　◇

地域価値＝デザイン目標：デザイン主体が立案段階で設定／適切さの議論
地域価値＝デザイン成果：地域アクターが地域経験を経て知覚・評価／測定や
解釈の議論

⑶　２つの地域価値概念の連結―２重のフィードバック・ループ

　前項で見た地域価値概念の２つの捉え方は，いわばこの概念の地域デザイン研究上での点配置を示している。これをより包括的，多面的に理解するためには，こうした点配置間のつながりについても理解しておく必要があると考えら

図表 2-2　地域価値概念間の２重のフィードバック・ループ

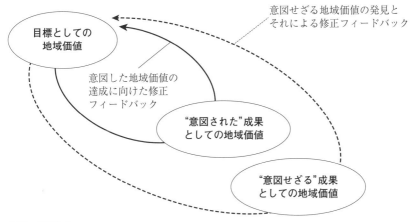

出所：著者作成

れる（図表 2-2 参照）。

　一般に，デザインや政策決定を扱う分野では目標と成果はフィードバック・ループの中に組み込まれることが多い。それはエアコンのサーモスタットのようなサイバネティクス系の制御システムに似ており，部屋の実測温度（つまり成果）が設定温度という目標の達成状態を示す指標として用いられることで，前者が後者に近づくようにエアコンの稼働が制御されるといった仕組みで例示される。仮にこれと同様のフィードバック・ループを想定するならば，成果としての地域価値はデザインプロセスで設定された目標としての地域価値の達成度として地域デザインの評価に利用され，両者の差異を縮めるようにデザインの修正が試みられるということになる。

　こうした認識は，目標と成果のつながりに関する大枠を捉えたものであるが，前項で考察した２つの地域価値の概念的な違いを踏まえると，地域デザインではこうした単純な形でのフィードバック・ループのみを考慮するだけでは不十分である。先のサーモスタットの例では，目標と成果はともに「部屋の温度」という共通の物差しで測られ，その対比が有意義な情報を生み出していた。し

かしながら，地域価値の場合，こうした目標と共通した尺度上で捉えられる「意図された成果」だけでなく，「意図せざる成果」への対応も考慮する必要が出てくる。

前節で考察したように，成果としての地域価値は地域デザインの影響を受けるアクターがそれぞれの立場や文脈の中で主観的に知覚する価値であり，またそうした地域アクターの立場や文脈は非常に多様で密接に結びついている。ある地域アクターにとって高い価値が知覚されるデザインが他の地域アクターにとってはマイナスの価値に知覚される場合があることは地域価値の対立関係のところですでに論じたが，アクター間のネットワークが広いほど，そうした意図せざる成果が多く発生してくることが予想される（Fry and Polonsky, 2004）。

こうした点を考慮すると，目標としての地域価値と成果としての地域価値の間には2つのタイプのフィードバック・ループが存在していると考えられる。1つは，設定した目標としての地域価値に実際に知覚されている地域価値を近づけていくという形で地域デザインを修正していくループである。このループでは，成果としての地域価値は目標としての価値の達成度を知るための指標とみなされており，目標としての地域価値と容易に対比できるような形で測定される意図された成果と位置づけることができる。たとえば，地域に住む子育て世代の生活を充実させることに目標としての価値を置くのであれば，そうした世代の住民の生活満足度や移住者数が増大したのかという意図された成果との間でのフィードバック・ループによって当該地域デザインの評価がなされ修正が図られると考えられる。

これに対して，成果としての地域価値の多様性を考慮すると，デザイン主体が立案段階で想定しなかったアクターに対して意図しなかったような影響を及ぼす可能性が十分ある。たとえば，ポケモンGOのような位置情報に基づく集客の仕組みをデザインした場合に，域内外から多くの訪問者が訪れ，飲食や「ついで観光」などに関わるアクターには意図された価値が生じるであろう。一方で，そうしたデザインに組み込まれている道路やスポット，駐車場などは，生活道路として，子どもたちの遊びの場として，あるいは車での営業活動に不可

欠な場所として，まったく別の文脈で利用されている公共財的性格の強いものである。企業のマーケティングのように提供物が交換過程を通じて使用者の専有物になるような場合とは違い[4]，地域デザインの影響はかなり広範囲にかつ多様な形で及ぶこととなる。一般に，目標としての地域価値を設定する際には，デザイン主体の視線に沿った影響や想定しやすい影響に目が行きがちであるが，それがカバーする範囲よりも実際の成果として知覚される地域価値の範囲の方が大きくなるであろう。この目標としての地域価値がカバーできていない価値の範囲が「意図せざる成果としての地域価値」であり，こうした意図せざる地域価値の発見とそれによる地域デザインの修正というもう1つのフィードバック・ループの存在を示唆していると考えられる。

◇　目標としての地域価値と成果としての地域価値を結ぶ

2つのフィードバック・ループ　◇

・意図された地域価値ベースのフィードバック・ループ：目標としての価値を起点とし，その達成度として成果としての価値との対比がなされる。

・意図せざる地域価値ベースのフィードバック・ループ：実際に成果として知覚された意図せざる価値に基づき，当初の目標としての価値の見直しが図られる。

第3節　ZTCA デザインモデルと地域価値の連関

(1)　地域価値に関わる行為モデル─補助モデルとして

　前節では，地域デザインにおいて，地域価値がデザイン目標とデザイン成果という2つの概念的な位置づけを有している点，そして両者は2種のフィードバック・ループで連結されながら地域デザインの評価と修正に寄与している点を考察してきた。本節は，これをさらに発展させ，地域デザインを構成する種々のデザイン領域と地域価値とのつながりを検討していく。

　とはいえ，両者の連結が図りやすくなるように，事前に1つの補助モデルを

図表2-3　地域価値に関わる4つの行為とその流れ

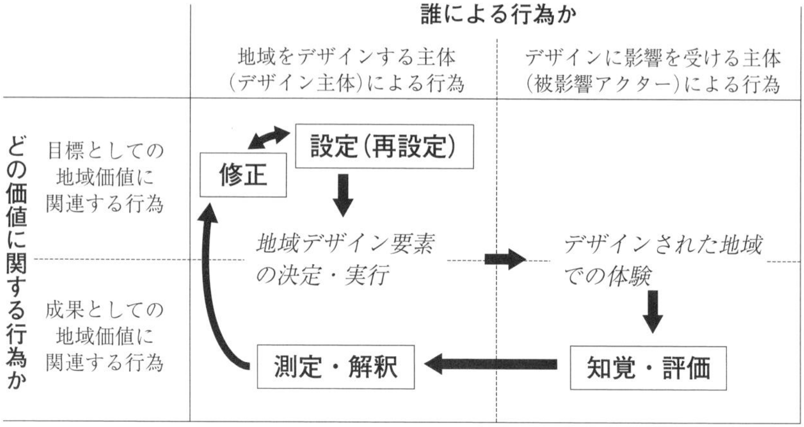

出所：著者作成

　導入したい。これまでの考察対象であった地域価値は名詞的な位置づけであったが，ここで導入するのは，地域価値に関わる行為に注目したモデルである(図表2-3参照)。この価値行為モデルは，2つの地域価値のいずれに関わる行為かということを示す縦軸と，そうした行為の行為主体は誰かということを示す横軸とを使って，地域価値に関わる行為を整理している。なお，こうした価値関連行為は図中では四角で囲まれる形で示されている。

　デザイン目標としての地域価値に関わる行為としては，主に「設定(再設定)」と「修正」を想定することができる。デザイン目標として位置づけられる価値なので，これらの行為の行為主はともに地域プロデューサーのようなデザイン内容を意思決定するデザイン主体である。一方，デザイン成果としての地域価値に関わる行為は，デザインの影響を受けるアクター(以下被影響アクター)による「知覚・評価」と，デザイン主体による「測定・解釈」が主なものになる。なお，図表2-3中に含まれる2つの行為「地域デザイン要素の決定・実行」と「デザインされた地域での体験」は，地域デザインを構成する一連の行為であるが，地域価値に直接的に関わる行為と区別するために，四角では囲まず斜体

で図示している。無論，横軸上の行為主体の区別は，価値行為と同様に，左側がデザイン主体で右側が被影響アクターである。しかし，これらの行為は 2 つの価値タイプのいずれにも関わっていると思われるため，縦軸上では目標としての地域価値と成果としての地域価値の境界線の上に配置している。

　これを踏まえて，地域価値に関わる行為を地域デザイン全体のプロセスに沿って考えると，図表 2-3 中の矢印に沿うようにつながっていると思われる。最初に，デザイン主体による地域価値の「設定」が行われ，これに基づく形で地域デザインにおける種々のデザイン要素についての決定と実行がなされる [5]。ここまではデザイン主体が関わるフェーズである。そして，デザインされた地域の中でのさまざまな体験を通じて，被影響アクターは成果としての地域価値を「知覚・評価」することになる。意図されたものであれ意図せざるものであれ，そうした価値は，今度はデザイン主体によって「測定・解釈」されることで可視化や数値化がなされ，最後に 2 つの地域価値の対比の中で形成されるフィードバック・ループを通じて「修正」が試みられるとともに目標として価値の「再設定」がなされ，次の循環へと入っていく。

　このように，地域価値に関連した 4 つの行為は，地域デザイン主体によるデザイン要素の決定・実行と地域アクターによる地域体験とを間に挟みながら，1 つのサイクルを形成する役割を果たしている。このサイクルを念頭に置きつつ，次に地域デザイン要素と地域価値とのつながりについて検討を進めていく。

(2)　ZTCA デザイン要素と地域価値のつながりに関する探索的考察

　ZTCA デザインモデルは，地域デザイン研究の中核モデルとして，多くの地域デザイン研究のベースを提供してきた。このモデルについては，原田(2020)や原田ら(2020b)などすでに多くの研究においてまとめられているのでここでは詳述しないが，概して言えば，地域デザインをゾーンデザイン，トポスデザイン，コンステレーションデザイン，アクターズネットワークデザインという 4 つのデザイン領域に整理し，そうした要素的デザインの有機的な連携と地域価値とのつながりを体系的に理解しようとするモデルであるということができ

る。ZTCA デザインモデルと地域価値との多面的で体系的な連結が図られる
のは，おそらくこれが初めての試みとなるため，ここでは前節で議論してきた
地域価値の行為モデルを補助モデルに利用しながら，ZTCA デザインモデル
を構成するデザイン要素ごとに地域価値との関連性を探索的に考察していく。

①ゾーンデザインと地域価値の連関

　ゾーンデザインは，地域デザインの戦略性の根源であり，伝統的なエリアと
しての地域の捉え方からの脱却を実現するために最も重要な地域デザイン局面
であるといえる。ゾーンデザインとは，特定の空間を他の空間から切り離す作
業を通じて，地域デザインの対象となる空間を元の空間とは異なる次元の空間
として戦略的に設定することであり，切り取られた戦略空間は線を引くことで
はじめて出現する「意図的空間」を意味している（原田ら，2021a）。

　この点を踏まえると，ゾーンデザインとはデザインの対象となる範囲が何な
のか，他との境界線は何を意味するのかを設定する地域デザインの出発点とな
るものであり，まさに目標としての地域価値を設定する作業と表裏一体のもの
であるといえる。換言すれば，ゾーンが設定されなければ目標としての地域価
値も設定することはできず，逆に目指すべき地域価値が設定されなければゾー
ンも明確に定められないという相互規定の関係を有していると考えられる。

　一般的な意思決定科学の領域では，本質的価値そのものが目標として設定さ
れることはほとんどなく，それらを特定の状況や立場のもとに具体的に落とし
込んだ手段的価値の次元で論じられることが多い[6]。地域デザインの文脈でも
同様のことがいえよう。地域の繁栄や地域ウェルビーイングの向上といった本
質的地域価値は，そのままデザイン目標とされるのではなく，特定の状況や立
場からそれを実現するために達成されるべき手段的地域価値へと落とし込まれ，
それが具体的なデザインプロセスを方向づけるようになる。

　ここでいう特定の状況や立場を踏まえることがゾーンデザインの一部である
と考えると，目指す地域価値の手段的適切性は，ゾーンに含まれる環境や資源，
課題といったものが定まることによってはじめて議論されうるようになる。つ
まり，手段的次元での地域価値はデザインされるゾーンの在り方に依存してい

るのである。一方で，先に指摘したゾーンデザインの戦略性を念頭に置くと，どのように地域デザインの舞台を切り取るかは，デザインを通じて何を生み出したいのかという目標としての地域価値が与えられることによってはじめて戦略性を帯びるようになる[7]。つまり，ゾーンの在り方もまた設定される地域価値に依存しているのである。もちろん，成果としての地域価値からのフィードバックが生じれば，それに伴う地域価値の修正もゾーンデザインの修正と同時になされるであろう。

　このように，ゾーンデザインが地域価値の手段的適切性を担保する存在となり，目標として設定する地域価値がゾーンデザインの根拠となるという相互規定的な関係を想定することができる。こうした関係は他のデザイン要素には見られない独自の特性であり，ゾーンデザインは目標としての地域価値の「設定（再設定）」及び「修正」という行為に直接的なかかわりを持つ唯一のデザイン局面であるといえる。

②トポスデザインおよびコンステレーションデザインと地域価値の連関

　トポスデザインとコンステレーションデザインは，ともに成果としての地域価値の「知覚・評価」に対してその原因として強く関与している。無論，成果としての地域価値を知覚・評価する主体は，地域デザインの内容を決めるデザイン主体ではなく，デザインされた地域と関わることで影響を受ける種々のアクターである。したがって，この2つのデザイン領域は，地域デザインのユーザーインターフェースをデザインするようなイメージであろう。

　トポスとはゾーン内にある場所や構築物を指す言葉であり，設定されたゾーンがトポスの価値に影響し，トポスもまたそのゾーンの価値発現に影響するという相互規定関係が注目され，地域デザイン要素として議論されるようになった（原田，2020）。トポスは具体的に存在する空間や施設を指すのではなく，特定のメッセージを発信する意味ある場所や対象物を指す抽象概念であり，人に対してイメージや記憶を強く定着させる効果を持つとされている（原田・古賀，2013）。したがって，トポスデザインとは，設定されたゾーンにおいて，特定の意味を発信する他と識別可能なひとまとまりの存在を作り上げるデザイン局

面であるといえよう。デザインされたトポスは，さまざまな人が地域を体験する際の舞台や地域体験そのものとなるため，成果として知覚される地域価値の原因となることは言うまでもない。

　一方，コンステレーションデザインは，設定したゾーンの中の地域資源から意味を紡ぎ出すデザイン局面であり，新しい地域デザイン対象の中に図を浮かび上がらせる作業を指している（原田・鈴木，2017; 古賀，2019）。このデザイン局面は，多様な地域資源の統合プロセスのまさに根幹を担う作業であり，ゾーンデザインによって切り取られた地域に含まれるトポスなどの地域資源のつながりを構想し意味を持たせることを目的としている。こうした作業は，さまざまトポスを星に見立てたときにそれらをつなげて星座としての意味を持たせることに例えられることが多い（原田・石川，2019）。

　先に述べたトポスデザインを種々のアクターが知覚する地域価値の直接的な要素，あるいは価値評価の対象となる地域体験の内容そのものであるとするならば，このコンステレーションデザインは，価値評価のコンテクスト，つまり地域体験の切り取り方を規定するものであるといえる[8]。

　成果としての地域価値は地域デザインに影響される種々のアクターによって主観的に知覚されるものであり，また対象物の客観的な記述というよりも，自分にとってのあるいは他者や社会にとっての意味づけである。したがって，トポスデザインやコンステレーションデザインは，目標としての地域価値を実現するための道具であるとともに，デザイン成果としての地域価値の「知覚・評価」を決定する原因でもあるといえる。

③アクターズネットワークデザインと地域価値の連関

　アクターズネットワークデザインと地域価値のつながりについてはやや複雑であると思われる。このデザインは，設定されたゾーンにおいてトポスやコンステレーションを駆使して地域価値を発現するアクターの選定やそれらのネットワークの組織化に関わっている（原田ら，2020b）。もちろん，ここでのアクターには，プロデューサーやデザイナーのような地域デザインの決定者としての役割を果たすアクターだけでなく，デザインされた地域での体験に直接的に関

与するさまざまなアクターも含まれている (原田・板倉，2017)。

　地域アクターの人的資源としての側面を強調すると，先のトポスデザインと同様に，この要素のデザインは地域価値の「知覚・評価」に直接的な原因として強く関与しているといえる。観光地のガイドや宿泊先のスタッフは観光客による地域体験の一部として，知覚される地域価値の内容に直接的な影響を与えるであろうし，介護機関と医療機関と行政機関のネットワーク体制は高齢住民やその家族の地域体験を左右し，住民による地域価値の知覚・評価の根拠の 1 つとなるであろう。

　一方で，地域デザインに関わるアクターを設定するということは，同時に地域価値を知覚・評価する主体を設定するという側面も持ち合わせている。地域価値の主観的性質は，同じ地域体験であってもその切り取り方によって知覚される価値の内容が異なりうることを示唆している。この体験の切り取りは，それを行う主体の個人的要因やそうした主体が関わっている社会的関係性によって強く規定される (Schultz, 1970)。このように考えると，アクターズネットワークデザインは，地域価値の知覚・評価の直接的な原因というだけでなく，主体的要因や社会的要因を介した間接的な影響も有していると考えられる。

　また，アクターに関わるデザインは，デザイン主体によってなされる地域価値の「測定・解釈」に対しても影響を及ぼすといえよう。なぜなら，このデザインは，デザイン主体が成果としての地域価値を調べるために誰に調査を行うべきかを規定するからである。

◇　ZTCA デザイン要素と地域価値行為のつながり　◇

・目標としての地域価値の「設定(再設定)」「修正」と相互規定関係にある：Z
・成果としての地域価値の「知覚・評価」の原因(地域体験の要素として影響)：T，A
・成果としての地域価値の「知覚・評価」の原因(地域体験の切り取り方に影響)：C
・成果としての地域価値の「測定・解釈」の原因(誰が価値を知覚するかに影響)：A

第4節　地域価値の測定

(1)　地域価値の測定における測定対象の集計水準

　地域価値を測定・解釈する行為は，デザイン主体による地域デザイン成果の把握を意味している。この行為がなければ，種々のアクターや利害関係者が知覚している成果としての地域価値に具体的な形を与えることはできないし，地域デザインの修正フィードバック・ループが形成されることもない。デザイン主体はそもそも地域になんらかの価値を発現させるために地域デザインを行っているわけであり，それは意図する範囲にせよ意図せざる範囲にせよ地域の人たちに対して何らかの影響を及ぼすことを前提としている。そのため，この測定・解釈は種々のデザイン行為と同時に常になされるべきものであろう。

　しかし，先の価値行為モデルで見たように，地域価値の「測定・解釈」は，地域価値に関わる他の行為に比べて，デザイン要素とのつながりがほとんど検討されてこなかった。そこで，ここでは，すでに成果測定に関する研究が進んでいるマーケティング研究などを参照先としながら，今後の地域価値測定に関わる課題の探索的な検討を行っていくことにしよう。

　成果としての地域価値を測定するためには，測定対象の正確な理解が不可欠である。そういう意味では，地域価値の測定対象をどの集計水準に設定するかという点が非常に重要になってくる。たとえば，QOL研究では，個人，家族，コミュニティあるいは国家といった集計水準が利用されることが多いが(Sirgy, 2001)，地域価値の測定の場合は，物理空間的な包含関係に沿った水準化よりも，地域デザインとの関わり方や地域デザイン内での役割といった点からの水準構成の方が有効であると思われる。そのように考えると，地域価値測定の集計水準は，地域を体験する個人単位，住民や観光客といった特定のアクター単位，そしてすべてのアクターの集合体を対象とした全アクター単位といった区分けが想定できる。

　地域価値が主観的価値であり同一の地域体験であっても異なった価値知覚が生じうるという点から，個々人は地域価値測定の集計水準となりうる。この水

準での地域価値は，定性的な調査技法を用いることで，より詳細かつ多元的に測定することが可能となる。また，定性的手法は，個人の感じている内面をありのままに測定しようとする試みが多く含まれているため（Denzin and Lincoln, 2000），地域デザインに対する個人的な意味づけを理解する過程で意図せざる成果を発見する機会も多くなると考えられる。一方で，個々人に特有の要因も含めて測定されるため，これを修正フィードバック・ループに活用することは難しい場合がある。

　アクター単位での価値測定は，地域デザインに対する特定の関わり方が地域価値の捉え方を左右するという前提のもとでの測定を指しており，手段的次元での地域価値を測定することに適していると思われる。同一の地域デザインであっても，地域住民，通勤・通学者，観光客，あるいはその地域でビジネスを行う企業などさまざまなアクターによってそのデザインとの関わり方や抱えている課題が異なるため，その手段的価値も異なってくる。もちろん，アクター単位をどう設定するかは非常に難しく，先のニンビー問題や大型商業施設の出店問題などのように，同じ住民アクターであっても住む場所によって異なった価値評価がなされる可能性もある。一方で，地域デザインが生み出した価値を把握し，それをもとにデザインの修正を行っていくというプロセスを踏まえると，ある程度のマスの単位での価値測定を行う必要がある。ある程度の同質性と規模を同時に確保できるようなアクター単位での地域価値測定は，地域デザインの精緻化に不可欠であると考えられる[9]。

　地域デザインにより影響を受けるすべてのアクターを1つの測定対象とみなそうとする全アクター単位での測定は，地域デザインの文脈では実質的にあまり意味がないのかもしれない。アクター単位での価値測定で示したように，地域デザインとの関わり方などの違いによって価値の感じ方は異なってくる。そのため，すべてのアクターの価値評価を単純に合成するような価値測定は，そうした多様性を捉えることができず，誤解を生み出すことも考えられる。もちろん，本質的次元での地域価値は，場合によってはこうした集計水準で測定できる場合もあるかもしれない。しかし，そうした抽象度の高い価値は，単一の

地域デザインとの因果関係がどれほど見られるのかは判断が難しい場合も多い
と考えられている(注6参照)。1つの地域デザインに対して1つの価値評価が
得られるという点では,全アクター単位での測定は魅力的ではあるが,アクタ
ー単位において多様性が見られる価値評価をどのように統合するかという点で
周到な準備が必要になると考えられる。

◇ 地域価値測定における集計水準 ◇

・地域デザインに影響を受ける個人ごと=個人単位
・地域住民や観光客など地域デザインとの関わり方の異なるアクターごと

=アクター単位

・地域デザインに影響を受ける全てのアクターを1つのまとまりとして

=全アクター単位

(2) 地域価値の測定方法と残された課題

　価値測定に関する研究が既に進んでいる領域の1つにマーケティング研究が
ある。マーケティングでは,企業のデザインした提供物(たとえば,製品やサー
ビス)に対して顧客が知覚する価値を顧客価値として議論することが多い。こ
の顧客価値は,顧客が得る経済的な利得,知覚された満足感,あるいは得られ
るベネフィットと要するコストの純差などといった観点から概念化されている
が(Ng and Smith, 2012),それらを測定する際の測定次元には心理次元か行動
次元が選択されることが多い。

　価値評価が対象物の良さの評価であることから,その測定の際に評価そのも
のにアプローチする場合が多く見られる。もちろん,価値自体を単一次元のも
のとしてシンプルに測定する場合もあれば,価値の持つ構成次元を複数抽出し,
それらの次元を構成概念として測定するような測定法が採用される場合もある
(Sánchez-Fernández et al., 2009)。ここでは具体的な手法に関する詳細は論じな
いが,現在では構造方程式モデリングを適用する形で顧客が知覚する価値の測
定モデル及び測定手続きの定式化が多く試みられている(e.g., Sweeney and Sou-

tar, 2001; Petrick, 2002）。一方，こうした価値評価自体を心理尺度上で直接測定する方法ではなく，価値評価が引き出すであろう行動の次元で測定する方法もとられている。たとえば，ブランドの市場占有率や再購買率は，顧客が知覚している価値と購買選択行動の連動性を前提としたうえで，顧客価値を行動次元で捉えたものといえよう。

　こうした点は，マーケティング研究における顧客価値測定の文脈での話であるが，地域デザイン研究における地域価値測定にもある程度適用可能であると考えられる。観光客のようなアクターが知覚する地域価値を測定するケースの場合，そうしたアクターは一種の顧客とみなすことができるので，顧客価値に関する測定モデルや測定手続きの多くを適用することが可能であろう。しかし，地域住民のようなアクターが知覚する地域価値の測定の場合は，それらを直接適用することは難しいかもしれない。そうしたアクターと地域デザインとの接点は，日常生活の至るところに存在しており，また極めて長期的でかつさまざまな状況下での地域体験の蓄積として地域価値が評価されていくことになるからである。

　たとえば，ある地域の歴史性をベースにいくつかのトポスの間の移動や滞在を促すような地域デザインを行ったとしよう。この場合，観光客は，この地域デザインと限られた短い期間（通常は滞在期間）だけ接点を持ち，その中での地域体験を振り返りながら観光地としての良さを評価することになる。一方，このデザインされた地域で生活をする住民は，その地域にルーツを持つ個人として，子どもを学校に通わせる親として，高齢者の家族として，日用品の買い物客として，町内会のメンバーとしてなど，その状況ごとに地域を体験することになる。しかも，そうした地域の価値に不満があっても，消費者が他のブランドにスイッチするように住む場所を変えるわけにはいかない。地域デザインに影響を受ける受動的な価値評価者としてだけでなく，その中でより高い価値を自ら生み出そうとする価値共創者としての役割を担う側面も有している。

　このように，地域価値の測定においては，長期的な時間的フローの中で日常的に体験される地域の価値がどのように立ち現れてくるかという現象学的な視

点が不可欠になってきていると思われる。現象学的な価値論に基づくと，地域アクターはデザインされた地域を自らの方法で再構成し，それに伴いその地域は単に「外在するもの」であることを止め，そのアクターの知覚上の目的の一部となるのである（Ng and Smith, 2012）。地域体験の内容とその体験の切り取り方が相互規定しあいながらその価値を漸進的に収束させていくという地域価値の意識的沈殿は，地域デザインを客体としその評価者を主体とする単純な二分法上での価値測定を超えた，新たな測定方法の必要性を示唆していると考えられる。この点については，別の研究機会においてその詳細を検討することとする。

　デザイン成果を知ることは，正確さや多面性を考慮しすぎると指標が複雑化しすぎてしまい，単純な指標を使おうとすると，見えにくい成果が把握できなかったり測定の精度が低下してしまったりする。目指すべき方向が「利用できる程度にシンプルでかつ正確な成果評価を行うのに十分な包括さを持つ便利な尺度」（Clark, 2002：33）であることは皆わかっていても，そこに到達するにはこうした解けないトレードオフの呪縛を超えなければならず，その道は極めて険しいと予想される。実際に，これまで，地域デザイン研究において地域価値の測定や解釈に関する体系的な考察はほとんどなされておらず，これらを地域デザインプロセスの中にどう組み込んでいくかという点から ZTCA デザインモデルなどの主要な地域デザインモデルのさらなる深化・進化が図れる可能性は大いにあると考えられる。

◇ 地域価値の測定方法と課題 ◇

・顧客価値研究からの示唆：心理次元での測定と行動次元での測定
・一部の地域価値の測定においては顧客価値研究の知的貢献が大きい
・地域の価値を測定する際の特有の課題を解決するために現象学的視点が有益

おわりに

　地域価値は，地域デザインを意思決定の観点から論じる際には，さまざまなデザイン局面を方向づける目標として位置づけられ，また地域デザインを地域事象として因果関係上で捉える際には，地域デザイン要素の総合的な影響が当該地域にもたらす成果として位置づけられる概念である。そして，こうした地域価値の２つの概念的位置づけは，フィードバック・ループを通じて結合され，地域デザインの評価と修正という循環を実現する基盤となっていく。これまでの地域デザイン研究では，こうした概念体系のうち，デザイン目標としての地域価値とその達成手段としてのデザインの在り方に関する考察は多くなされてきたものの，関連するアクターたちが知覚するデザイン成果としての地域価値については，ほとんど考察されてこなかった。特に，その測定・解釈に関わる部分については，マーケティングなどの他の研究分野に比べて遅れを取っている状況にあり，地域価値の特殊性を加味した形での測定モデルと測定手法の確立に向けた努力が必要であると考えられる。

　デザイン目標としての地域価値研究とデザイン成果としての地域価値研究の両輪が回り始めると，それらを結合するフィードバック・ループは，地域デザインの評価と修正に対してより有益な作用を及ぼすことが期待される。これは，地域デザインの実践プロセスだけに当てはまるものではない。どちらかと言えば，地域デザインの考え方や具体的な技法といったものを提案することにウェイトが置かれ，それらの成果の実証的な確認やそれに基づく提唱モデルの修正・精緻化といった部分にあまり注力されてこなかった研究プロセスにおいても，地域価値研究の両輪が回り始めることは，今後の研究の深化や進化につながっていくと考えられる。

注
1 ）ＺＴＣＡデザインモデルにおけるコンステレーションデザインを起点に置きデザインとユーザーの記憶要素との関係性を基軸に地域デザインを描いているＳＳＲモデル（原田ら，

2019）や，プロデューサー（デザイン主体の戦略構想）起点の ZTCA デザインモデル
をユーザー起点のモデリングによって相互補完しようとした ISET デザインモデル（原
田ら，2020a）など，その例は枚挙にいとまがない。

2 ）ニンビー（NIMBY：Not in my backyard）問題とは社会的に必要であるものの忌避
される施設の建設をめぐる問題であり，ごみ処理場の建設計画の際などに見られる（Dear,
1992）。一方，オーバーツーリズムとは，地域観光の過度な振興が交通渋滞やごみ問題
など地域の自然や生活などに悪影響を及ぼすことを指している（Dodds and Butler,
2019）。これらの研究テーマは，地域内での状況や立場の違いによって特定の地域事象（施
設建設や経済振興策）に対する手段的地域価値の感じ方の違いがさまざまな対立を生み
出しうる点を示唆している。

3 ）無論，自然科学と人工物のデザイン科学は，排他的で択一的な選択肢として存在して
いるのではなく，たとえば人工物の構築と評価には現象の理解が不可欠であったり，人
工物の成功は知識の正当性の証拠となったりするなど，両者の間には相互補完的な関係
が存在している。

4 ）無論，顧客の専有物であったとしても使用環境が公的な場などであった場合は，喫煙
や自動車の排ガスのように提供物の及ぼす社会的影響への配慮がマーケティング意思決
定上で強く求められることは言うまでもない。

5 ）ただし，次項のデザイン要素と地域価値のつながりに関する詳細な検討の中で示され
るように，ゾーンデザインは他の要素デザインとはやや異なった役割を有しており，地
域価値の「設定」の後ではなくそれと同時並行的にデザインがなされると考えられる。

6 ）その理由として Thacher and Rein（2004）は，政策上の決定が本当に本質的価値の
発現に寄与したのかどうかが不明確である点や，こうした価値が時折外部の強力な力（た
とえば法的権利など）によって規定される点などを挙げている。また，Simon（1976）も，
状況や立場によって左右されない究極的な上位価値というものについての議論は意思決
定にとっては分析的でなく哲学の問題として対応する方が好ましいとしている。

7 ）伝統的なエリアという考え方で地域デザインを考える場合は，デザインの舞台が行政
区など所与とされることが多い。そうしたケースでは，ゾーンが先に決まっていてそれ
を所与とした価値設定がなされるため，ここでいう目標としての地域価値がゾーンデザ
インに及ぼす影響はほとんど無視されることになる。本章では，地域デザインにおける
ゾーンデザインの戦略性を重視し，価値がゾーンに及ぼす影響フローも考慮に入れている。

8 ）コンステレーションデザインを中心にユーザー視点から地域デザインを再構成してい
る ISET デザインモデルは，デザインに影響されるアクター側の行為である成果として
の地域価値の「知覚・評価」により近いモデル構成となっている。なお，ISET デザイ
ンモデルは以下の 4 つのデザイン要素から成立している：I＝make Identity design, S＝
make Symbol design, E＝make Episode design, T＝make Tribe design（原田ら，2020a）。

9 ）ただし，個人単位とアクター単位という 2 つの集計水準の関係には注意が必要である。
アクターという単位は複数の個人によって構成されているものの，この単位が個人を必
ず包含するとは限らない。なぜなら，個人は同時に複数のアクター単位に所属しうるか
らである。こうした特徴は，先の QOL 研究における集計水準のように，個人が家族に

包含され，それが地域コミュニティに包含され，さらに国家に包含されるといった単調な関係とは異なる水準関係であることを示唆している。

参考文献

Baggini, J. and P. S. Fosl（2007）*The Ethics Toolkit: A Compendium of Ethical Concepts and Methods,* Blackwell Publishing Ltd.（長滝祥司・廣瀬覚訳『倫理学の道具箱』共立出版，2012 年）

Clark, B.（2002）"Measuring Performance: The Marketing Perspective," in Neely, A. ed., *Business Performance Measurement-Theory and Practice,* Cambridge University Press, pp. 22-39.

Dear, M.（1992）"Understanding and Overcoming the NIMBY Syndrome," *Journal of the American Planning Association,* 58（3）, pp. 288-300.

Denzin, N. K. and Y. S. Lincoln（2000）*Handbook of Qualitative Research, Second edition,* Sage Publications, Inc.（平山満義監訳，岡野一郎・古賀正義編訳『質的研究ハンドブック第1巻：質的研究のパラダイムと眺望』北大路書房，2006 年）

Dewey, J.（1960）*Theory of Valuation,* The University of Chicago Press.

Dodds, R. and R. Butler（2019）"The Phenomena of Overtourism: A Review," *International Journal of Tourism Cities,* 5（4）, pp. 519-528.

Fry, M. L. and M. J. Polonsky（2004）"Examining the Unintended Consequences of Marketing," *Journal of Business Research,* 57（11）, pp. 1303-1306.

Gutman, J.（1984）"Analyzing Consumer Orientations toward Beverages through Means-End Chain Analysis," *Psychology and Marketing,* 1（3-4）, pp. 23-43.

Hart, S. L.（1971）"Axiology-Theory of Values," *Philosophy and Phenomenological Research,* 32（1）, pp. 29-41.

Korsgaard, C. M.（1983）"Two Distinctions in Goodness," *The Philosophical Review,* 92（2）, pp. 169-195.

March, S. T. and G. F. Smith（1995）"Design and Natural Science Research on Information Technology," *Decision Support Systems,* 15（4）, pp. 251-266.

Ng, I. C. L. and L. A. Smith（2012）"An Integrative Framework of Value," in Vargo, S. L. and R. F. Lusch eds. *Special Issue-Toward a Better Understanding of the Role of Value in Markets and Marketing,* Emerald Group Publishing Limited, pp. 207-243.

Petrick, J. F.（2002）"Development of A Multi-Dimensional Scale for Measuring the Perceived Value of A Service," *Journal of Leisure Research,* 34（2）, pp. 119-134.

Sánchez-Fernández, R., M. Á. Iniesta-Bonillo and M. B. Holbrook（2009）"The Conceptualisation and Measurement of Consumer Value in Services," *International Journal of Market Research,* 51（1）, pp. 1-17.

Schutz, A.（1970）*On Phenomenology and Social Relations*（edited by H. R. Wagner）, University of Chicago Press.（森川眞規雄・浜日出夫訳『現象学的社会学』紀伊國屋書店，1980 年）

Simon, H. A.（1976）*Administrative Behavior: A Study of Decision-Making Processes in Administrative Organization, Third Edition*, The Free Press.（松田武彦・高柳暁・二村敏子訳『経営行動—経営組織における意思決定プロセスの研究』ダイヤモンド社，1989 年）

Simon, H. A.（1996）*The Sciences of the Artificial, Third Edition*, MIT Press.（稲葉元吉・吉原英樹訳『システムの科学』パーソナルメディア，1999 年）

Sirgy, M. J.（2001）*Handbook of Quality-of-Life Research*, Kluwer Academic Publishers.（高橋昭夫・藤井秀登・福田康典訳『QOL リサーチ・ハンドブック—マーケティングとクオリティ・オブ・ライフ』同友館，2005 年）

Sunstein, C. R.（1996）*Legal Reasoning and Political Conflict*, Oxford University Press.

Sweeney, J. C. and G. N. Soutar（2001）"Consumer Perceived Value: The Development of a Multiple Item Scale," *Journal of Retailing*, 77（2）, pp. 203-220.

Thacher, D. and M. Rein（2004）"Managing Value Conflict in Public Policy," *Governance*, 17（4）, pp. 457-486.

Vargo, S. L., P. P. Maglio and M. A. Akaka（2008）"On Value and Value Co-creation: A Service Systems and Service Logic Perspective," *European Management Journal*, 26（3）, pp. 145-152.

Walls, J. G., G. R. Widmeyer and O. A. El Sawy（1992）"Building an Information System Design Theory for Vigilant EIS," *Information Systems Research*, 3（1）, pp. 36-59.

Woodruff, R. B.（1997）"Customer value: the next source for competitive advantage," *Journal of the academy of marketing science*, 25（2）, pp. 139-153.

Zeithaml, V. A.（1988）"Consumer Perceptions of Price, Quality, and Value: A Means-End Model and Synthesis of Evidence," *Journal of Marketing*, 52（3）, pp. 2-22.

古賀広志（2019）「改訂版 ZCT モデルにおける 3 つの論理：ダークツーリズム，エフェクチュエーション，経験経済」地域デザイン学会誌『地域デザイン』第 13 号，101-119 頁。

原田保（2020）「地域デザイン理論のコンテクスト転換—ZTCA デザインモデルの提言」地域デザイン学会誌『地域デザイン』第 4 号改訂版，11-27 頁。

原田保・石川和男（2019）「地域デザインから捉えた地域マーケティングの展開」原田保・石川和男・小川雅司編『地域マーケティングのコンテクスト転換—コンステレーションのための SSR モデル』学文社，1-12 頁。

原田保・石川和男・西田小百合（2021a）「ゾーンのトレースとカテゴリーとの連携によるデザインメソドロジーの深化方向—地域価値発現のための ZTCA デザインモデルのさらなる活用のために」地域デザイン学会誌『地域デザイン』第 17 号，11-66 頁。

原田保・石川和男・小川雅司（2019）「新機軸型地域マーケティングによる地域価値創造」原田保・石川和男・小川雅司編『地域マーケティングのコンテクスト転換—コンステレーションのための SSR モデル』学文社，13-43 頁。

原田保・板倉宏昭（2017）「地域デザインにおけるアクターズネットワークデザインの基本構想—アクターズネットワークデザインの他のデザイン要素との関係性を踏まえ

た定義付けと体系化」地域デザイン学会誌『地域デザイン』第 10 号，9-43 頁。

原田保・古賀広志（2013）「『海と島』の地域ブランディングのデザイン理論―ZCT デザインモデルによるドラマツルギーの発現に向けて―」原田保・古賀広志・西田小百合編著『海と島のブランドデザイン―海洋国家の地域戦略』芙蓉書房出版，49-75 頁。

原田保・古賀広志（2016）「地域デザイン研究の定義とその理論フレームの骨子―地域デザイン学会における地域研究に関する認識の共有」地域デザイン学会誌『地域デザイン』第 7 号，9-29 頁。

原田保・鈴木敦詞（2017）「ZTCA デザインモデルにおけるコンステレーションの定義と適用方法に関する提言」地域デザイン学会誌『地域デザイン』第 9 号，9-31 頁。

原田保・西田小百合・宮本文宏（2020a）「もう 1 つの地域デザインモデルとしての『ISET デザインモデル』の提言」地域デザイン学会誌『地域デザイン』第 15 号，11-37 頁。

原田保・福田康典・西田小百合（2021b）「地域の暮らしにおける安全・安心のためのコンテクストデザイン―災害や感染症による有事への備えと処理のための SS 統合型 C&R デザインモデル」地域デザイン学会誌『地域デザイン』第 18 号，11-51 頁。

原田保・三浦俊彦・西田小百合（2020b）「デザイン理論の地域への活用」原田保・三浦俊彦・古賀広志編著『地域デザインモデルの研究―理論構築のための基本と展開』学文社，1-14 頁。

第3章

ゾーン・カテゴリー連携と
モデル・メソドロジー連携の新展開

原田　　保
石川　和男
西田小百合

はじめに

　本学会では，ZTCA デザインモデルがオフィシャルモデルである。このモデルの複数化を図るため，これまで新たな地域デザインモデルの構築を図ろうとしてきた(原田，2020)。本章では，これら新たなモデルの中心に位置づけられる ZTCA デザインモデルの進化と深化を図るための議論を行う。そこで4つのデザイン要素である Z (zone)，T (topos)，C (constellation)，A (actors network)を進化・深化させるための新モデルを定義し，これを踏まえたデザイン・メソドロジー(design methodology)を展開する。そのために著者らの構想により学会誌や叢書 1)にこれまで掲載してきた著作を振り返り，新たな思考を導入し，ゾーンに関する概念定義の確認と新たな地域デザインについて考察する。

　なお，本章は，学会誌 17 号に記載された原田ら(2021)を加筆修正したものであり，改めてゾーン・カテゴリー連携とモデル・メソドロジー連携の新展開について提示する。

第1節　地域デザインにおけるゾーンの理解とゾーンに見られる基本特性の抽出

　本学会はゾーンを起点とした研究から出発したため，ゾーンの理解が地域デザインの研究の進化および深化には必須となる。そこで，本章では，地域デザインにおけるゾーンの理解と，そこに見られる基本特性について抽出を行う。具体的には，第1が地域研究におけるゾーンとエリア（area）との差異に関する考察，第2がゾーン概念の地域デザインモデルへの活用を想起させた契機，第3がゾーンとエリアの地域デザインにおける差異とエリアのゾーンとしての活用である。

(1)　地域研究におけるゾーンとエリアとの差異に関する考察

　地域に関する研究を行っている多くの学会はゾーン概念に注目していないことから，本学会が地域デザイン研究のために設立された。その時点から，エリアとしての地域を捉えた価値発現のためのデザインモデルとデザイン・メソドロジーではなく，価値発現対象としてのゾーンが地域を構築するメソドロジーを指向してきた。現時点でも，ゾーンに注目した地域研究関連の学会はほとんどなく，本学会においてもゾーンの戦略性を理解している会員は多くない。地域をエリアとしてではなく，ゾーンを使用するのは，地域をエリアという戦略前提でなく，戦略対象とするためである。これが地域デザインに関わる研究者が指向すべき地域概念のコンテクスト転換となる。地域価値発現にはコンテンツは不可欠であるが，それ以上にコンテンツがどのようなコンテクストから導出されるかが問われている。

◇　**地域に関する研究のコンテクスト転換**　◇

エリア起点の地域研究＝主にエリア活性化が主目的の研究

↓

ゾーン起点の地域研究＝主にゾーンデザインが主目的の研究

　こうしてゾーン起点のファクターモデルであり，プロセスモデルである ZTCA デザインモデルが構想された。現在は4つの構成要素すべてが起点となりえるため，戦略における自由度が拡大している。そのため，本モデルはいかなる地域においても適用可能である。しかし，地域デザインは地域をいかに価値発現の源泉とするかが主目的であり，ゾーン起点のデザインが重要であることは変わりない。

　序章第1節でも述べたが，再度ゾーンと他要素，つまりトポス，コンステレーション，アクターズネットワークとの関係を整理する(図表3-1)。現時点では，第1ファクターであるゾーンはデザイン対象となる固有の区域設定のためのデザイン行為であり，第2ファクターであるトポスは牽引装置活性化のためのデザイン要素，第3ファクターであるコンステレーションは潜在顧客誘引のためのデザイン要素，第4ファクターであるアクターズネットワークは推進主体育成のためのデザイン要素である(原田，2020)。

図表 3-1　ゾーンを起点とした ZTCA デザイン理論

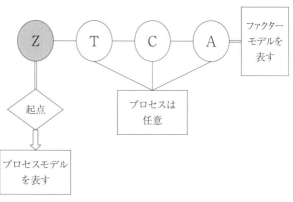

出所：原田ら(2021：14)，図表1より引用

⑵　ゾーンとエリアの地域デザインにおける差異とエリアのゾーンとしての活用

　ゾーンは，明確なコンセプトに依拠し，何らかの空間に明確な線を引く，つまりゾーニングにより自身と他の空間を切り離す，あるいは異なる次元の空間（space）や場所（place）に対して戦略的に設定される。そのため，ゾーンはゾーニングという線引きによってはじめて表される意図的空間であり，自然発生的な空間や境界が曖昧な空間とは異なっている。これが戦略空間としてのゾーンの特徴である。このように，歴史的あるいは政策的配慮を意識し，地域価値最大化を指向しながら，新たにかつ意識的に線を引くことで確固たる空間が構築できるようになる。これがゾーニングで構築されるゾーンとしての地域である。したがって，本学会が対象とするのは，地域を線引きしないエリアではなく，線引きによって現出するゾーンである（原田，2013a）。

◇　地域デザインのための２つのアプローチ　◇

A．所与の地域単位であるエリアにおける地域価値の最大化のデザイン

＝エリアデザイン

B．地域としての価値を最大化できるゾーン設定のデザイン＝ゾーンデザイン

　現実には，エリアはゾーンになりえるものが多いため，エリアとゾーンとの関係についてコンテクスト転換を図る必要がある。デザインの対象地域がエリアである場合，これがゾーンとして活用できれば，その地域をゾーンとする両者の関係転換が起こる。具体的には，地域デザインにおける両者の関係は，対抗関係から共存関係へという地域を捉えたコンテクスト転換となる。

第２節　時間軸と空間軸から捉えたゾーンデザインに関する研究のトレース

　前節ではゾーンについての断片的な議論を行ったが，総合的に把握すること

も必要である。そこで，本節では時間軸や空間軸を捉えたゾーンデザインに関して考察することとする。著者らの過去のデザインに関する考察や提言の多くは，時間軸と空間軸から構成されている。時間軸は，通時性と共時性の視角により，空間軸では主体と関係の視角から考察する（原田ら編，2018）。

◇　本節で紹介する分析軸と分析視角　◇
　　A.　時間軸＝通時性視角と共時性視角
　　B.　空間軸＝主体視角と関係視角

(1)　時間を捉えたゾーン研究のトリガー＝通時性と共時性を捉えて

　ゾーンデザインモデルの契機となったゾーニングが初めて使用されたのは，地域ブランディング研究においてであった（原田・三浦編，2010）。そこでは，地域は文化的価値や歴史的価値をブランディングに活用すべきとした。しかし本章では，ゾーンの時間軸，特に通時性の視角から検討する。通時性による地域価値発現の視角は，第1章第4節で述べたトポスの価値発現の5層構造に関する提言に依拠している（原田ら，2021）。ゾーンに対する共時性に関する研究は，直接的にはなされないが，これにはコンステレーションデザインによるエピソードメイク（episode make）が関わっている。この段階では，時間軸として共時的な視角が意識されていた。

(2)　空間を捉えたゾーン研究のトリガー＝単独主義と複合指向

　ゾーンを地域研究に導入した時点でエリアとゾーンというデザイン対象の選択肢が拡大した。そして，エリアはゾーンの選択肢の1つであるため，デザインの対象となる。つまり，現在ではエリアからのゾーンデザインの戦略面の多様性を獲得することができた。この流れにより，ゾーンデザインの対象設定に柔軟性が付与され，行政など地域の壁を越えた動的な戦略を描きやすくなった。こうして，地域ではゾーンブランドの活用やゾーン連携ができるようになった（原田・岡田編，2013；原田，2013c）。これは，ある種の主体転換方法である。

　ゾーンが主体となるブランドが脆弱な場合，それを上回るもう1つのブランディングを図ることがゾーンデザインの方法となる。たとえば，瀬戸内海に浮かぶ小豆島を外国人に理解してもらうためには，一定のブランドが確立している広域ブランドである瀬戸内を活用し，瀬戸内・小豆島という二重構造のゾーンデザインを行うことにより脆弱なブランド力を補っていることで理解されよう。

　もう1つの空間によるアプローチとして，複数地域の連携による価値転換を指向する方法がある。これは，単独ではブランドのインパクトが脆弱な地域が複数連携する地域価値発現の方法となる。たとえば，三重県伊賀市と滋賀県甲賀市は，県境を挟んで連携し，忍者による地域ブランディングを展開し，グローバルな認知を獲得している。また，近年は複数のトポスを連携させるセットブランド化の試みも行われている。

第3節　域と圏に関する概念整理

　地域デザインでは，「域」と「圏」が付された言葉が多用される。そこで，これらの相違も取り上げなければならない。地域とは，地に関わる域であるため，域に関する一般的定義を簡単に整理する必要がある。また，圏は域よりも広域を表す概念とされる場合があり，域とは異なる次元の概念ともされる。『大辞泉』によると，域は「物事の程度の，一定の段階。範囲。境地。」とされる。また，地域は「区画された土地の区域。一定の範囲の土地」とされる。他方，本章で取り上げる圏は「周囲を囲った形。輪。」である。したがって，こうした辞書的意味だけでは，域と圏を明確に区別することは難しい。なお，域と圏が最も多く使用されてきたであろう地理学では，それらの定義を発見することができない。

　そこで，地理学の展開分野であり，本学会にもおそらく当分野を研究対象とする研究者がいると思われる経済地理学において，域と圏について調べるため，当該分野の基本書を開いた。そこでもやはり「域とは」と「圏とは」に辿り着

くことができなかったが，岡田ら(2016)は，身近な意味での地域は，通勤・通学や買い物などを行っている日常生活圏としている。経済活動における，物流や卸売取引，企業の管轄範囲では，数県にまたがる広域ブロックとしてのまとまりとする。他方，地域分析では目的に応じた地域区分をする必要もある。1つの方法として，所得水準による先進地域(先進国)と中間地帯(中進国)，周辺地域(発展途上国)の区分や，産業構造による農林漁業地域と工業地域，第三次産業からなる中心都市と区分した場合，統計的指標で比較的類似した地域をまとめている(岡田ら，2016)。

さらに，自宅と勤務先を結んだ通勤圏，買い物行動と商店との関係の商圏，中枢管轄地域のように，地域を機能的なまとまりで把握する方法を「結節地域(機能地域)」と呼び，これには「圏」も関係している。社会経済的システムにより地域間の分業関係や重層的圏域が形成されているとはいえ，それが政治的・行政的な地域に対応するとは限らない。通勤圏や産業地域は，行政境界を越えて広がっている。前者は「実質地域」といわれるが，統計は自治体単位でしか利用できないため，その場合は「形式(的な)地域」を利用せざるを得ない(岡田ら，2016)。

他方，圏については，中心地あるいは中心集落とその勢力圏(エリア)として提示される。中心集落は，そこに行政・商業・娯楽・教育・医療など各種サービス機能がある程度集中し，それらのサービス機能を利用するため，周辺地域の人々が集まる集落である。中心集落には大小多様なものがある。都市と呼ばれる大きな集落だけではなく，都市とは呼ばれない小さな集落でもそこにサービス機能がある程度集中し，これにより周辺地域の人々とつながりを持つ場合には，中心集落と呼ぶことができる。したがって，中心集落には，人口100万を超すような大都市も，商店数が10に満たない程度の小さなものも含まれている(西村，1977)。

また，中心集落は各自の勢力圏を有している。勢力圏とは，ある中心集落の力が他の中心集落の力に比べ，最も優勢に作用している範囲である。勢力圏の大きさは，中心集落の力に応じて異なる。中心集落の力とは，中心集落が周り

の人々を引きつける力であるが，それは数値によっても表される(西村，1977)。3大都市・地方中枢都市では，各広域経済圏(地方圏)内における情報サービス業の割合の高さが指摘される。地方中枢都市は，いくつかの都道府県を勢力圏とする都市である。広域中心都市ともいわれる。東北地方や中国地方など地方の中心となる札幌・仙台・広島・福岡の4都市を指す場合が多く，同様に複数圏に影響力を持つが，その範囲がやや狭い都市(金沢・熊本)は，地方中核都市とされる場合が多い(加藤，2020)。この場合，地方をいくつか束ねたものを地方圏とする。また，複数圏に影響力を持つという表現からは，力の対象としての圏が浮上することとなる。

　地域を構造としてみる地域構造論では，「個人消費との関わりに重点を置く」(矢田，1982：253)形で経済圏を設定している。「労働力の再生産圏としての生活圏も，別の側面から見れば，小売業の市場圏，個人消費サービス業のサービス圏，教育・福祉・その他公共機関のサービス圏，および通勤圏の総体として形成される」(矢田，1982：251)としているように，その中心は市場原理により展開される経済行為(その軸をなすのは個別取引)の累積が結果的に生み出す「市場地域」に限定されていた。「生活圏」や「通勤圏」への言及があるため，一見したところでは地域社会との関連を意識しているような印象を持つかもしれないが，あくまでも問題となっているのは市場地域である(加藤，2018)。

第4節　域と圏の地域デザインにおける概念定義と両者の関係

　域と圏という2概念は，多様な研究分野においても各々異なる定義がされている。これらには共通点もあるが，各研究分野では比較的自由に使用されている。この分野で活用されている概念を踏まえ，地域デザイン研究に必要な概括的な概念定義を行う。特に，地域関連研究では，域と圏が曖昧に使用されているため，本節ではこれらの地域デザインからの概念定義と両者の関係を考察する必要がある。

(1) 地域デザイン研究から捉えた「域の概念定義」

　地域は域という概念の１つであるため，まず域について考察する。本節では，域を２面で捉えている。１つは，域内と域外というように内と外の区分による。もう１つは，全体と部分という包含関係である。つまり，域には２態があり，これらのうちいずれかを明確にする必要がある。前者は域の区別関係により，域内と域外で構成される。後者は域の包含関係により，全体と部分から構成される。

◇　**域の２態**　◇

A. 区別関係＝域内＆域外

B. 包含関係＝全体＆部分

　このように考えると，域の１つである地域には２つの捉え方が存在する。それは地域を区別関係と包含関係で捉える場合である。前者の地域がゾーンであり，後者の地域がエリアである。ゾーンはデザイン対象の区別的設定対象となり，エリアは包含関係にある階層的行政起点の区域的設定対象となる。ゾーンは区別関係による地域概念であり，エリアは包含関係による地域概念になる（図表3-2）。

図表3-2　ゾーンのエリアへの活用

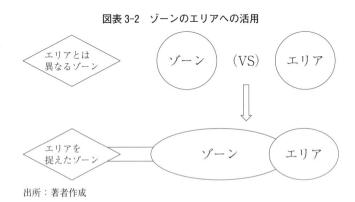

出所：著者作成

◇　ゾーンとエリア　◇

A．ゾーン＝区別関係で捉えた域内＝内部（ZTCA デザインモデルの対象）

B．エリア＝包含関係で捉えた域内＝部分（ZTCA デザインモデルの対象外）

　地域は，一般的にはエリアとされるが，以上の理由から本章ではゾーンとしている。これは，デザイン対象となる地域では，戦略的対象がゾーンであることについて図表 3-2 においてゾーンとエリアの差異が示されている。ゾーンはデザイン対象として他地域とは異なる特徴があることが期待されるが，デザイン方法論としての地域デザインモデルが確立されると，これを複数のゾーンに適用させることによって，汎用性が獲得できる。

(2)　地域デザイン研究から捉えた「圏の概念定義」

　圏は域には及ばないが，地域デザイン関連研究では多く使用されている。一般的には，大気圏に代表される気象研究や防衛圏に代表される地政学的研究などで多く見られる。しかし，地域研究でも首都圏[2]や多摩川流域圏[3]のように広く使用される。そこで，地域デザイン研究の視角から圏の定義を行う。

　圏は数学や論理学の研究領域で使用される概念であるが，各研究分野でも多様に使用されてきた。地域研究の場合では，ほとんど地域と同義的に使用されている。しかし，首都圏とはいうが首都域とはいわない。また，多摩川流域圏とはいうが，多摩川流圏域とはいわない。このような圏としての英語表記はカテゴリー（category）である。日本語では，圏には複数の意味がある。多くは分野や領域に関する概念であり，他方で地域を指す場合もある。

　日本語化する際には，本来は分類軸であるカテゴリーが，わが国では地域と類似的な概念である。そのためカテゴリーが本来の分類軸ではなく範囲軸に転換した。前者が分類軸から捉えた全体であり，特定基準による各範囲である分野や部分（これらには全体の存在が前提）である。後者はむしろ何らかの理由で現出する範囲だが，ここでは個（全体の認識は必須ではない）の他の個との間で範囲拡張や縮小によって流動化する範囲である。

図表 3-3　ゾーンとカテゴリーの連携

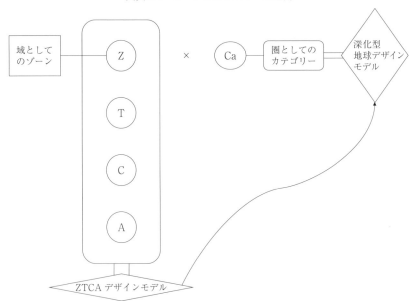

出所：原田ら（2021：26），図表 7 より引用

　本節では，このような曖昧な概念である圏を，範囲軸ではなく全体の分類軸
で定義する。したがって，分類軸の概念がカテゴリー（Ca）である。これは地域
としての圏ではなく部分としての圏である。これをゾーンと併せて地域デザイ
ンモデルの深化に活用したい。つまり，これは圏のコンテクスト転換であり，
エリアでなくカテゴリーとした圏の地域デザインに対する活用である（図表
3-3）。

◇　圏の地域デザインへの活用に向けたコンテクスト転換　◇

地域としての圏＝エリア（既存概念に包含）

↓

地域としての圏＝カテゴリー（新たな概念）

図表 3-4　ゾーン起点のカテゴリーによる地域デザインモデル

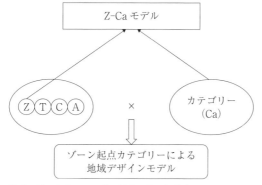

出所：原田ら（2021：28），図表 9 を一部改変

　ここで，カテゴリーを地域デザインの新たなファクターとして組み込む。これにより，部分起点で捉えたカテゴリーとしての圏を意図的に取り上げ，地域デザイン研究の幅を拡大する。これらを踏まえ，可能性のある圏との関係をデザイン対象として明確にしたい（図表 3-4）。

⑶　域と圏に関する理解に向けて

　域と圏の差異は明確にされたが，補足が必要である。つまり，現実に圏域と域圏が見出されることをどのように把握するかである。これらは行政で使用されることがあるが，統一した概念設計はない。

　関東地方は国の一部地域であるため，地方は広義には域に含まれる。そのため，関東地方は日本という国の一地域である。ここでは，関東地方を関東地域と考える。関東地方は日本という国の全域の中にある部分としての地域である。つまり，関東地方はこれを含む日本が存在して初めて意味を持つ。これに対し，日本の首都は東京であるため，首都圏は東京の影響圏である。これは行政起点の関東地方とは異なる東京に首都機能が生まれた，あるいは東京が優位的な力を発揮する周辺地域を含めた広域である。関東地方は，東京都，神奈川県，千葉県，埼玉県，茨城県，栃木県，群馬県であり，首都圏はこれに山梨県が加え

られる。

　このように，域と圏は類似しているが，原則的には異なる概念であるため，2つは併用される。つまり，域圏も圏域もありうる。しかし，これら2つの概念使用について明確な説明がされることはない。順番は異なるが，これらの概念は全く同じではない。したがって，圏域は圏が部分としての域であり，域圏は域が及ぼす範囲であるといえる。たとえば，前者は都道府県が各範囲を複数圏に分割した行政単位を設定する際，県の地方組織として県と市町村との間に設定される。後者は，大河川が及ぼす水系の影響を与える範囲を表す場合に使用される。そのため，圏域はある種の部分空間を表し，後者はある種の空間範囲を表している。

◇　圏域と域圏の概念比較　◇

　A．圏域＝複数地域が含まれる個別地域よりも広がりのある部分空間
　B．域圏＝地域がその周辺に影響を与える空間範囲

(4)　域と圏による地域デザインモデルの進化

　これまで域と圏という類似的概念を整理したが，これら概念を活用し，地域デザインモデルの高度化を指向する地域デザインモデルの方向性を示したい。ZTCA デザインモデルは，ゾーンが起点である基本要素であるが，これにカテゴリーとしての圏を含め，地域デザインモデルの革新が追求される。これは域圏連携地域デザインモデルともいえるものである（図表3-5）。

◇　域圏連携地域デザインモデルの定義　◇

ゾーンとしての域（ゾーン域）＝エリアではない

×

部分としての圏（カテゴリー圏）＝範囲としての圏（カテゴリー）ではない

図表 3-5　域圏連携地域デザインモデル

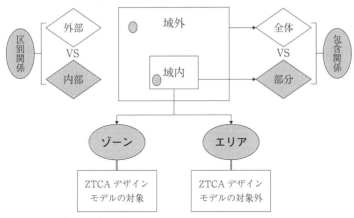

出所：原田ら(2021：23)，図表 4 より引用

　首都圏の場合，首都(東京)がゾーンとしての域であり，圏が部分としてのカテゴリーであるため，地域デザイン研究の対象として浮上することになる。本節では，ZTCA デザインモデルの深化における，域と圏との連携による新たな地域デザインモデル構築の必要性を強調している。具体的には，域と圏との調和の追求が重要であり，これにより地域デザインモデルのコンテクスト転換が行われる。

第 5 節　圏の活用による地域デザインの進化

　地域デザインモデルは進化していくが，これに伴いモデルが複雑になることも考えられる。そのため，モデルの拡張にあたって，モデルが複雑にならないような配慮が必要となる。そこで，新たに圏という概念を導入し，域と圏という 2 つの空間概念に絞って考察が展開されるようにした。

(1)　圏概念と域概念の連携による地域デザインモデルの進化

　圏を地域デザインモデルへ導入することにより，多くの可能性が今後見出さ

れるであろう。今後はいくつかの事例を捉えた研究が行われることが期待されるが，既に原田・石川によっていくつかの事例が提示されている。もちろん，域による地域デザインが可能であれば，無理に圏の活用を図らなくてもよい。

　さて，圏の概念導入によってゾーンデザインの概念も大きく変化することとなる。これまで取り上げてきたように，ゾーンはエリアに代わる戦略的概念として提示されたものではあるが，これはエリアと異なる区域となる場合，一方エリアと同様になる場合がある。たとえば，市区町村の区域が戦略的な区域として展開できるのであれば，まさにエリアがゾーンになるということを示している。

◇　ゾーンとエリアの関係　◇

①エリア＝ゾーン

②エリア≠ゾーン

　ゾーンとカテゴリーの関係は次元が異なる概念であるため，ゾーンがカテゴリーと一致することはない。つまり，カテゴリー概念はゾーンとは次元が異なるため，2つの概念は同時に使用されることには概念上での問題はない。したがって，ゾーンとしての圏はゾーンとしての域とは相互に連携できる概念である。このような地域デザイン研究の発展は，課題解決の可能性を拡大することが予見される。今後，圏の研究や域との連携に関わる研究の展開，つまり圏の研究がZTCAデザインモデルの進化には不可欠な要素となる。

(2)　空間概念の拡張に伴う圏活用の方向性とモデルへの組み込み

　これまで紹介してきた圏という概念は，元来は地理学や気象学などで利用される多様な意味を表現する概念であるが，本学会ではある種の空間概念として活用してきた。しかし，既にこの空間については研究が行われているため，この圏はまさに多様な空間における活用が可能になっている。

　たとえば，バーチャル空間の登場や，これに伴うハイブリッド空間が登場す

ることになった。そこで，次元の異なる時空間を対象にしたデザインが必要になる。つまり，ゾーン概念の拡張が不可欠になってくる。地域デザインの領域がマクロコスモスである宇宙空間からミクロコスモスである体内空間にまで拡張することになると，圏としてのゾーンという概念が使用される。

　このようにマクロ空間概念の拡張に伴いデザイン要素であるゾーンは圏という概念が有効になるが，これをゾーン連携という視点からカテゴリーとした。つまり，カテゴリーはゾーンの新たな空間に加えて有効とするための方法論として導入された概念である。こうして，圏という概念は空間拡張に伴ってますます重要な要素になる。

おわりに

　本章では，地域デザイン研究をいかに進展させるべきかについて多様に考察した。ここで重要なのは，地域デザインを行うには何らかのモデルが必要であり，またその多様化が求められるべきだということである。そして，複数のモデルを巧みに使い分けて利用したり，これらを相互に連携させたりすることにより，多様な地域価値の発現が可能になってくる。現在，われわれは ZTCA デザインモデルに加え，ISET デザインモデルと SSR (sign create, story select, resonance act) マーケティングモデル [4]，ZEA (zone, episode make, actors network) ブランディングモデル [5] を保持している。

　これらを踏まえて，とりわけ Z を捉えたモデルの効果を増大するために，もう 1 つの要素，すなわちカテゴリー (Ca) を地域デザインの議論に取り込むことにし，Z—Ca 連携モデルの有効性に関しても触れた。つまり，Z—Ca 連携を地域デザインに関する有効なモデルとして構築することにした。また，地域価値の増大については，デザインモデルに加え，デザイン・メソドロジーの開発が重要であることを指摘し，これによってモデル＝メソドロジー連携が地域デザインにおいては有効に機能することを主張した。なお，メソドロジーは単なるメソッドとは異なり，一般化かつ普遍化されたある種の戦略プラットフォ

ーム的な機能を保持する概念である。

　こうした地域デザインのためのいくつかの装置を捉えながら，事例によるモデルやメソドロジーの活用方法に関する理解を深め，実践のために有効なツールになることを強調した。この段階で，地域価値発現のためのツールはほぼ完成したため，今後は実践活動との連携による精度の向上を図ることが期待される。

　地域デザインはある種の戦略論であり，デザイン論でもあるため，これらに関するコンテクスト転換のためのツールとしての活用も検討していきたい。本学会では，多くの研究者が，本章での取り組みを踏まえて独自の研究成果を現出されることが求められる。

注
1）学会 Web サイトに掲載されている学会叢書および学会誌を参照願いたい。
2）わが国の首都圏は，首都圏整備法第2条第1項および同施行令第1条に基づいて「首都圏」として定義されている東京都およびその周辺地域である茨城県・栃木県・群馬県・埼玉県・千葉県・神奈川県・山梨県の1都7県を指している。
3）多摩川流域圏は，多摩川流域および関連する水利用地域や氾濫原で示される一定の範囲の地域（圏域）を指す。特に，河川の場合，水質保全，治山・治水対策，土砂管理，森林，農用地などの管理など地域が共有する問題について非常に関わりがあるため，地域が共同して取り組む際の枠組みとして形成される圏域である。
4）SSR モデルは，記号創造（sign create），物語選定（story select），共鳴行使（resonance act）から構成されるコンステレーションマーケティングにおける1つのモデルである（原田ら編，2020）。
5）ZEA ブランディングモデルは，ゾーン（zone），エピソードメイク（episode make），アクターズネットワーク（actors network）で構成され，原田・三浦編（2011）で提示されたモデルであり，当時はトライアングルモデルと表記されていた。

参考文献
McCann, P.（2001）*Urban and Regional Economics*, Oxford University Press.（黒田達朗・徳永澄憲・中村良平訳『都市・地域の経済学』日本評論社，2008 年）
岡田知弘・川瀬光義・鈴木誠・富樫幸一（2016）『国際化時代の地域経済学（第4版）』有斐閣アルマ。
加藤和暢（2018）『経済地理学再考—経済循環の「空間的組織化」論による統合』ミネルヴァ書房。
加藤幸治（2020）「情報通信業の集積」伊藤達也・小田宏信・加藤幸治編『経済地理学へ

の招待』ミネルヴァ書房，201-213 頁。

西村睦男（1977）『中心地と勢力圏』大明堂。

原田保（1998）『コーディネートパワー―プロデュース企業の経営戦略』白桃書房。

原田保（2001a）『場と関係の経営学―組織と人材のパワー研究』白桃書房。

原田保（2001b）『知識社会構築と組織革新―関係編集』日科技連。

原田保（2013a）「地域デザインの戦略的展開に向けた分析視角―生活価値発現のための地域のコンテクスト活用」地域デザイン学会誌『地域デザイン』第 1 号，1-15 頁。

原田保（2013b）「コンテクストブランドとしての地域ブランドコンテクストである“地域とブランドの共振と共進による価値発現”」地域デザイン学会誌『地域デザイン』第 2 号，9-22 頁。

原田保（2013c）「『海と島』のブランディングによる海洋国家『日本』の創造」原田保・古賀広志・西田小百合編著『海と島のブランドデザイン―海洋国家の地域戦略』芙蓉書房出版，15-25 頁。

原田保（2015）「地域デザインのイノベーション」地域デザイン学会誌『地域デザイン』第 5 号，29-39 頁。

原田保（2016）「場の論理から捉えたトポスの展開―身体制によるつながりの場とエコシステムの創造」地域デザイン学会誌『地域デザイン』第 8 号，9-36 頁。

原田保（2020）「地域デザイン理論のコンテクスト転換―ZTCA デザインモデルの提言」地域デザイン学会誌『地域デザイン』第 4 号改訂版，11-27 頁。

原田保・浅野清彦・庄司真人編著（2014）『世界遺産の地域価値創造戦略―地域デザインのコンテクスト転換』芙蓉書房出版。

原田保・石川和男（2018）「地域デザインから構想される『ヘリテージビジネス』」地域デザイン学会誌『地域デザイン』第 12 号，11-37 頁。

原田保・石川和男・小川雅司編著（2020）『地域マーケティングのコンテクスト転換―コンステレーションのための SSR モデル』学文社。

原田保・石川和男・西田小百合（2021）「ゾーンのトレースとカテゴリーとの連携によるデザインメソドロジーの深化方向」地域デザイン学会誌『地域デザイン』第 17 号，11-66 頁。

原田保・板倉宏昭・加藤文昭編著（2015）『旅行革新戦略―地域デザインとライフデザインによるコンテクスト転換』白桃書房。

原田保・大森信・西田小百合編著（2012）『温泉ビジネスモデル―ゾーニングとエピソードメイクのコンテクストデザイン』同文舘出版。

原田保・岡田好平編著（2013）『瀬戸内・小豆島：瀬戸内海の霊場リゾート―香川県小豆郡「土庄町」の地域ブランド戦略』芙蓉書房出版。

原田保・北岡篤編著（2015）『吉野・大峯：“憧れ”と“安らぎ”の聖地ブランド』空海舎。

原田保・古賀広志編著（2002）『境界融合―経営戦略のパラダイム革新』同友館。

原田保・武中千里・鈴木敦詞（2013）『奈良のコンステレーションブランディング―“奈良”から“やまと”へのコンテクスト転換』芙蓉書房出版。

原田保・西田小百合・宮本文宏（2020）「もう 1 つの地域デザインモデルとしての『ISET

デザインモデル』の提言―従来の『ZTCA デザインモデル』に加えて」地域デザイ
　　ン学会誌『地域デザイン』第 15 号，11-37 頁。
原田保・三浦俊彦編著（2010）『ブランドデザイン戦略―コンテクスト転換のモデルと事例』
　　芙蓉書房出版。
原田保・三浦俊彦編著（2011）『地域ブランドのコンテクストデザイン』同文舘出版。
原田保・三浦俊彦・高井透編著（2012b）『コンテクストデザイン戦略―価値創造のための
　　理論と実践』芙蓉書房出版。
原田保・山田啓一・石川和男編著（2018）『地域イノベーションのためのトポスデザイン』
　　学文社。
三菱地所 HP（2020）「三菱地所のワーケーションポータルサイト　WORK × ation Site
　　ワーケーションって？」，https://workxation.mec.co.jp/（2020.11.5 アクセス）。
矢田俊文（1982）『産業配置と地域構造』大明堂。
山本俊一郎（2020）「地域の中でのものづくり」伊藤達也・小田宏信・加藤幸治編『経済
　　地理学への招待』ミネルヴァ書房，166-182 頁。
吉田武夫（1994）『デザイン方法論の試み』東海大学出版会。

第4章

トポスとゾーンの関係性を捉えた
コンステレーションデザインの新機軸

諸上　茂光
木暮　美菜

はじめに

　ZTCA デザインモデルを中心とした地域デザインにおいては，トポス，ゾーン，コンステレーションの概念が多様に解釈されながら議論されてきた。それゆえに，各概念の定義は多義的で，関係性はより複雑になっている。そこで本章は，トポス，ゾーンの定義を改めて確認して関係性を整理したうえで，コンステレーションデザインの新機軸を提案することを目的としている。

　第1節ではトポスの概念を整理して原義を確認し，第2節では客体がプレイスを認識するメカニズムをおさらいしてトポスの役割を明確にすることによって，トポスとゾーンの関係を示す。第3節では，トポスをレンズにたとえながら，トポスを活用したコンステレーションデザインの手法を提案する。第4節では，福岡県糸島地域の事例を参照しながら，本章で提唱している新しいコンステレーションデザインの意義と具体的な手法について考察する。最後に，提案したコンステレーションデザインの新機軸を踏まえて，客体のコンテクストやコンステレーションのメカニズムを考慮した地域デザイン手法が地域価値発現のために重要であることを指摘して結ぶ。

第1節　トポスとはなにか

　地域デザインにおいて，トポスは ZCT デザインモデル（原田・古賀，2013）や ZTCA デザインモデル（原田，2020）を嚆矢として，多くの知見で扱われてきた。しかし，先行研究を概観すると，トポスの定義は一意に定まっておらず，トポスを物質的な空間として捉える立場と物質的な空間から離れた概念として捉える立場に二分されるようだ。前者の例としては，「記憶やイメージを喚起される空間的配列であり，身体性や象徴性を帯びた唯一無二の固有空間」（原田・古賀，2013：65），「（地域デザインの）対象地域の地域価値発現に必要な意味ある構成要素」（原田，2020：20）という記述や「トポスとは何らかの特別な意味によって価値が内在されている場所，あるいはある区域を占有する構築物」（石川・原田，2018：64）という記述が挙げられ，ある地点や空間，物質のことを指してトポスと呼んでいる。一方で，空間や物質など目に見えるモノから離れてトポスを捉える後者の例は，「場所とその意味をつなぐ重要な概念」（庄司，2017：69）や「特定の場所や土地の心的固有性を示す表現」（浅野ら，2014：41）といった記述がなされている。

　また，トポスとコンステレーション，ゾーンの関係についても「トポスとはゾーニングとして意味を付与されデザインされた地域であり，コンステレーションが形成される舞台であると同時にコンステレーションの結果の場」（原田・古賀，2013：65）や「（地域デザインの試みは）独自の意味ないし物語性（＝コンステレーション）を付与されることにより，価値創造主体としての地域（＝ゾーン）を形成し，その結果，かけがえのない場所（＝トポス）を生み出す試みである」（原田・古賀，2013：66）と説明が試みられているものの，各概念の関係性は明確ではない。

　このように，地域デザインにおけるトポスの解釈が複雑であることから，本節では原義である哲学におけるトポス論に立ち返り，古典哲学から都市空間までトポス論の概論を述べた中村（1993）を参照してトポスの定義を整理する。

　中村（1993）によると，トポスは自我の存在や認識についての議論から派生し

たために，共同体や無意識など，視覚的には捉えられない対象を指す場合や，身体そのものをトポスとして扱う場合がある(中村，1993：80-88)。そのため，トポスという語は，視覚的にわかる場所や建造物，地図上の座標を指し示すとは限らない。一方で，人間は「食事の場」「排泄の場」など空間を意味づけて分節しながら認識しており，象徴的な空間，特別な意味を付与された場所という意味でトポスという語が用いられるという(中村，1993：89-93)。そのため，トポスは視覚的に捉えられる地点や建造物そのものを指すわけではないが，何らかの意味があると認識され周囲の空間と識別される，概念としての「場」を指す語である。

　それでは，トポスはいかにして象徴的な意味を持つのか。中村(1993)によれば，その土地の心的固有性や歴史を背景にした固有の雰囲気や様相である「ゲニウス・ロキ(土地の精霊)」が空間に宿り私たちの心的表象に働きかけることで，象徴的な意味を持つ場になるという。これを地域デザインにあてはめると，2つのことが示される。1つは，トポスが持つ象徴的意味は，歴史的な背景やその土地固有の雰囲気であることである。もう1つは，トポスはそれを眺める客体[1]の心的表象に働きかけて象徴的意味を伝達する役割を担っていることである。トポスはその空間に付与されている象徴的意味を客体に伝えることによって，トポスが含まれる地域空間全体をも意味づけている。

　さて，トポスの定義が整理されたところで，次節ではコンステレーションのメカニズムを説明し，トポスとゾーンの関係性を示す。

第2節　トポスとゾーンの関係性

　著者らはこれまでにプレイス・ブランド論を参照しながら地域デザイン論の諸概念を整理してきた。プレイス・ブランド論によれば，地域空間は，複数の客体が抱く地域空間の感覚が重なった共同主観的な「プレイス」である(電通abic project 編，2018：34-43)。プレイスは複数の客体が共同主観的に認識している地域の感覚であり，客体によって地域空間の範囲やイメージが異なること

が特徴である。たとえば、「湘南はどの辺りにある、どのようなまちを指すか」という問いに対して、回答者によって葉山、茅ヶ崎、小田原、湯河原が含まれたり含まれなかったりするなど、客体によって認識する地域空間（＝ゾーン）[2]が異なり、「優雅なヨットのまち」「元気なサーファーのまち」など、認識するまちのイメージも異なる[3]。そうした複数の客体の湘南という地域空間の範囲やイメージが重なりあって、共同主観的な感覚である「湘南のプレイス」が存在するのである。

では、共同主観的なプレイスは個々の客体にどのようにして認識されているのか。著者らは客体がプレイスを認識するメカニズムについて、理論脳科学の知見に基づくコンステレーション理論から説明してきた（諸上・木暮、2021a; 2021b）。そこで、まずは客体がプレイスを認識する際のコンステレーションのメカニズムをおさらいし、トポスとゾーンの関係を整理する。

客体があるプレイスを「ゾーン」として空間を認識する際には、客体の認知過程で「コンステレーション」が形成されている。このコンステレーションの仕組みは、脳内の情報処理メカニズムを説明した選択的不感化理論（森田ら、2002）を参照することによって、さらに精緻に説明することができる。選択的不感化理論によると、脳内ではある情報に対してあるコンテクスト（文脈）が与えられることにより、情報の一部が一時的に抑制（不感化）され、情報のある側面のみが学習され推論される。すなわち、プレイスという曖昧な情報 P に対してコンテクスト C_1 が与えられるとプレイスは文脈に修飾された情報 $P(C_1)$ として認識され、コンテクスト C_2 が与えられると情報は文脈に修飾された情報 $P(C_2)$ として認識されるのである。したがって、プレイスは、あるコンテクストに修飾されコンステレートされた状態（＝コンステレーション）として、客体に認識されていることがわかる。

それでは、プレイスを修飾するコンテクストはどこからやってくるのか。著者らは、プレイス内に存在するトポスが持つ象徴的な意味がコンテクストを与えると考えている。つまり、トポスが持つ象徴的意味は特定のトポスとなっている空間にとどまらず、トポスが存在するプレイス全体に対しても意味を付与

する。トポスが持つ象徴的意味がコンテクスト C_n としてプレイス P に意味を付与し，プレイスのイメージは $P(C_n)$ として客体に認識されているのである。なぜなら，客体がトポスの象徴的な意味を認識している場合，客体はそのトポスが位置するプレイス全体が象徴的意味を持つ空間のように感じられるためである。

　たとえば，「長崎」には中国やオランダの文化が伝来した歴史を示す外国人居留地のトポスがある一方で，原爆が投下された被爆地としての長崎原爆遺跡のトポスもある。客体が外国人居留地のトポスに注目すると，外国人居留地のトポスに含まれる象徴的意味がコンテクストとなり，和華蘭文化と呼ばれるハイカラなまちとして長崎プレイスが認識される。一方で，客体が原爆遺跡のトポスに注目した場合には，原子力爆弾の被害を受けたコンテクストが与えられることによって，戦争の傷跡を後世に残し平和を祈るまちとして長崎プレイスが認識される。プレイス内にある複数のトポスがそれぞれの象徴的な意味を持ち，どのトポスに注目するかによって，そのトポスが存在するプレイス全体までも意味づけられるのである。

　さらに，トポスはプレイスにコンテクストを与えて意味づけるだけではなく，ゾーンを規定する役割も担う。つまり，客体があるトポスを認識し，トポスの持つ象徴的意味によってコンステレーションを認識するとき，コンステレーションに対応する特定の地域空間や地域資源を「ゾーン」という一括りの意味ある空間として認識するのである（諸上・木暮，2021b）。先述した長崎の例に当てはめれば，客体が外国人居留地のトポスに注目しハイカラなまちとして長崎プレイスのコンステレーションを認識する時には，山手の外国人居留区や出島がこのコンステレーションに対応したゾーンとして認識される。一方で，客体が原爆遺跡のトポスに注目し被爆地として長崎プレイスをコンステレートした場合には，平和公園や浦上天主堂，旧城山国民学校校舎などの長崎の戦争遺跡が，トポスと対応したゾーンとして認識されるのである。

　以上の議論をもとにすると，トポスは「色付き度ありのレンズ」のようなものとして捉えるとわかりやすい。トポスをレンズにたとえると，プレイスとト

図表 4-1　トポスと客体の脳内にあるコンステレーションの関係

共同主観としての地域：
プレイスP

トポスT₁

トポスT₁による
コンステレート

客体が
ある地域を消費する
コンテクスト

客体の脳内でプレイスのPの
コンステレーションP（T₁）を形成

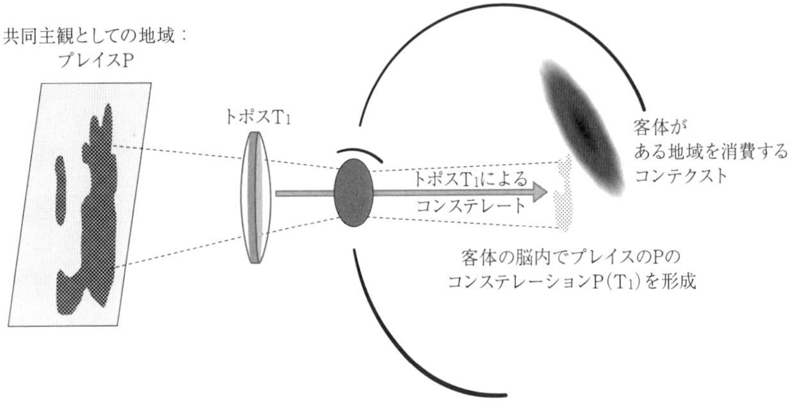

出所：著者作成

図表 4-2　トポスによるコンステレーションによって規定されるゾーン

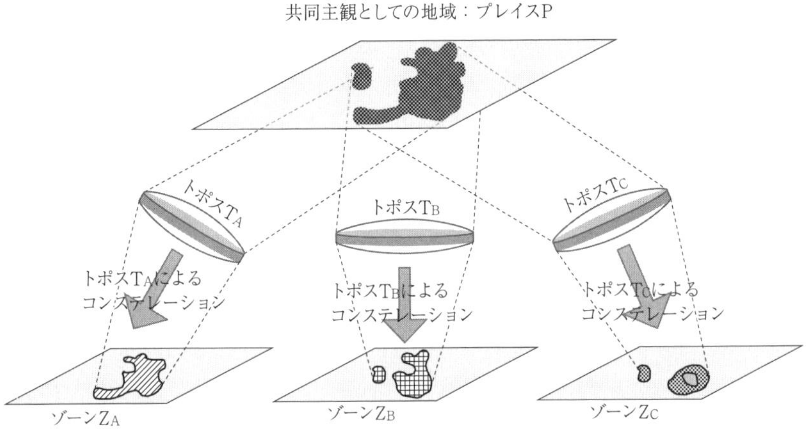

共同主観としての地域：プレイスP

トポスTₐ

トポスT_B

トポスT_C

トポスTₐによる
コンステレーション

トポスT_Bによる
コンステレーション

トポスT_Cによる
コンステレーション

ゾーンZₐ

ゾーンZ_B

ゾーンZ_C

出所：著者作成

ポス，そして客体の脳内で認識されているコンステレーションの関係は，図表
4-1 のように表すことができる。客体は，トポスというレンズを通じてプレイ
スを眺めるが，このとき客体の認識はトポスを通じてプレイスの一部に焦点が
当てられたものとなり，トポスの持つ象徴的意味に色付けされた，プレイスの

コンステレーションを脳内に形成する。これと同時に，そのコンステレーションと対応する地域空間をゾーンとして認識するのである。

　このとき，図表4-2に示したように，赤色レンズを覗くと画の赤色部分が見えなくなるメカニズムのような仕組みが働く[4]。例えば，客体がプレイスを認識する時に赤色レンズであるトポス T_A を通してプレイスを覗き込むとプレイスの赤色部分は見えなくなり，その他の地域がゾーン Z_A としてコンステレートされて認識される。また，レンズの色や度の強さが異なるトポス T_B を通して同じプレイスを覗く場合には，客体はゾーン Z_A とは異なるゾーン Z_B を認識する。レンズの色味によって，プレイスの中からレンズを透過してゾーンとして認識される地域資源が異なり，レンズの度の強さによってプレイスの中でフォーカスされる範囲や明瞭さが異なってくるのである。そのため，どのトポスに着目してプレイスを眺めるかによって，客体が脳内で形成するコンステレーションは異なる。あるプレイスには複数トポスが設定でき，トポスごとに異なるゾーンを形成しうるのである。

第3節　コンステレーションデザインの役割

　地域デザインを行う主体は，客体に好まれるようなプレイス像をコンステレートさせることを指向するが，客体の脳内を操作することはできない。そのため主体ができる施策は，地域のトポスを産み出したり取捨選択するトポスデザインか，トポスの見せ方を微調整するコンステレーションデザインの2つである。

　まず，トポスデザインは，客体が着目するトポスのレンズを変更する施策や，新たなレンズを制作する施策である。ただし，トポスを新たに作り上げるという施策や，トポスのレンズの色を変更する施策は，短期的な地域デザイン戦略には不向きである。トポスに付与する歴史的な背景や固有性，象徴的意味はゼロから作り上げたり，既存の象徴的意味を変更したりするには比較的長期間に渡ってコンセンサスを醸成する期間が必要であるためである。これに対し，主

図表 4-3　コンステレーションデザインによるトポスレンズの調節方法

手法 1
ピント範囲を調節することによる
P(T₁)の明瞭化

手法 2
レンズの角度を変えることによる
P(T₁)と客体のコンテクストの合致

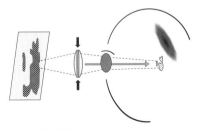
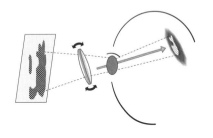

出所：著者作成

体が比較的取り組みやすいトポスデザインは，プレイス内に大小さまざま存在するトポスのうち，どのトポスをプレイスの代表として提示するかを選定することであろう。すなわち，客体に注目させるトポスのレンズを選ぶ施策である。トポスデザインについては，本節の本題から逸れてしまうため，別稿に詳細な議論を譲る。

　こうした前提に立ち，本節では，コンステレーションデザインの新機軸として，トポスというレンズを調節することでコンステレーションをデザインする手法を提案する。コンステレーションデザインは，トポスそのものを変更するのではなく，あるトポスの提示の方法を工夫する施策である。図表 4-3 のように，トポスというレンズのピントを合わせたり，角度を変えたりすることでコンステレーションを操作するのである。特に，トポスが経年変化を伴うこと，多様な解釈が加えられることを踏まえると，トポスが常に元来の象徴的意味だけを伝達することは難しいため，レンズの見せ方を工夫するコンステレーションデザインは重要である。コンステレーションデザインとして主体が可能な施策は，レンズのピントを調節するコンステレーションデザイン（手法 1）と，レンズの角度を調節するコンステレーションデザイン（手法 2）である。

　「手法 1」は，トポスというレンズを通してコンステレートされるプレイス

の像をより明瞭にする施策である。トポスというレンズはプレイスのどの部分に焦点を当てるのかを調整する役割を担っているが，その範囲が広いと映し出される像も自ずとぼやけてしまう。その像をはっきりとしたイメージにする施策が手法1である。

　たとえば，長崎には多様な外国文化が伝来したため，イギリス商人の暮らしを伝える洋館，迫害された歴史を持つキリスト教会，江戸時代の役人が勤めていた木造建築など，さまざまな象徴的意味を含むトポスが点在している。それらのトポスは，しばしば「ハイカラ」という共通した象徴的意味を伝達する1つのトポスとして客体に提示される。だが，このようなトポスの提示は，ぼんやりとした「ハイカラ」というコンステレーションの形成を促すだけで，トポスが持つ象徴的意味をはっきりと魅力的に伝えることができない。そこで，「外国商人との交易で栄えた華やかでおしゃれなまち」という象徴的意味を持つグラバー園のみにレンズのフォーカスを調節することによって，客体の脳内により明瞭なコンステレーションを形成させることができるだろう。トポスを選択的に提示することでレンズの焦点を絞ることができるのである。

　しかし，コンステレーションが明瞭に形成されただけでは，客体に高く評価されるコンステレーションであるとは限らない。なぜなら，客体の脳内のコンステレーションは，各客体がその地域を消費する[5]コンテクストに合致すれば価値ある空間として評価が高くなるが，合致しなければ低く評価されるためである（諸上・木暮，2020）。そこで，主体はレンズの角度を調節する「手法2」を行うことによって，プレイスのコンステレーションを客体のコンテクストに合致させる必要がある。すなわち，トポスの見せ方を工夫することによって，客体の好みに合わせたプレイス像を映し出すのである。

　たとえば，長崎に観光にやってくる女子大生という客体が「友達と一緒にかわいい写真を撮りたい」というコンテクストを持って長崎を訪れたとする。その場合には，イギリス風の洋館が並ぶグラバー園のトポスについて，歴史的な説明ではなく，レトロでかわいいまちなみであると伝えることによって，客体のコンテクストに合致するコンステレーションを描くことができる。実際に長

崎では，主に若い女性の地域を消費するコンテクストに合わせ，グラバー園で
レトロなドレスのレンタルサービスを実施している。歴史的な意味を持つグラ
バー園というよりも，レトロでかわいいグラバー園というトポスの見せ方をす
ることによって，客体である若い女性に魅力的な長崎プレイスがコンステレー
トされるのである。

　以上のようにコンステレーションデザインはトポスというレンズの焦点や角
度を調節する行為であり，手法1と手法2を合わせて行うことによって，より
効果的なコンステレーションデザインが実現できる。手法1と手法2を併用す
る例としては，ぼんやりとした「ハイカラ」な長崎プレイスのイメージをコン
ステレートしていた客体に対して，長崎プレイスの代表としてグラバー園に注
目させ，レトロな体験ができることをアピールする手法が挙げられる。

　ただし，客体が地域を消費するコンテクストに合致させるためとはいえ，レ
ンズの焦点を合わせられる範囲やレンズを傾けられる角度にはある程度限界が
あるだろう。あくまでもトポスに元来備わっている象徴的意味が失われない範
囲において，プレイスの映し方を工夫することしかできない点には留意したい。

　さて，トポスというレンズを用いたコンステレーションデザインの手法を示
したところで，次節では「糸島」の例を挙げ，具体的なコンステレーションデ
ザイン手法とその有用性を示す。

第4節　糸島地域を事例としたコンステレーションデザインの効果

　「糸島」プレイスは，糸島市と福岡市西区に広がる糸島半島を中心とした一
帯を指す。福岡市中心部から車で約40分とアクセスが良く，住みたい街，行
ってみたいレジャースポットとして人気が高い。糸島には複数のトポスがある
ため，まずは糸島にあるトポスを2つ紹介する。

　1つ目のトポスは，伊都国の歴史を背景にした「伊都国トポス」である。伊
都国は，弥生時代中期以降，『魏志倭人伝』をはじめとして，『古事記』『日本

図表 4-4　糸島の２つのトポスと対応するゾーン

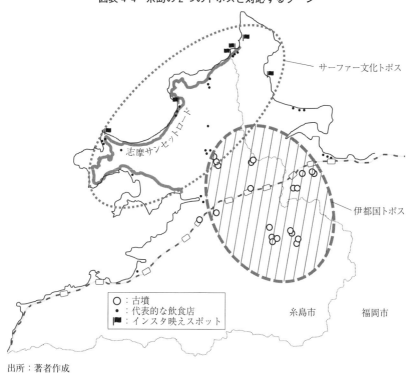

出所：著者作成

書紀』『万葉集』にその存在が記述されている。伊都国は，糸島市の三雲・井
原遺跡群，曽根遺跡群一帯が中心となって，律令制下の怡土郡（現在の糸島地方）
に王都が広がっていたようだ。曽根遺跡群の中心となる平原遺跡からは，日本
一大きな銅鏡である「大型内行花文鏡」を始め 40 枚という大量の銅鏡や，中
国で制作されたガラス連玉が発掘されたことから，弥生時代としてはかなり大
きな国であったことを窺わせる。そのため，「伊都国トポス」は弥生時代の王
朝のロマンを感じさせるトポスであり，図表 4-4 のように，糸島古墳群，三雲・
井原遺跡，平原王墓などが点在する東南部一帯が，このトポスのコンステレー
ションに対応するゾーンである。

　2つ目のトポスは，北東部にある二見ヶ浦海岸沿いをゾーンとしてコンステ
レートする「サーファー文化トポス」である。この一帯は 1990 年頃までは開
発が進んでいなかったが，林憲治氏(サンセットグループ「ALOHAPLAN」のオ
ーナー)が二見ヶ浦で開店した「Café SUNSET」を先駆として，現在では「ベ
ーカリーレストラン　CURRENT（糸島市志摩野北)」「鮨和食　空(福岡市西区
西浦)」「カフェ・インふくゐ(糸島市二丈福井)」「ハイダウェイ　サンセットキ
ャンプ(糸島市二丈福井)」という Café SUNSET の関連施設が点在している。
また，「ラスティックバーン(糸島市志摩桜井)」「ナッティ・ドレッド(糸島市志
摩野北)」「御飯屋おはな(糸島市志摩野北)」「プカプカキッチン(福岡市西区今
津)」など Café SUNSET の元従業員が開業した飲食店も並ぶ。「糸島にサンセ
ットあり」と呼ばれるように(手島，2019：3)，Café SUNSET を中心として感
度の高いサーファーやサーファー文化を愛する主体が集まって糸島のサーファ
ー文化が形成されたのである。

　糸島のサーファー文化は飲食の文化だけにとどまらない。「LOVE & UNI-
TY ～大いなる自然とその恵みに感謝～」を合言葉に，地元のサーファー，ミ
ュージシャンを集めた音楽イベント Sunset Live（糸島観光協会 HP「いといこ糸
島：SunsetLive」)は，まさにサーファー文化を表す祭りである。レゲエを中心に，
音楽ジャンルを広げながら 20 年以上継続して開催され，現在では九州を代表
する野外フェスとなっている(手島，2019：196-217)。

　こうした「サーファー文化トポス」は，サーファーに好まれるようなハワイ
アンな食やレゲエ音楽を提供しながらトポスを形成している。また，地元住民，
ボランティアとともに Sunset Live を運営することで，糸島に根付いた祭りと
同様に，糸島関係者の地域アイデンティティの確立や地域価値の向上に寄与し
ている。

　しかし，以上の 2 つのトポスがあっても，糸島プレイスの活性化には不十分
であった。実際に，2011 年時点では，観光客がまちを回遊せず通過してしま
う点や，糸島でしか楽しむことができない体験や学習を求める観光客のニーズ
に応えられない点が課題であった(糸島市産業振興部，2011：29-32)。そこで，

糸島は「サーファー文化トポス」を活かしたコンステレーションデザインを行うことによって，地域デザインを試みた。このコンステレーションデザインは手法1と手法2を合わせた成功例といえる。そこで，糸島プレイスが「サーファー文化トポス」を活かしながらどのようにコンステレーションデザインを行ったのかを紹介しよう。

　まず，糸島プレイスの地域デザイン主体が行ったコンステレーションデザインは，トポスというレンズのピント範囲を調節するコンステレーションデザイン手法1である。「サーファー文化トポス」は，年々多様な飲食店が半島全体に増えていったことに伴い，当初の「サーファー文化」の象徴的意味が薄れていた。そこで，「志摩サンセットロード」と名付けられた県道54号線の泉川（雷山川）河口の弁天橋から桜井二見ヶ浦までの33.3kmに，レンズのピント範囲が絞られたのである。サンセットロードはサーフィンスポットやドライブスポットという明瞭な意味づけがされたトポスとして焦点が当てられた。それによって，夕日を眺めることができるドライブコース，雰囲気が良く感度の高い食を楽しめるカフェが立ち並ぶ場所として，旅行ガイドブックや観光パンフレット等で明瞭なイメージが紹介されるようになったのである（糸島観光協会HP「いといこ糸島：サンセットロード」；福岡市公式シティガイド「よかなび」）。こうして，「サンセット」というキーワードで海岸地域の県道54号線沿いにフォーカスを絞ったコンステレーションデザイン手法1は，「サーファー文化トポス」のレンズが半島全体の多様な飲食店をコンステレートしていた時よりも明瞭なコンステレーションを形成することに成功した。そして，このコンステレーションデザインによって，志摩サンセットロード沿いの一帯が糸島プレイスのコンステレーションとして客体の脳内に映し出されるようになったのである。

　手法1によって明瞭になったコンステレーションは，トポスレンズの角度を調節するコンステレーションデザイン手法2を行うことによって，客体が地域を消費するコンテクストと合致するようになり，さらに効果を発揮する。

　トポスの焦点が絞られたサンセットロード沿いは，美しい海岸の景色やサーファー好みの飲食店が並んでいる。これらのトポスは「サーファー文化のまち」

98

という象徴的意味を持っているものの，サーフィンをしない観光客やレゲエ文化に興味のない若い女性は魅力を感じられなかった。彼らのような客体が地域を消費するコンテクストとは合致していなかったのである。

　そこで，客体のコンテクストに合致させるために，サンセットロードのトポスが「インスタ映えする海沿いのおしゃれドライブコース」に見えるようなコンステレーションデザイン手法2が行われた。「志摩サンセットロード」周辺の飲食店が次々とインスタ映えスポットを整備したのである。カフェサンセットはあずまやを，ざうお本店は隣接するビーチに設置されたヤシの木ブランコを設置し，リゾートモールであるパームビーチ・ザ・ガーデンズは壁に天使の羽を描いた。また，糸島ロンドンバスカフェやアート駐車場「＃ジハングン」など，新しくフォトジェニックな地域資源も生まれた。これらのインスタ映えスポットは若年層の客体に人気となり，来訪者が撮影したインスタ映え写真がSNSを通じて拡散されたことから，現在では糸島プレイスは「インスタ映えの聖地」として知られるようになった。既存のトポスが新たにフォトジェニックに見えるように工夫をすること，新たな地域資源が加わることによって，「サーファー文化トポス」が「インスタ映えする海沿いのおしゃれドライブコース」として見えるようになったのである。

　ただ，このようなコンステレーションデザインは，古くから糸島に訪れていた客体，あるいは「サーファー文化」を担う主体の一部には好まれなかったようだ。Café SUNSET の初期の関係者に対するインタビュー誌（手島，2019）では，初期の Café SUNSET やその周辺の「サーファー文化トポス」の象徴的意味を作り上げた人たちが，現在の「インスタ映えするおしゃれな糸島」を好んでいない様子が窺える。そのため，糸島のコンステレーションデザインを行った地域デザイン主体は，トポスに意味づけをした主体の気持ちやコンテクストではなく，新しくターゲットとなる客体のコンテクストを重視したともいえるだろう。

　従来の客体の一部や主体が好まない一方で，結果として，糸島のコンステレーションデザインは大成功を収めた。トポスの焦点を絞りながら客体のコンテ

クストに合致させる手法 1，手法 2 を併用したコンステレーションデザインによって，20〜30 歳代女性が地域を消費するコンテクスト（例：友達と充実した女子旅をする自分の様子を，かわいい写真でアピールしたいというコンテクスト）に合致するコンステレーションを形成することができたのである。糸島は女子旅の新たな定番スポットとなり，糸島市の観光入込客数は 2008（平成 20）年からの10 年間で 57.4％も増加して 682 万人となった（糸島市産業振興部，2022：18）。皮肉なことに，従来の客体や主体の信条にそぐわない形でトポスの見せ方を工夫したことが，結果として糸島地域の地域価値を発現できたのである。

おわりに

　本章はトポスとゾーンの関係性を示し，トポスというレンズを調整するという比喩を用いたコンステレーションデザインの新機軸を提唱した。本章を結ぶにあたり，本章が提案するコンステレーションデザインの新機軸の基礎となる，重要な 7 つの原則を以下に示す。

⑴　地域は，複数の客体が抱く地域の感覚が重なった共同主観的な「プレイス」である。
⑵　客体の脳内で，プレイスが「コンテクスト」に修飾され「コンステレート」したものが「コンステレーション」である。コンテクストによってプレイスの認識は異なる。
⑶　客体は「トポス」が持つ象徴的意味（コンテクスト）にコンステレートされた地域イメージを，コンステレーションとして認識している。
⑷　客体が地域を消費するコンテクストに地域のコンステレーションが合致すれば，地域の評価は高いが，合致しなければ評価は低い。
⑸　「コンステレーションデザイン」とは，客体のコンテクストに合致する明瞭なコンステレーションを形成するために，トポスの見せ方を工夫することである。

⑹　客体が認識するコンステレーションに対応する地域空間が「ゾーン」である。したがって客体に好まれるコンステレーションを形成する施策が自ずと「ゾーンデザイン」の役割を果たす。

⑺　「トポスデザイン」とは，プレイスを特定のイメージとしてコンステレーションさせるために，客体に提示するトポスを選択することである。

　こうした視座から，本章ではトポスとゾーンの関係性について，レンズと，レンズを通して映し出される像に関連した地域空間の関係として説明した。上記の原則に基づき客体の認知メカニズムにおけるトポスの役割を解釈すれば，「トポスは価値発現装置」という原田(2020：15)の指摘の意味がより鮮明になる。すなわち，トポスというレンズがあるからこそ，曖昧なプレイスが客体にとって魅力ある地域空間として認識されゾーンになるのである。

　なお，山田・原田(2018)が指摘しているように，トポスには光のトポスだけでなく影のトポスもあり，影のトポスによるコンステレーションデザインも効果的であることを申し添えておく。影のトポスとは戦争や災害に関連する「苦しみ」「悲しみ」を感じさせるトポスであり(山田・原田，2018)，客体にポジティブな感情を抱かせることは難しい。だが，客体のなかには「知識や視野を広げてくれる」ことを期待して地域を消費することが報告されているため(電通abic project 編，2009)，ネガティブな感情を引き起こす影のトポスであっても，客体が地域を消費するコンテクストに合致するのであれば，プレイスの価値を発現するレンズとなりうるのである。

　本章は客体の認知過程でプレイスのコンステレーションが形成されることを踏まえたコンステレーションデザインを行うことを新機軸として提案した。地域の価値発現を志向する地域デザインにおいては，ともすると地域資源の本来の価値として，主体が重視しているトポスが持つ象徴的意味に囚われた施策を行ってしまう。だが，地域デザイン主体はプレイス内にあるトポスによって客体の認知にどのようなプレイスの像がコンステレートされているのかに注意を向けて地域デザイン戦略を練ることによって，客体に対して魅力的な地域をデザインすることが可能だ。客体の心理メカニズムに基づいたコンステレーショ

ンデザインや地域デザインモデルの新機軸が期待されている。

注

1）矢吹（2013）は「誰が」「誰に対して」行う地域ブランディングなのかを「主体」と「客体」という語で説明した。主体は「ある地域に関係する売り手」（阿久津・天野，2007：15）とされ，民間事業者だけでなく政府・自治体（阿久津・天野，2007：15），地域の住民（宮脇，2020：156）が挙げられる。地域振興における主体と客体は，企業（主体）が顧客（客体）にサービスを提供するというマーケティング図式のように明確でなく，行政が住民に，住民が住民に，住民が観光客にサービスを提供するなど多様な関係が存在するとされる（矢吹，2013：12-13）。

2）著者らは，客体のコンテクストに合わせてコンステレートされた地域空間をゾーンとして規定することが望ましいと考えているため，1つのプレイスのなかでゾーンはいくつも存在し，複層的に重なっていると考える。詳細については，諸上・木暮（2021b）を参照されたい。

3）Jタウンネット（2015）の「『湘南はどこからどこまで？』意識調査で真の『範囲』が明らかに！」という記事では，湘南プレイスが各客体にとってどのゾーンとして認識されているかが示されている。

4）色付きレンズというたとえは，情報に対してあるコンテクスト（文脈）が与えられると情報の一部が一時的に抑制（不感化）されて認識されるという，選択的不感化理論の仕組みを表している。すなわち，赤色レンズのトポスが持つコンテクストによって，プレイスの情報のうち赤色部分が不感化されているという解釈である。なお，レンズに色がついていることによって，特定の地域資源を見えなくさせる，あるいは，特定の地域資源のみを見えるようにする仕組みについては，アナグリフ方式の3D眼鏡の例がわかりやすいだろう。アナグリフ方式の3D眼鏡は，赤いレンズは赤色を透過させないため画の赤い部分が見えず，青いレンズは青色を投下させないため画の青い部分が見えなくなるという原理である。多様な色が重なって描かれているプレイスという画を，特定の色のレンズで覗くことによって，トポスというレンズによって見えるプレイスの像が異なるのである。

5）地域の客体は幅広く（宮崎，2020），客体によって地域との関係を表す言葉はさまざまある。例えば旅行者という客体の場合には「地域を旅行する」，住民は「地域で買い物をする」，地元企業は「地域で商売する」と表現できる。本章では，各客体のコンテクストについて議論する上で，こうしたさまざまな地域との関わり合いを「地域を消費する」という表現で統一した。

参考文献

阿久津聡・天野美穂子（2007）「地域ブランド　そのマネジメント課題」『マーケティングジャーナル』第27号，4-19頁。

浅野清彦・原田保・庄司真人（2014）「世界遺産の統合地域戦略デザイン」原田保・浅野清彦・庄司真人編著『世界遺産の地域価値創造戦略—地域デザインのコンテクスト

転換』芙蓉書房出版，23-43 頁。

石川和男・原田保（2018）「トポスの解釈と地域デザインへの活用」原田保・山田啓一・石川和男編著『地域イノベーションのためのトポスデザイン』学文社，63-82 頁。

糸島市産業振興部（2011）『糸島市観光振興基本計画（平成 23 年 3 月）』，https://www.city.itoshima.lg.jp/s026/050/010/010/s010/kannkoukeikaku.pdf（2022.8.10 アクセス）。

糸島市産業振興部（2022）『第 2 次糸島市観光振興基本計画（令和 2 年 3 月）』，https://www.city.itoshima.lg.jp/s026/050/010/010/s010/dai2ji-kankoshinkokihonkeikaku.pdf（2022.8.10 アクセス）。

糸島観光協会 HP「いといこ糸島：サンセットロード」，http://www.itoshima-kanko.net/see/（2022.2.28 アクセス）。

糸島観光協会 HP「いといこ糸島：Sunset Live」，http://www.itoshima-kanko.net/cat/sunset-live/（2022.2.28 アクセス）。

J タウンネット（2015）「『湘南はどこからどこまで？』意識調査で真の『範囲』が明らかに！」，https://j-town.net/2015/10/30214159.html（2022.2.28 アクセス）。

庄司真人（2017）「地域資源とトポスの関係—S-D ロジックにおける資源統合と地域デザイン」地域デザイン学会誌『地域デザイン』第 10 号，67-86 頁。

手島裕司（2019）『ちょっとヤバかったみんなが知らない糸島のカフェ サンセットの話』文榮出版社。

電通 abic project 編，和田充夫・菅野佐織・徳山美津恵・長尾雅信・若林宏保著（2009）『地域ブランド・マネジメント』有斐閣。

電通 abic project 編，若林宏保・徳山美津恵・長尾雅信著（2018）『プレイス・ブランディング』有斐閣。

中村雄二郎（1993）『中村雄二郎著作集 X トポス論』岩波書店。

原田保（2020）「地域デザイン理論のコンテクスト転換：ZTCA デザインモデルの提言」地域デザイン学会誌『地域デザイン』第 4 号改訂版，11-27 頁。

原田保・古賀広志（2013）「『海と島』の地域ブランディングのデザイン理論」原田保・古賀広志・西田小百合編著『海と島のブランドデザイン—海洋国家の地域戦略—』芙蓉書房出版，49-75 頁。

福岡市公式シティガイド「よかなび」，https://yokanavi.com/spot/27290/（2022.2.28 アクセス）。

宮崎裕二（2020）「プレイス・ブランディングと DMO」宮崎裕二・岩田賢編著『DMO のプレイス・ブランディング—観光デスティネーションのつくり方』学芸出版社，21-40 頁。

宮脇靖典（2020）「『越境』する主体—鉄道会社による地域ブランディングの試み」地域デザイン学会誌『地域デザイン』第 15 号，153-171 頁。

森田昌彦・松沢浩平・諸上茂光（2002）「非単調神経素子の選択的不感化を用いた文脈依存的連想モデル」『電子情報通信学会論文誌（D-II）』，J85-D-II，1602-1612 頁。

諸上茂光・木暮美菜（2020）「地域ブランディングにおけるコンテクスト構造のモデル化」地域デザイン学会誌『地域デザイン』第 15 号，39-57 頁。

諸上茂光・木暮美菜（2021a）「コンステレーションとゾーンの関係性に対する心理学的考察」（第1回 ZTCA デザインモデル研究フォーラム要旨），地域デザイン学会誌『地域デザイン』第18号，255-260頁。

諸上茂光・木暮美菜（2021b）「コンテクストによるゾーンの可変的定義モデル」地域デザイン学会誌『地域デザイン』第18号，169-186頁。

矢吹雄平（2013）『地域マーケティング論—地域経営の新地平』有斐閣。

山田啓一（2017）「ゾーンとトポスの相互浸透」地域デザイン学会誌『地域デザイン』第10号，127-148頁。

山田啓一・原田保（2018）「地域に多様に見出される注目すべきトポス群」原田保・山田啓一・石川和男編著『地域イノベーションのためのトポスデザイン』学文社，37-62頁。

第 5 章

SDGs による地域価値の発現に向けた ZTCA デザインモデルの活用

菊池　史光

はじめに

　日本の人口は 2008 年に約 1 億 2,808 万人を記録したが，その後は減少局面を迎えている（総務省統計局，2007; 2017）。試算では，この状況は今後も続く見通しとなっている。また，それに合わせて高齢化が加速し，総人口に占める65 歳以上の高齢者が占める割合は，2021 年の 28.8％から，2040 年には低位推計で約 42.2％に達する見通しとなっている（国立社会保障・人口問題研究所，2017；総務省統計局，2021）。この人口の減少と高齢化の加速は国単位でもさまざまな問題をもたらすが，地域単位で見るとその問題はさらに顕著になる。それらに加え，気候変動や自然災害の頻発なども地域を苦境に追いやる要因として近年特に注視されている。

　このような不安定で不確実な社会において，持続可能な社会を形成するために注目されているのが SDGs（Sustainable Development Goals：持続可能な開発目標）である。この SDGs はグローバルな取り組みである一方で，地域活性化のためにも活用が試みられている。SDGs の推進は大きな成長と利益のチャンスももたらすと期待され，人口減少と地域経済縮小の克服や，まち・ひと・しごとの創生と好循環の確立に貢献すると見込まれている（内閣府，2020）。

　しかしながら，SDGsをもとにした地域価値の発現をどのように推進すべきかについては，これまで明確な指針は示されておらず，その実施にあたっては大きな不確実性が伴っている。そこで，本章では，地域価値の発現のメカニズムを提示したZTCAデザインモデルをもとに，地域はどのようにSDGsを起点に価値を創出すべきであるかについて，1つの指針を提唱することを試みる。

第1節　SDGsの概要と特徴

(1)　SDGsの概要

　2015年9月，国連サミットにおいて合意された「持続可能な開発のための2030アジェンダ」の中で，SDGsが掲げられた（外務省，2016：12）。SDGsとは持続可能でよりよい社会の実現を目指す世界共通の目標のことであり，2030年を達成年限とした社会，経済，環境の3側面からなる17のゴールから構成されている（図表5-1）。そして，この17のゴールのもとに169のターゲットが設定されている。

　このSDGsの前身は，2001年に国連で策定されたMDGs（Millennium Development Goals：ミレニアム開発目標）である。これは2000年に採択された「国連ミレニアム宣言」と，1990年代の主要な国際会議で採択された国際開発目標を統合したものであり，2015年を期限とする開発途上国向けの開発目標として，①極度の貧困と飢餓の撲滅，②初等教育の完全普及の達成，③ジェンダー平等推進と女性の地位向上，④乳幼児死亡率の削減，⑤妊産婦の健康の改善，⑥HIV／エイズ，マラリア，その他の疾病の蔓延の防止，⑦環境の持続可能性確保，⑧開発のためのグローバルなパートナーシップの推進，の8つが設定された（外務省，2016：2-3）。またMDGsの運営の主体は，主に国連やNGOなどの公的機関であった（落合，2019：9）。

　結果に関しては，MDGsは極度の貧困の半減，HIV・マラリア対策などでは一定の成果を達成したものの，乳幼児や妊産婦の死亡率削減は未達成と評価されている（外務省，2016：7-8）。また，MDGsの反省としては，民間企業との連

図表 5-1　SDGs のゴール

ゴール 1　貧困	あらゆる場所あらゆる形態の貧困を終わらせる
ゴール 2　飢餓	飢餓を終わらせ，食料安全保障および栄養の改善を実現し，持続可能な農業を促進する
ゴール 3　保健	あらゆる年齢のすべての人々の健康的な生活を確保し，福祉を促進する
ゴール 4　教育	すべての人に包摂的かつ公正な質の高い教育を確保し，生涯学習の機会を促進する
ゴール 5　ジェンダー	ジェンダー平等を達成し，すべての女性および女児のエンパワーメントを行う
ゴール 6　水・衛生	すべての人々の水と衛生の利用可能性と持続可能な管理を確保する
ゴール 7　エネルギー	すべての人々の，安価かつ信頼できる持続可能な近代的なエネルギーへのアクセスを確保する
ゴール 8　経済成長と雇用	包摂的かつ持続可能な経済成長およびすべての人々の完全かつ生産的な雇用と働きがいのある人間らしい雇用を促進する
ゴール 9　インフラ・産業化・イノベーション	強靭なインフラ構築，包摂的かつ持続可能な産業化の促進およびイノベーションの推進を図る
ゴール 10　不平等	国内および各国家間の不平等を是正する
ゴール 11　持続可能な都市	包摂的で安全かつ強靭で持続可能な都市および人間居住を実現する
ゴール 12　持続可能な消費と生産	持続可能な消費生産形態を確保する
ゴール 13　気候変動	気候変動およびその影響を軽減するための緊急対策を講じる
ゴール 14　海洋資源	持続可能な開発のために，海洋，海洋資源を保全し，持続可能な形で利用する
ゴール 15　陸上資源	陸域生態系の保護，回復，持続可能な利用の推進，持続可能な森林の経営，砂漠化への対処ならびに土地の劣化の阻止，回復および生物多様性の損失を阻止する
ゴール 16　平和	持続可能な開発のための平和で包摂的な社会を促進し，すべての人々に司法へのアクセスを提供し，あらゆるレベルにおいて効果的で説明責任のある包括的な制度を構築する
ゴール 17　実施手段	持続可能な開発のための実施手段を強化し，グローバル・パートナーシップを活性化する

出所：外務省国際協力局「持続可能な開発目標（SDGs）と日本の取組」をもとに著者作成

携が不十分であった点が挙げられる。開発途上国へ流入する資金額を見ると，民間資金の額は ODA の額を上回っており，この事実からも開発協力を遂行するためには民間企業の関与が不可欠であると考えられる。しかしながら，MDGs はこの民間企業との連携の視点を欠いていたために，期待されたほどの成果を得ることができなかった。さらに，開発の対象として主に開発途上国を想定していたのも MDGs の反省点として挙げられている(外務省，2016：9)。

⑵　SDGs の特徴

　SDGs は上述の MDGs の反省を踏まえ，その後継目標として設定された。ここではその特徴を，既存研究をもとに整理する。

　まず，外務省(2016)では，MDGs と対比される形で 3 つの特徴を提示している。第 1 の特徴は「ユニバーサリティ(普遍性)」である。MDGs が主に開発途上国の発展を目的としていたのに対し，SDGs では先進国が抱える課題に対するゴールも掲げられている(外務省，2016：16)。特に先進国にも関係のある課題の例として，ゴール 10(不平等)が挙げられる。さらにゴール 13(気候変動)などは，先進国を含めて全世界規模で取り組む必要がある課題と位置づけられている。第 2 の特徴は「分野横断的なアプローチ」である。SDGs では，個々のゴールやターゲットが相互に密接に関連していることを踏まえた上で取り組みが実施されることで，効果的で効率的な目標達成が期待できる。具体例としては，ゴール 6(水・衛生)の取り組みとしてコミュニティ内に清潔なトイレを設ける場合，これにより病気の蔓延を防ぎ(ゴール 3)，下痢などによる栄養不良を防止することができ(ゴール 2)，さらに幼児の水汲み労働からの解放(ゴール 4)をもたらすことができる。このように，さまざまなゴールが相互に連関したものであると捉え，それに対応した一貫性のあるアプローチを志向しているのが SDGs の特徴だといえる(外務省，2016：16)。最後に第 3 の特徴は「グローバル・パートナーシップの重視」である。SDGs は先進国に開発途上国，各国政府や市民社会，民間部門を含むさまざまなアクターが連携を取る形で進められる(外務省，2016：17)。全世界規模の課題の解決には多様な主体間の連携が不可欠で

あるが，SDGsでは特にこの視点が意識されている。

　次に，落合（2019）では，SDGsの特徴として以下の3点が挙げられている。第1の特徴は「タスク型の目標設定」である。SDGsのターゲットの多くには具体的な数値目標が設定されており，それにより目標が理想論で終わらないよう配慮がなされている（落合，2019：10）。第2の特徴は「対象は先進国と開発途上国の両方」である。従来の社会や環境への取り組みでは，対象は主に開発途上国であったのに対し，SDGsでは先進国も含めた全世界を対象とした包括的な取り組みが導入されている（落合，2019：10-11）。そして，第3の特徴は「グローバル企業が策定に参加」である。従来の社会や環境への取り組みは国連などの公的機関が主な担い手であった一方で，SDGsでは企業が策定や運用に関わっている。企業は利潤を追求する必要があるが，それと同時に社会や環境に関する問題に関与することが長期的には利益の確保に繋がるという観点のもと，SDGsは産業界の協力を求める内容になっているという（落合，2019：11）。

　類似の整理は白井（2019）でも見られ，SDGsの特徴としてゴールやターゲットの扱う範囲が広いという「広汎性」，開発途上国だけでなく先進国も含めたあらゆる国が関連するゴールやターゲットを扱うという「普遍性」，そしてゴールとターゲットが相互に連関するという「統合性」が挙げられる。このような，広汎な入口があり，先進国内の課題を含めた普遍性が意識され，誰もが自身との関わり合いを意識しやすいことが，SDGsが注目を集める要因になっているという（白井，2019：149）。

　飯野（2021）は，SDGsの特徴として次の3点を挙げている。第1の特徴は「ルールのない自由な仕組み」である。国際的な取り決めは通常ルールやルールの集まりで成り立つ一方で，SDGsでは目標達成のための共通ルールは設けない。つまり，SDGsでは各主体が自由に目標達成に向けた方策を考え，それぞれに合った方法で対策を進めることができるのであり，その意味でSDGsでは多様性が重視されている（飯野，2021：80）。第2の特徴は「進捗状況を測って評価すること」である。先述の自由な仕組みを効率的に機能させるために，その進捗状況を独自の指標で測り，ゴールにどれだけ近づいているかを把握すること

を SDGs では目指している。進捗状況の把握に際しては，国が数値の積極的な公表を望まないケースも想定されるが，SDGs では国を超えた主体が目的を共有して結びつくことで，このような問題の解決を目指している（飯野，2021：80）。そして第 3 の特徴は「総合性」である。先述の通り，SDGs は 17 のゴールから構成されており，その範囲は幅広い。この 17 という数は国際交渉の妥協の産物ともいえる一方で，結果として社会，経済，環境面での持続可能性を考える上で不可欠のターゲットを含むことになった（飯野，2021：81）。このような環境と開発を両立させる試みが SDGs の特色であると指摘できる。

以上の文献にほぼ共通して言及されているのが，①ゴールやターゲットが幅広く，それらが相互に連関していること，②対象は従来の開発途上国に加え先進国も含まれること，そして③公的機関に加えグローバル企業も目標達成に参画していること，の 3 点である。これらが SDGs の顕著な特徴であると整理できよう。

第 2 節　地方創生 SDGs の展開

先述の通り，SDGs は開発途上国と先進国の双方を対象としたグローバルな取り組みであるが，それと同時に地方という単位での活性化にも活用されている。

日本の人口は戦後増加の一途を辿り，2008 年には約 1 億 2,808 万人に達した（総務省統計局，2007; 2017）。しかしながら，その後人口の推移は減少局面に入り，2021 年 12 月 1 日現在での概算値は 1 億 2,547 万人であり，前年同月に比べ 62 万人の減少であった（総務省統計局，2021）。さらに，この傾向は今後も続く見通しであり，2065 年の日本の総人口は低位推計では 8,378 万人になるとされている（国立社会保障・人口問題研究所，2017）。

この人口減少は経済や社会にさまざまな影響をもたらす。まず，人口の減少により社会保障などの維持が困難になる。人口減少は働き手 1 人当たりの負担増をもたらし，2015 年には高齢者 1 人を 2.28 人の現役世代（生産年齢人口：15 歳から 64 歳）で支えていたところを，2042 年には 1.48 人の現役世代で支える見

込みとなっている。社会保障に関するこの展望は，現役世代の勤労意欲に対してマイナスの影響を及ぼす危険性が指摘されている。

　次に，人口の減少により東京圏の高齢化が加速するとともに，中山間地域などでは活力の低下が見込まれる。それにより，東京などの都市圏では医療や介護の確保が困難になり，地方では集落の維持に支障をきたすなどの問題が生じる危険性がある（内閣府，2020）。また，人口減に伴う生産年齢人口の減少は地域全体の所得や消費額の減少を引き起こす。そして，生産年齢人口の減少は納税者数の減少につながる（森田，2010：199）。そのため生産年齢人口の減少は，一般的に地域にとっては税収減をもたらしやすい。さらに，生産年齢人口比率の低下は地域の地価下落を引き起こすなど（森，2014：67），地域の活力をさまざまな角度から低下させる。

　このような人口減少による地域経済の縮小を克服し，まち・ひと・しごとの創生と好循環を確立するため，SDGs を原動力とした地方創生（地方創生 SDGs）が推進されている（内閣府，2020）。その中で特に注目されるのが「SDGs 未来都市」および「自治体 SDGs モデル事業」である。前者の SDGs 未来都市は「SDGs の理念に沿った基本的，総合的取り組みを推進しようとする都市，地域の中から，特に，経済，社会，環境の 3 側面における新しい価値創出を通して持続可能な開発を実現するポテンシャルが高い都市，地域」として選定されたものである。この SDGs 未来都市には，2018 年度に 29 都市，2019 年度に 31 都市，2020 年度に 33 都市，そして 2021 年度に 31 都市がそれぞれ選定されている（内閣府，2021a）。後者の自治体 SDGs モデル事業とは，SDGs 未来都市の中で実施予定の先導的な取り組みとして選定されるものであり，「SDGs の理念に沿った統合的取組により，経済・社会・環境の三側面における新しい価値創出を通して持続可能な開発を実現するポテンシャルが高い先導的な取り組みであって，多様なステークホルダーとの連携を通し，地域における自律的好循環が見込める事業」（内閣府，2021a：2）と定義される。この自治体 SDGs モデル事業には，2018 年度から 2021 年度にそれぞれ 10 事業が選定されている（内閣府，2021a）。

　また，これらの取り組みと有機的に結びついているのが「地方創生 SDGs 官民連携プラットフォーム」と「地方創生 SDGs 金融」である。前者の地方創生 SDGs 官民連携プラットフォームとは地方創生 SDGs への民間の参画を促進するものであり，「SDGs の国内実施の促進およびそれに資する『環境未来都市』構想を推進し，より一層の地方創生につなげることを目的に，地方自治体，地域経済に新たな付加価値を生み出す企業，専門性をもった NGO，NPO，大学，研究機関など，広範なステークホルダー間とのパートナーシップを深める官民連携の場」（内閣府地方創生推進事務局，2020：1）と定義される。その活動内容は①マッチング支援，②分科会開催，③普及促進活動，の 3 つであり，会員数は2021 年 5 月 31 日時点で 5,423 団体となっている（内閣府，2021b）。後者の地方創生 SDGs 金融とは，地方創生 SDGs に取り組む地域事業者とその取り組みに対して積極的に支援を行う地域金融機関を地方公共団体がつなぎ，地域における資金の還流と再投資を生み出すことを目的としたものである。ここでは，地域事業者，地方公共団体，地域金融機関，機関投資家，大手銀行，証券会社などのステークホルダーが連携するために，地域事業者の SDGs 達成に向けた取り組みの見える化（フェーズ 1），SDGs を通じた地域金融機関と地域事業者の連携促進（フェーズ 2），SDGs を通じた地域金融機関などと機関投資家，大手銀行，証券会社などの連携促進（フェーズ 3）という 3 つのフェーズが提案されている（内閣府，2020）。

　以上を整理すると，地方創生 SDGs とは SDGs 未来都市，自治体 SDGs モデル事業，地方創生 SDGs 官民連携プラットフォーム，そして地方創生 SDGs 金融が有機的に結びつくことで，自律的好循環の形成によるベストプラクティスを創出し，その結果として持続可能なまちづくりに貢献するものであるといえるだろう（内閣府，2020; 2021a; 2021b）。

第3節　SDGs 未来都市の事例

(1)　SDGs 未来都市の特徴

　本節では，地方創生 SDGs の中核を担う SDGs 未来都市(自治体 SDGs モデル事業を含む)に焦点を当てる。先述の通り，SDGs は 17 のゴールから構成されるものの，そのすべてを事業に盛り込んだ SDGs 未来都市は少数である。2018年度から 2021 年度に SDGs 未来都市に選定された計 124 地域のうち，SDGsの 17 のゴールすべてを事業に織り込んだのは 2 地域(2018 年度選定の横浜市，2019 年度選定の奈良県広陵町)に過ぎず，多くは SDGs の一部を基軸とした事業を提示している。そして，ゴールをどのように事業に織り込むかは地域によってさまざまであり，その意味で SDGs を活用した地域価値の発現のあり方は多様であるといえるだろう。しかしながら，その中で見られる傾向の 1 つが，各事業がゴール 14(海洋資源)およびゴール 15(陸上資源)を含んでいるかどうかである。このことは，自然環境を地域価値の発現に積極的に取り入れるかどうかは地域間で差異が見られると解釈することができるだろう。

　そこで本節では，SDGs 未来都市事業の推進による地域価値発現の多様性を差し当たって理解するために，ゴール 14 とゴール 15 を含んだ事業と，それらを含んでいない事業の例を取り上げ，その内容を概観する。前者の例としては沖縄県恩納村を，後者の例としては福島県郡山市をそれぞれ取り上げる。

(2)　沖縄県恩納村 [1]

　沖縄県恩納村は 2019 年度に自治体 SDGs モデル事業を含む SDGs 未来都市に選定された。提案タイトルは「SDGs による『サンゴの村宣言』推進プロジェクト～『サンゴのむらづくり行動計画』の高度化による世界一サンゴと人にやさしい持続可能な村づくり～」である。

　恩納村が SDGs 未来都市に応募した背景として，以下の点が指摘されている。まず，恩納村は地域資源には恵まれており，国内唯一の亜熱帯性気候に育まれた植生や白い砂浜とサンゴ礁が広がる海岸線により豊かな自然環境が形成され，

現在の沖縄リゾートブランド形成の先駆けとなっている。そのため，自然環境のあり方が恩納村の衰退に関わると認識されてきた。次に，人口に目を向けると，2015 年時点で 1 万 652 人となっており，これは 2010 年から 5％の増加である。さらに特徴的なのが 2015 年時点で 516 人となっている外国人人口であり，これは 2010 年から 411％の増加である。その理由は，2014 年 9 月に開学した沖縄科学技術大学院大学における教職員や学生に占める外国人の比率が高く，加えてリゾートホテルが増加したためであると考えられる。他方で，14 歳以下の年少人口は 2015 年時点で 1,574 人と 2010 年時点から大きな変動はなく（3％増），65 歳以上の老年人口は 2015 年時点で 2,249 人と増加傾向である（2010年時点から 11.5％増）。以上より，恩納村の人口は長期的には減少する見込みとなっている。

　このような背景のもと，恩納村は持続可能な観光リゾート地の形成のために，サンゴを中心とした自然環境に優しい地域づくりに着手した。モデルの理念としては，①優しさと誇り，②人づくりと協働，③交流と活力，④共生と持続，の 4 点が設定された。

　本モデルの経済面の課題にはサステナブルツーリズムの実現が設定され，具体的な事業として Green Fins（ダイバーを中心に人々の意識を高め，サンゴ礁保護に取り組むことを通して，持続可能なダイビングやシュノーケリング，観光産業の推進を目指す取り組み）の導入や，サステナブルツーリズムの実施拠点の整備などがある。社会面の課題は，将来世代の育成と全員参加型社会の形成である。具体的な事業としては，沖縄科学技術大学院大学による村民や将来世代への啓発活動や，女性の活躍推進事業などが挙げられる。環境面の課題は，サンゴなど豊かな自然あふれる社会の実現であり，具体的な事業は環境関連データのモニタリング調査の実施，サンゴの保全のための企業協賛事業，再生可能エネルギーを用いたライフスタイルの普及推進などとなっている。

　そしてこれらの 3 側面をつなぐ統合的な取り組みが，自治体 SDGs モデル事業に選定された「サステナビリティ・ハブ導入事業」である。この事業では，おんなの駅「なかゆくい市場」周辺で観光事務局などを新たに設立して官民学

で連携し，この近辺を恩納村のサステナビリティ推進の拠点にすることを目指す。この事業では，環境がその中心に据えられているのが特徴である。たとえば経済との関連では，サステナビリティ・ハブ導入事業により，Green Fins の導入をはじめとした観光関連事業や，真栄田岬でのサステナブルツーリズムの周知，強化が期待されている。また社会との関連では，本事業は豊かな自然を生かした社会施策を促進すると見込まれている。

　全体としては，まず恩納村の自然をさらに豊かにすることで世界最高水準の持続可能なリゾートの形成を促し，そしてそれによって村が活性化され，村の財政や政策が経済，社会，環境を持続的，自律的に回せるようになるという自律的好循環を生むことを目指す。経済，社会，環境のいずれも地域の活性化に重要であることに疑問の余地はないが，恩納村の SDGs 未来都市モデル事業では，特に環境がその起点として位置づけられていると整理ができるだろう。

(3)　福島県郡山市 2)

　先述の恩納村と同様，福島県郡山市も 2019 年度に自治体 SDGs モデル事業を含む SDGs 未来都市に選定された。提案タイトルは「SDGs で『広め合う，高め合う，助け合う』こおりやま広域圏〜次世代につなぐ豊かな圏域の創生〜」である。

　郡山市がモデル事業に取り組む背景として，人口減少や少子高齢化がまず挙げられる。2015 年に約 33 万 5,000 人であった郡山市の人口は，2045 年には約 24 万 7,000 人に減少すると推計され，75 歳以上人口比率は 25.3 ％に達すると見込まれている。この問題は地域の働き手の減少を引き起こし，生産年齢人口は 2015 年の約 20 万 4,000 人から 2045 年には約 11 万 8,000 人に落ち込むとされている。

　このような問題に直面した郡山市は，「健康寿命の延伸」をテーマに生産年齢人口を 20 歳から 74 歳までの人口に捉え直すことで，2045 年の生産人口年齢比率を 2015 年時点と同程度 (61.8%) に維持できるとの試算を示した。さらに，2011 年 3 月 11 日に発生した東日本大震災により，子どもを含む全世代の健康

確保の重要性が改めて認識された。以上の背景のもと，健康は市民生活の質の向上だけでなく，産業や社会活動を支える重要な基礎であるとのコンセプトに従い，自治体 SDGs モデル事業を含む SDGs 未来都市の構想が具体化された。そしてその際，郡山市を中心とした圏域内に見られる，企業，研究機関，大学などの拠点の集積が注目された。

　本モデルの特色は，経済，社会および環境に向けての取り組みのいずれについてもその基礎に「健康」を置いているという点である。まず経済面の課題には医療・健康産業のさらなる集積，振興が設定され，具体的な事業として産官学金労言士の連携コーディネートによる新産業創出や関連産業集積といった産業イノベーション事業や，IoT などの活用による農業の効率化といった多彩な市民とともに歩む新たな農業プロジェクト事業が提示されている。次に社会面の課題には健康寿命の延伸，医療費の抑制が設定され，保健所と地域が一体となった健康推進，産医官連携によるがん検診の受診促進や糖尿病対策の推進がその解決事業として挙げられている。そして環境面の課題としては環境負荷の少ない快適な生活環境の確保があり，具体的な事業には新エネルギー活用による温室効果ガス削減といった地球温暖化対策事業や，地域内における再生可能エネルギー由来の電力の活用といったエネルギー地産地消推進事業が掲げられている。

　さらに，これらを結びつける統合的な取り組みとして，自治体 SDGs モデル事業に選定された「『知の結節点』こおりやま『全世代健康都市圏』創造事業」がある。ここでの具体的な事業としては，オープンデータを活用した健康づくり，生活習慣病予防対策，広域医療の分析や，ICT を活用した科学的根拠に基づく保健指導の実施による健康寿命延伸対策の推進がある。この取り組みにより，民間事業者や高等教育機関など，多様なステークホルダー間での連携が築かれ，それによって医療や健康面におけるイノベーションや新たな医療・健康産業が生み出されるという。

　これらが有機的に機能することで，生涯現役人口の増加や多様なステークホルダーの参画が地域コミュニティの活性化をもたらし，そしてそれが交流人口，

関係人口，定住人口の増加を引き起こし，地域企業の人手不足解消に繋がるのである。これによって地域価値を維持，向上させ，地域の持続可能性の構築を狙うのが郡山市のSDGs未来都市モデル事業である。

第4節　SDGsによる地域価値の発現とZTCAデザインモデルとの関連

⑴　SDGsによる地域価値の発現に向けた課題

　SDGs未来都市という試みは地域価値の発現に一定の効果をもたらしていると考えられる。たとえば，前節で取り上げた恩納村では，取り組みの成果として養殖サンゴ植えつけ本数の増加が挙げられている。同様に郡山市では，健康寿命の2016年から2019年の推移は平均寿命の推移と比べて男性は0.01歳下回ったものの，女性は0.14歳上回ったとの報告もある（内閣府，2021a）。これらより，SDGsをもとにした地域活性化の有効性を判断するには今後の推移を注視する必要があるものの，SDGsは地域価値発現のためのツールの1つであると捉えてよいであろう。

　しかし，ここで考えるべきは，地域価値を発現させる上でSDGsの各ゴールをいかに組み合わせるかである。先述の通り，2018年度から2021年度にSDGs未来都市として選定された124地域のうち，17のゴールすべてを含んでいるのはわずか2地域である。つまり，現実的には限られたゴールを選択した上でその解決に向けて取り組むことで，地域価値を高めていくことになる。

　SDGsを起点とする地域価値の発現を実現するためには，1つのゴールの達成が他のゴールの達成と相互に連関していることが重要であり，その意味で統合的な視点が求められる。しかしながら，企業を対象とした分析では，SDGsの各ゴールは独立的に捉えられている傾向があると指摘されている（小坂，2018：26-28）。また，自治体を対象とした調査からも，「国の方針が分かりづらいためどのように推進すればいいのかわからない」「行政内部での理解，経験や専門性が不足している」「行政内部での予算や資源に余裕がない」などが

SDGs 達成に向けた課題の上位に挙げられている（川久保ら，2018：1127）。このように，SDGs の達成が企業や地域の価値を高めるのに有効であるとは考えられるものの，そのための具体的な指針は現状では明らかにされていないのである。

　その中で，SDGs を起点とした地域価値の発現に比較的成功していると考えられる SDGs 未来都市に関しては，事業に組み込まれるゴールに一定の傾向があることが指摘される。まず佐藤・若林（2021）は，2018 年度および 2019 年度に選定された SDGs 未来都市を対象に，組み込まれる回数の多いターゲットを集計した。その結果は，2018 年度は 1 位がゴール 17（実施手段），2 位がゴール 7（エネルギー），3 位がゴール 8（経済成長と雇用）に関するターゲットであった。また 2019 年度は 1 位がゴール 8 とゴール 17，3 位がゴール 11（持続可能な都市）とゴール 12（持続可能な消費と生産）であった（佐藤・若林，2021：10）。また，この研究では都市化が進展している SDGs 未来都市ほど，SDGs 未来都市計画における優先的なターゲット数は多くなるとの仮説が導出されているものの，実証分析ではこの仮説は棄却されている（佐藤・若林，2021：13）。さらに，経済，社会，環境の 3 側面における優先的なターゲット数の相関に関しては，経済分野と環境分野の間の相関がもっとも強いことが明らかにされている（佐藤・若林，2021：14-15）。

　別の観点では，増原ら（2019）は SDGs 未来都市と環境モデル都市（温室効果ガスの大幅な削減などを目標に取り組みを行っている地域を政府が選定したもの）の関連に着目している。この環境モデル都市には 2008 年から 2014 年に 23 地域が選定されているが，そのうち 9 地域が 2018 年度の SDGs 未来都市にも選定されている（増原ら，2019：44）。そして，環境モデル都市と SDGs 未来都市の双方に選定されている地域では，ゴール 17 とゴール 9 に関するターゲットが多く事業に組み込まれており，SDGs 未来都市単独指定を受けた地域とは差異が見られている（増原ら，2019：45）。

　以上のように，SDGs 未来都市における，SDGs の各ゴールの組み合わせに関しては，一定の知見が得られている。しかしながら，地域価値の発現におい

て望ましいゴールの組み合わせのあり方はいまだ不明確である。この点について，本書の中心的テーマである ZTCA デザインモデルをもとに，各ゴールをどのように事業に取り入れるべきかを検討する。

(2) ZTCA デザインモデルから得られる示唆

　本題に入る前に，ZTCA デザインモデルの概要を簡単に整理しておこう。ZTCA デザインモデルとは地域価値の発現のあり方を示したモデルである。このモデルでは，地域価値は「ゾーンデザイン」「トポスデザイン」「コンステレーションデザイン」「アクターズネットワークデザイン」という 4 つの組み合わせにより生じるとする（原田，2020；原田・古賀，2016）。

　この ZTCA デザインモデルの各要素は，SDGs を起点とした地域価値の発現という文脈ではそれぞれ何に該当するのであろうか。まず ZTCA デザインモデルにおけるゾーンとは地域行政の単位のような公式に設定されたもののほか，歴史的背景や文化的背景が最大限の地域価値を現出できるような独自に設定されたものを含むが（原田・古賀，2016：19），SDGs 未来都市や自治体 SDGs モデル事業の例からも明らかなように，SDGs を起点とした地域価値の発現を目指す主体は主に前者である。また，後者のゾーンでは自治体をまたぐケースも想定されるが，その場合は異なる自治体間で足並みを揃える必要がある。その意味で，SDGs による地域価値の発現を考える際には，差し当たっては前者のゾーンを想定すべきであろう[3]。

　次に，トポスとはゾーンにある場所や建築物を指す（原田・古賀，2016：19）。また，トポスは地域マーケティング論における地域資産と対応する（佐藤，2021：211）。このトポスには多様性があることが指摘されており（山田・原田，2018)，たとえば前節で取り上げた恩納村での豊かな自然とサンゴ礁や，郡山市に見られる企業や研究機関などの集積は，山田・原田（2018）の整理に従えば「光のトポス」である。しかし，トポスにはそれに加え，人々の苦しみや悲しみを土台にしたトポスも存在する（山田・原田，2018：38）。たとえば，人類最初の原子爆弾による破壊を経た広島県は，その経験を平和祈念トポスへとコン

テクスト変換させている（庄司・原田，2018）。そして広島県は，そのトポスをもとに 2018 年度に SDGs 未来都市に選定されている。以上より，トポスとは多様な観点から整理が可能であり，それをもとに SDGs の各ゴールをいかに事業に織り込むべきかが地域価値の発現における課題になると指摘できるだろう。その上で，抽出したトポスに SDGs の適切なゴールを割り振ることが決定的に重要になる。

　コンステレーションデザインとは「何らかの意味のあるつながり」を意味するが，ZTCA デザインモデルでは既存の資源から新たな価値を導出するためのコンテクストとしての物語を創造することとされる（原田・古賀，2016：19）。このコンステレーションデザインを本章の文脈に当てはめるならば，SDGs から適切なゴールを割り当てられたゾーン内の各トポスを，意味のあるつながりにまとめることになるだろう。それを踏まえ，発現を目指す地域価値にいかに結びつけるかが考察されるべきである。

　最後に，アクターズネットワークデザインとは，設定されたゾーンにおいてトポスやコンステレーションを駆使して地域価値を発現させるアクターやアクターズネットワークをどう組織化するかである（原田・古賀，2016：19）。SDGs の観点で考えると，アクターズネットワークデザインは次のように捉えることができるだろう。多様なゴールを含む SDGs の達成に際しては，多くのアクターの関与が求められる。そしてその実現のためには，それらのアクターを繋ぐハブの構築が必要になる。このハブをいかにデザインすべきであるかが，本章の文脈におけるアクターズネットワークデザインにあたるといえるだろう。

　以上の考察をもとに，SDGs による地域価値の発現に対する ZTCA デザインモデルの示唆を提示する。地域価値の発現を目指す代表的な主体である自治体は，まずその公式の地域（ゾーン）内に見られる特徴的な場所や資源（トポス）を把握し，各々に SDGs の適切なゴールを割り当てる。そして，その場所や資源，目標を意味のあるまとまりにし，地域価値の発現のための事業として説得力のあるストーリー（コンステレーション）を構築する。それとともに，その実現に向けて関わるアクターを繋ぐハブ（アクターズネットワーク）も設けておく。

地域価値の発現のための指針がなければ，SDGs の各ゴールがそれぞれ独立に事業に組み込まれるという小坂(2018)の指摘する状況に陥りやすくなるのは明らかである。しかし，ZTCA デザインモデルを活用することで，上記のような SDGs をもとにした地域価値の発現の困難さをある程度解消することができると考えられる。

　なお，現実には，ゾーン，トポス，コンステレーション，アクターズネットワークのいずれかが牽引して地域価値の発現を効果的に実現することになると指摘される(原田・古賀，2016：18)。それでは，SDGs を起点とした地域価値の発現という文脈においては，特にどの要素が地域価値の発現の源泉となりうるのであろうか。先述の通り，SDGs を活用した地域価値の発現は，現状では自治体単位で行われているのが主流であり，独自のゾーニングによる展開は目立っていない。そのため，ゾーンデザインをいかに活用するかについての自由度は比較的低いと考えられる。

　また，コンステレーションやアクターズネットワークも重要であることは論を俟たないが，SDGs に関する文脈ではこれらは地域に存在する資源が適切に把握された後に考案される要素であると思われる。その意味で，SDGs に基づく地域価値の発現においては，基本的にトポス起点が有力な方向性の１つであると想定される。この指針に従うならば，SDGs を基に地域価値の発現を目指す場合，まずは地域内のトポスとなりうる資産を特定することから計画を立案するのが望ましいだろう。その際には，現状で強みとして認識されている場所や建造物，自然環境だけでなく，弱みと位置づけられている要素でも切り口次第ではトポスとして機能しうる点も留意しておく必要があるだろう。

　上記の整理は次の示唆を含む。すなわち，SDGs を起点とした地域価値の発現には，成功事例が事業に含んでいる SDGs のゴールを模倣するのみでは不十分である。重要なのは，地域価値の発現を目指す地域が，その地域に存在する場所や建造物などを把握して適切な SDGs のゴールを割り当て，それをもとに説得力のあるストーリーを構築することである。つまり，闇雲に SDGs を謳うのみでは地域価値の発現は期待できないのであり，地域に存在する資源および

そのストーリー化と SDGs との適切な関連づけが重要であることが，ZTCA デザインモデルから示唆されるのである。

(3)　事例の解釈

　SDGs を起点とした地域価値の発現に取り組んでいる実例は，ZTCA デザインモデルから得られる示唆と適合しているのであろうか。そこでここでは，SDGs 未来都市に選定されている恩納村と郡山市の例について，ZTCA デザインモデルから得られる示唆をもとに解釈を試みる。

　まず，恩納村のケースを ZTCA デザインモデルの観点から捉えなおしてみよう。恩納村にはサンゴをはじめとする豊かな自然環境があり，これが有力なトポスであると考えられる。このトポスには SDGs の対応するゴールが設定されている（ゴール 7，13，14，15）。そして本ケースにおいて発現を目指す地域価値の方向は，持続可能な観光リゾート地の形成である。この実現のため，海洋資源や観光資源の高付加価値化を図るというのが恩納村のケースにおけるコンステレーションデザインであり，経済，社会，環境に関する諸課題が有機的に関連づけられる。さらに，多様な機関やアクターを繋ぐアクターズネットワークデザインの例の 1 つとして，自治体 SDGs モデル事業に選定されている「サステナビリティ・ハブ導入事業」が機能している。

　次に郡山市のケースである。郡山市には企業，研究機関，大学などの拠点の集積があり，これがトポスとして位置づけられていると解釈できる。このトポスには SDGs の対応するゴール 3，8，9，17 が割り当てられている。そして，発現を目指す地域価値の中心には産業のさらなる振興と，それに伴う生産年齢人口の維持がある。この実現のためのコンステレーションデザインの核として「健康」が設定され，経済，社会，環境をまたいだ 1 つの明確なストーリーが提示されている。さらに，自治体 SDGs モデル事業として展開されている「『知の結節点』こおりやま『全世代健康都市圏』創造事業」は，さまざまなアクターを繋ぐ役割を持つ，アクターズネットワークデザインの 1 つの具現化であると解釈できる。

　以上のように，恩納村と郡山市のいずれのケースでも，それぞれの地域にお
けるトポスの特定と，それに対応したSDGsのゴールの割り当てが地域価値の
発現の核となっていることがわかる。また，割り当てられたSDGsのゴールを
見ると，両事例で大きく異なっている。この点より，SDGsのゴールを総花的
に取り入れることが現実的でないのに加え，地域をまたいで普遍的に機能する
SDGsのゴールの組み合わせも存在しないことが示唆される。考慮すべき点は，
地域価値の発現の起点となるトポスをまず把握し，それに適切なSDGsのゴー
ルを割り当てることである。だからこそ，地域価値の発現において望ましい
SDGsのゴールの選択は地域によって独自になされる必要があるのである。

おわりに

　本章では，地域がSDGsをもとに地方創生や地域価値の発現を目指すという
文脈において，ZTCAデザインモデルがどのように活用可能であるかを検討
した。人口の減少や自然破壊に直面する地域にとっては，地域の再生や新たな
価値の発現をいかに実現するかは深刻な課題であるが，SDGsはそれに対し有
益な視座を提供することが期待される。しかしながら，SDGsの各ゴールをど
のように事業に組み入れ，具体的に事業を推進すべきかについては，これまで
明確な指針が提供されてこなかった。

　ZTCAデザインモデルに基づくと，SDGsを起点とした地域価値の発現のた
めには，トポスの特定がまず必要であり，そしてこのトポスに適合したSDGs
のゴールを事業に組み込むことが重要である。その上で，目標達成までの説得
力のあるストーリーをコンステレーションとして提示し，さらに複数のアクタ
ーを結びつけるハブを構築することが求められると本章では指摘した。例とし
て，SDGsに基づく地域創生を図る事業であるSDGs未来都市も，この枠組み
に沿った形で事業が推進されていると解釈が可能であった。このように，ZTCA
デザインモデルを活用することで，SDGsによる地域価値の発現を目指す上で
の1つの指針を提示することができると考えられる。

　最後に，SDGs による地域価値の発現に関する今後の展望に触れておきたい。まず本章では，SDGs による地域価値の発現においてはトポスが起点となると指摘し，当該地域のトポスに適合した SDGs のゴールを割り当てることの意義を強調したが，ZTCA デザインモデルの他の 3 つの要素を起点とした方針の有効性にも検討の余地が残っている。この点のさらなる考察は今後の課題となる。また，SDGs の達成期限は 2030 年に設定されていることから明らかな通り，SDGs とは本来長期的な視点から考察されるべき枠組みである。したがって，本章で取り上げた事例も現在進行中の事業と見るべきであり，その意味で本章の分析は暫定的なものであると考えるのが妥当であろう。SDGs を起点とした事業は地域価値の発現に有効なのか，そしてその文脈において ZTCA デザインモデルの活用は妥当であるかどうか，今後注視していく必要があるだろう。

注
1）恩納村における事業に関する記述は恩納村（2019）および内閣府（2020）を参照した。
2）郡山市における事業に関する記述は郡山市（2019; 2020）および内閣府（2020）を参照した。
3）ただし前者の公式なゾーンであっても，都道府県レベルのゾーンで考えるか，あるいは区市町村レベルでのゾーンで考えるかは検討する必要がある。実際に，SDGs 未来都市には都道府県レベルでも区市町村レベルでも選定されている。なお，本章の主張は後者の独自に設定されたゾーンでの SDGs を起点とした地域価値の発現の可能性を否定するものではない。複数の自治体がアクターとして関与することの課題を克服できれば，広汎な地域に存在する多様なトポスを生かした地域価値の発現が可能になるだろう。この観点からのさらなる考察は今後の課題である。

参考文献
飯野光浩（2021）「SDGs と企業の関係に関する包括的な展望研究」『国際関係・比較文化研究』第 20 巻第 1 号，75-93 頁。
落合陽一（2019）『2030 年の世界地図帳：あたらしい経済と SDGs，未来への展望』SB クリエイティブ。
恩納村（2019）「恩納村　SDGs 未来都市計画」，https://www.vill.onna.okinawa.jp/sp/userfiles/files/miraitosikeikaku2019.pdf（2021.1.4 アクセス）。
外務省（2016）『2015 年版開発協力白書：日本の国際協力』，https://www.mofa.go.jp/mofaj/gaiko/oda/files/000137901.pdf（2021.12.16 アクセス）。
外務省国際協力局「持続可能な開発目標（SDGs）と日本の取組」，https://www.mofa.go.

jp/mofaj/gaiko/oda/sdgs/pdf/SDGs_pamphlet.pdf（2021.10.26 アクセス）。

川久保俊・村上周三・中條章子（2018）「日本全国の自治体における持続可能な開発目標（SDGs）の取組度に関する実態把握」『日本建築学会技術報告集』第 24 巻第 58 号，1125-1128 頁。

郡山市（2019）「SDGs 体感未来都市 こおりやま」，https://www.chisou.go.jp/tiiki/kankyo/teian/presen/sdgs_r1presen_3.pdf（2022.1.3 アクセス）。

郡山市（2020）「郡山市人口ビジョン（2020 改訂版）」，https://www.city.koriyama.lg.jp/material/files/group/45/jinkouvision2020.pdf（2021.1.4 アクセス）。

国立社会保障・人口問題研究所（2017）「日本の将来推計人口（平成 29 年推計）」，https://www.ipss.go.jp/pp-zenkoku/j/zenkoku2017/pp29_ReportALL.pdf（2021.12.31 アクセス）。

小坂真理（2018）「サステイナビリティ報告書における SDGs 記載の課題：統合的アプローチによる考察」『環境情報科学学術研究論文集』第 32 号，25-30 頁。

佐藤徹・若林隆大（2021）「SDGs 未来都市計画における 2030 年のあるべき姿の実現に向けた優先的なターゲットの分析」『地域政策研究』第 23 巻第 4 号，1-17 頁。

佐藤正弘（2021）「地域デザイン論とマーケティング論の比較研究」地域デザイン学会誌『地域デザイン』第 18 号，203-215 頁。

庄司真人・原田保（2018）「『収容所トポス』と『被爆地トポス』」原田保・山田啓一・石川和男編著『地域イノベーションのためのトポスデザイン』学文社，172-188 頁。

白井信雄（2019）「持続可能性の規範からみた SDGs の構造分析」『山陽論叢』第 25 巻，145-160 頁。

総務省統計局（2007）「人口推計／長期時系列データ 我が国の推計人口（大正 9 年～平成 12 年）」，https://www.e-stat.go.jp/stat-search/files?page=1&layout=datalist&toukei=00200524&tstat=000000090001&cycle=0&tclass1=000000090004&tclass2=000000090005&stat_infid=000000090261&tclass3val=0（2022.2.2 アクセス）。

総務省統計局（2017）「人口推計／長期時系列データ 長期時系列データ（平成 12 年～27 年）」，https://www.e-stat.go.jp/stat-search/files?page=1&layout=datalist&toukei=00200524&tstat=000000090001&cycle=0&tclass1=000000090004&tclass2=000001051180&stat_infid=000013168601&tclass3val=0（2022.2.2 アクセス）。

総務省統計局（2021）「人口推計—2021 年（令和 3 年）12 月報—」，http://www.stat.go.jp/data/jinsui/pdf/202112.pdf（2021.12.28 アクセス）。

内閣府（2020）「地方創生に向けた SDGs の推進について」，https://future-city.go.jp/common/pdf/sdgs_bk.pdf（2021.12.27 アクセス）。

内閣府（2021a）「SDGs 未来都市・自治体 SDGs モデル事業 事例集」，https://www.chisou.go.jp/tiiki/kankyo/pdf/02bessatsu1.pdf（2021.1.5 アクセス）。

内閣府（2021b）「地方創生 SDGs 官民連携プラットフォーム 会員等一覧」，https://www.chisou.go.jp/tiiki/kankyo/pdf/03bessatsu2.pdf（2021.1.5 アクセス）。

内閣府地方創生推進事務局（2020）「地方創生 SDGs 官民連携プラットフォーム 会員募集」https://www.chisou.go.jp/tiiki/kankyo/kaigi/dai7/sdgs_hyoka7_shiryo8.pdf

（2022.8.10 アクセス）。

原田保（2020）「地域デザイン理論のコンテクスト転換―ZTCA デザインモデルの提言」地域デザイン学会誌『地域デザイン』第 4 号改訂版，11-27 頁。

原田保・古賀広志（2016）「地域デザイン研究の定義とその理論フレームの骨子―地域デザイン学会における地域研究に関する認識の共有」地域デザイン学会誌『地域デザイン』第 7 号，9-29 頁。

増原直樹・岩見麻子・松井孝典（2019）「地域における SDGs 達成に向けた取組みと課題：先進地域における目標・指標設定の傾向」『環境情報科学学術研究論文集』第 33 号，43-48 頁。

森祐司（2014）「高齢化と不動産市場―高齢化・人口減少による地価への影響―」『九州共立大学研究紀要』第 4 巻第 2 号，61-70 頁。

森田雄一（2010）「人口構造の変化が道府県民税に与える効果について」『経済科学』第 57 巻第 4 号，199-211 頁。

山田啓一・原田保（2018）「地域に多様に見出される注目すべきトポス群」原田保・山田啓一・石川和男編著『地域イノベーションのためのトポスデザイン』学文社，37-62 頁。

第6章

バーチャル&ハイブリッド空間を捉えたZTCAデザインモデルの展開

森本　祥一

はじめに

　本書は，地域デザイン学会がこれまで指向してきたゾーン概念を基礎とした ZTCA デザインモデルを，新たに拡張・進化させるための方向性を模索するものである。既に，序章では空間軸概念の拡張に伴うゾーン概念の多様化，第1章ではバーチャル空間概念の追加とそれによるハイブリッド空間の現出について述べられているが，本章では，これら空間概念の拡張が ZTCA デザインモデルにもたらすコンテクスト転換について述べる。

　バーチャル空間を意識した地域デザインに関しては，本書が初出ではなく，学会設立当初から考慮されていた[1]。また，ゾーン概念の拡張という意味では，常々「バーチャルなゾーンのデザイン」が試みられてきた。市区町村や都道府県といった現存する行政単位の「エリア」としての「地域」ではなく，地域価値を戦略的に発現させるための「ゾーン」としての「区域」を創造することは，「バーチャルな地域」をデザインしていると捉えることができる[2]。

　以降の議論を明確にするため，日本バーチャルリアリティ学会から上梓されている『バーチャルリアリティ学』（舘ら監修，2011：2-7）を参照し，まずは本章におけるバーチャル空間，およびハイブリッド空間とは何かを定義するとこ

ろから始める。

第 1 節　バーチャル空間とハイブリッド空間

　バーチャル（virtual）は，名詞バーチュー（virtue）の形容詞形である。バーチューは「徳・善行・長所・効力」といった意味を持つ。さらに，その原義は「そのものをそのものとして在らしめる本来的な力」を意味する。物事には表層的な部分と本質的な部分があり，その本質的な部分がバーチューなのである。その形容詞形であるバーチャルは，「表層的にはそうではないが，本質的にはそうである」という意味になる。たとえば，電子決済を意味するバーチャルマネーは，「見かけや名目上はお金ではないが，その効果はお金」となる。

　バーチャルの反意語はノミナル（nominal）「名目上の」になるが，さらにノミナルの反意語を調べてみると，リアル（real）が該当していることがわかる。これはつまり，バーチャルとリアルは，世間一般の認識と異なり，対をなす反意語ではなく，ほぼ同義であることを意味している 3)。事実，リアルと対をなしているのはイマジナリ（imaginary）である。

　また，バーチャルの日本語訳としてよく「仮想」が充てられるが，「仮に想定した」という意味だとすると，これも誤訳であり，その場合は supposed,もしくは hypothetical が正しく，バーチャルとは全く異なる概念である。バーチャルカンパニーを「仮想会社」と訳してしまうと，「実際には存在しない会社」となり，そのような会社とは取引ができない。本来の意味は，「建物があって社員がそこに居て働いているような，従来の会社の体裁はなしていないが，従来の会社と同じ機能を有しているもの」であり，見かけは会社のようでなくとも，実際には会社としての機能を持っている組織を指している。

　ここまで述べてきた概念を，図表 6-1 に整理した。本章では，バーチャルとリアルは反意語ではなく類義語として扱う。また，仮想≠バーチャルとする。よって，「リアル空間」や「仮想空間」という用語も使用しない。

　では，バーチャルリアリティ（virtual reality：VR）はどのような意味になるの

図表 6-1　バーチャルの意味と関連する概念

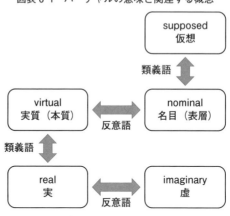

出所：舘ら監修(2011：4)，図 1.1.1 を参考に著者作成

だろうか。リアリティを「現実」と置き換えてみると，VR は「見かけは現実ではないが，実質的には現実であること」となる。現実の本質が VR であり，抽出された現実と言い換えることもできる。VR が満たすべき要点として，実装された人工環境が，①人間にとって自然な 3 次元空間を構成しており，②人間がその中で環境との実時間の相互作用をしながら自由に行動でき，③その環境と使用している人間とがシームレスになっていて環境に入り込んだ状態が作られている，という 3 つが挙げられる(舘ら監修，2011：6)。

　この VR と，インターネットという 2 つの技術によって，疑似体験(バーチャルな体験)[4]をするために電子的に創られたもう 1 つの世界を，サイバー空間という(石井監修，1995：1; 24)。サイバー空間は，さまざまな情報を，その表象に従って描かれた「心の中のイメージ」を多用してバーチャルな環境の中で再び表象し，情報を感覚的に扱えるようにした情報空間[5]である(石井監修，1995：128)。これはつまり，「名目上は空間ではないが，その機能としては空間」であり，バーチャルな空間と言い換えることができる。よって，本章ではサイバー空間≒バーチャル空間とし，これらを区別しない。

　一方，複合現実感は，VR 環境と現実環境を融合した概念であり，多くの場合，

実環境を情報的に拡張する技術として理解されている（舘ら監修，2011：138-139）。バーチャル空間の中の現実世界，現実世界の中のバーチャル空間，これらが互いにリンク関係にあって二重構造をしているものをハイブリッド空間[6)]という（石井監修，1995：160）。

第2節　バーチャル＆ハイブリッド空間と ZTCA デザインモデル

　前節で述べた定義に基づくと，地域デザインにおけるゾーンは，「バーチャルなエリア（地域）」と捉えることができる。これは，表向きは市区町村や都道府県等の行政単位であるエリアにはなっていないが，それと同等，もしくはそれ以上の意味や価値をもたらす「本質的なエリア」がゾーンだからである[7)]。そして，ゾーンをゾーンたらしめるバーチューが，コンテクスト（コンステレーション）となる。

　他方，バーチャルなゾーンには，複数の解釈がありうる。序章で述べられている広島県の宮島とフランスのモン・サン・ミシェルという，離れてはいるが，実在する地域同士を1つのバーチャルなゾーンとして捉えるデザインがある。また，位置情報ゲーム[8)]等，現実世界とバーチャル空間を含め，ハイブリッド空間を捉えたゾーンデザインにより，地域価値が発現する例もある（新庄，2021）。このように，バーチャルなゾーンのデザインは，対象となる空間を問わない。さらに，現実世界のコンステレーションとバーチャル空間のコンステレーションは別個に複数存在して多重構造をなしており，その価値は各コンステレーションの価値の総和となる（新庄，2021：250-251）。

　また，森本（2018）では，バーチャルなトポスとバーチャルなアクターズネットワークを活用した地域デザインの事例として，株式会社 kedama のシェアビレッジを挙げている。シェアビレッジは，秋田県五城目町の町村集落にある古民家の再生から始まったプロジェクトである。一軒の古民家を「村」に見立て，そのバーチャルな「村」の共同運営者をインターネット上で募ったのである。

「年貢」と呼ばれる年会費を納めた共同運営者は「村民」と呼ばれ，再生された古民家の利用はもちろん，古民家を中心としたさまざまなイベントに参加できる。イベントや運営にまつわる話し合いを「寄合」と呼び，2015 年当時としては珍しく，現地に足を運ぶことなく，遠隔会議システムを使ってリモートでも参加可能であった。

　シェアビレッジの取り組みは，2016 年に 2 村目として香川県仁尾町の古民家へと広がった。その後，2022 年 3 月時点では，特定の地域を対象とするのではなく，任意の団体が任意の地域を「村」として登録し，共同運営者を募ることができるプラットフォームビジネスへと形態を変えて運営されている [9]。シェアビレッジは，古民家トポスをバーチャルな「村」トポスに転換することでその価値を増幅し，現実世界のみでは募ることが難しかったアクターを，「村民」というバーチャルなアクターとしてネットワーク化することを可能にした。

　以上のように，ZTCA デザインモデルは，現実世界とバーチャル空間，これらを含めたハイブリッド空間を意識することなく適用可能であることがわかる。むしろ，本節で挙げた事例を見る限り，現実世界のみに適用する以上に地域価値を高めている可能性がある。以降の節では，さらなる事例の分析を通して，その価値発現の仕組みについて詳しく考察していく。

第 3 節　バーチャル＆ハイブリッド空間を捉えた地域デザインの事例

(1)　遠隔会議システムによる空間拡張の一般化

　2020 年に世界中で猛威を振るった新型コロナウイルス感染症のパンデミックにより，われわれの日常生活は激変し，価値観の変更を余儀なくされた。国内外を問わず，移動が大きく制限され，外出自粛のムードが強まった。これにより，観光業は大きな打撃を受けた。特に，これまで観光に強く依存していた地域は，苦戦を強いられている。

　コロナ禍がもたらした唯一と言ってよい僥倖は，遠隔会議システムの普及で

あろう。感染症対策の一環として，通勤せずに自宅からリモートで仕事をするテレワーカーが増加した。これまで日本では遅々として進まなかったテレワーク化が，一気に進展したのである。東京都が従業員数 30 名以上の都内企業 1 万社を対象に行った調査によると，2017 年 7 月時点のテレワークの導入率はわずか 6.8％であったが，2020 年 3 月には 24.0％，同年 4 月には 62.7％と急増した [10]。東京都産業労働局が 2021 年 11 月 11 日に公表した報道発表資料を見ると（東京都 HP，2021），その後の実施率もおよそ 5 割から 6 割の水準で推移しており，テレワークが一般的に定着してきたといっても差し支えない。

　教育の現場でも，遠隔会議システムを応用したオンライン授業が展開される等，バーチャルなコミュニケーションツールの有用性が広く認知された。苦境に立たされていた観光業界も，この好機を見逃さなかった。国策の Go To トラベル事業のみを頼りにただ手をこまねいていたわけではなく，なんとか窮状から脱しようと，旅行代理店や宿泊施設，DMO [11]等が中心となり，遠隔会議システムを利活用した「オンラインツアー」を展開したのである。

(2)　オンラインツアーによる地域デザイン

　オンラインツアーにもさまざまな形態があるが，基本的には現地スタッフが観光地を巡りながら遠隔会議システムを使ってその様子を動画配信し，旅客はそれを視聴する。オンデマンド形式のものもあれば，リアルタイム視聴ができるものもある。現地スタッフとマンツーマンの場合もあれば，複数のスタッフや参加者が同席する場合もある。より実際の旅行に近づけるため，食事提供や土産品を購入できるツアーもある。コロナ禍という未曾有の有事が，オンラインツアーというバーチャル＆ハイブリッド空間における新たな旅行形態を生み出したのである。以下，特徴的なオンラインツアーの事例をいくつか紹介する。

　琴平バス株式会社は，2020 年 5 月 15 日に初のオンラインバスツアー [12]を開催して話題となった。遠隔会議システムを使い，添乗員があたかもバスの中から話しているような演出の説明を視聴しながら観光地を巡る。ツアーの旅程では，実際に現地ガイドにより各地の様子がリアルタイム配信される。食事も，

現地のコーディネーターが見繕ったものが事前に自宅に送られてきて，それを楽しみながら参加できる。また，ガイドが土産物店から中継で地元の名産品を紹介し，参加者がその場で購入できるライブコマースも取り入れている。

あうたび合同会社は，「日本中の素敵な人に出会う旅」をコンセプトに，地域の人々と参加者の交流を主軸にしたオンラインツアーを展開している。各地の特産品が事前に自宅に届き，ツアー当日に遠隔会議システムによる完全生中継で製造の様子を見学したり，地域の生産者の話を聞いたりしながら味わうことができる。

WhyKumano は，熊野にあるカフェ＆バーが併設されたゲストハウスであるが，コロナ禍で宿泊キャンセルが相次いだ。そこで，「オンライン宿泊」というサービスを始めた。まずは遠隔会議システム上でスタッフによる宿泊施設内や周辺の観光名所の案内があり，その後，その日に「泊まる」客同士の交流が行われる。スタッフが司会進行役を務め，オンライン上の交流で起こりがちなテンポや間の悪さを感じさせない工夫がなされている。ゲストハウスならではの見知らぬ者同士の出会いや交流を，自宅から体験することができる。

株式会社 Torch が運営する Travel At Home は，海外旅行に行きたい利用者と案内したい現地ガイドをマッチングするサービスで，「オンライン海外旅行」を提供している。利用者は，登録されている行き先やガイドを検索して選択する。ツアー内容は，珍しい場所を訪問したり，祭事に参加したり，現地の人々と交流したり，買い物をしたりと，ガイドとの交渉次第で自由にアレンジできるようになっている。ツアー当日は，他のオンラインツアー同様，ガイドが遠隔会議システムを用いて動画配信し，利用者が視聴する形で実施される。海外に行くこと自体が難しい今，貴重な(バーチャルな)渡航手段の1つとなっている。

ここで，事例に挙げたようなオンラインツアーが，地域価値発現につながっているかどうかを考察する。

観光行動の動機づけとして，旅行者側の旅行に行きたいと思う発動要因(push factor)と，旅行目的地として選んでもらう地域側の魅力としての誘引要因(pull factor)がある(佐々木，2007：52)。さらに，発動要因は，緊張解消，娯楽追求，

関係強化，知識増進，自己拡大の 5 段階の具体的な動機にカテゴライズできる（佐々木，2007：63）。そこで，著者らは，実際にオンラインツアーに参加したことのある男女 56 名を対象に，5 つの発動要因と誘引要因についてのアンケート調査を実施した [13]。

　アンケートの設問は，以下の通りである。設問 7 以外に関しては，「全くそう思わない」の 1 点から「そう思わない」「どちらともいえない」「そう思う」「とてもそう思う」まで，設問 7 に関しては，「とても不満」の 1 点から「不満」「普通」「満足」「とても満足」までの 5 段階評価で回答してもらった。集計結果を図表 6-2 に示す。

　　設問 1：オンライン旅行でリフレッシュできたか。
　　設問 2：オンライン旅行で食べる・買う・観光名所に行くという欲求は満たせたか。
　　設問 3：オンライン旅行で旅行先を巡る欲求は満たせたか。
　　設問 4：オンライン旅行で同行者，または参加者との仲が深まったか。
　　設問 5：オンライン旅行で何か新しいことを学べたか。
　　設問 6：オンライン旅行が自身の成長につながったか。
　　設問 7：オンライン旅行全体の満足度はどの程度か。
　　設問 8：現地に行かなくとも，オンライン旅行で十分であるか。
　　設問 9：オンライン旅行を契機に，実際に現地に訪れてみたいと思ったか。

　まず，緊張解消はオンラインツアーでも十分満たせていることがわかる（設問 1）。娯楽追求に関しては，視覚的な部分では満たされているが（設問 3），やはり実体験を伴う必要がある部分に関しては評価が低い（設問 2）。関係強化（設問 4）と自己拡大（設問 6）に関しては，意見が分かれる結果となった。ただし，個別の回答を見てみると，前述のオンライン宿泊を経験した人は 4 か 5 と回答しているため，交流の仕方次第で評価が変わってくると思われる。知識増進に関しては，大多数が満たせていると回答している（設問 5）。

図表6-2　オンラインツアーに関するアンケート調査の結果と箱ひげ図（n＝56）

（単位：％）

評点\設問	5段階評価				
	1	2	3	4	5
設問1	10.7	7.1	17.9	41.1	23.2
設問2	51.9	11.5	15.4	15.4	5.8
設問3	5.4	3.6	21.4	55.4	14.3
設問4	19.6	16.1	23.2	23.2	17.9
設問5	3.6	3.6	8.9	32.1	51.8
設問6	12.5	21.4	35.7	12.5	17.9
設問7	1.8	5.4	23.2	46.4	23.2
設問8	39.3	26.8	21.4	10.7	1.8
設問9	1.8	0.0	3.6	26.8	67.9

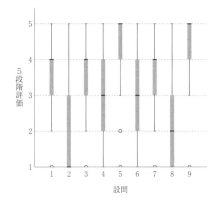

出所：著者作成

　また，オンラインツアーとしての満足度は高いが（設問7），実際に現地に行く旅行と比較して同等の満足が得られているかというと，やはりそうは思わない回答者が多い（設問8）。ただし，誘引要因，つまりその地域の魅力は十二分に伝わっている（設問9）。

　旅行には，金銭的リスクや満足感リスク，時間的リスク等 14) が存在するが，オンラインツアーで事前に当該地域のことを知っておくことでこれらのリスクを低減でき，将来的な訪問を促進する効果が期待できる。地域デザインの観点から言い換えると，オンラインツアーは，参加者に当該地域のエピソード記憶を残し，将来的なコンステレーションデザインに寄与しているといえる 15)。

　加えて，オンラインツアーにおけるゾーンデザインは，空間的な制約を受けない。いかなるゾーニングをしようとも，いかなるコンステレーションを描こうとも，ツアー主催者次第である。たとえば，人気の観光地を巡るツアーに，今現在はあまり人気のない観光地を敢えて加えておくことで，魅力を訴求しやすいオンラインツアーにより，その地域の将来的，潜在的価値を高める，といったことも可能である。

(3)　バーチャル修学旅行による地域デザイン

　新型コロナウイルス感染症の影響は教育現場にも及び，学校の在り方をも大きく変えた。前述のように，座学自体はオンライン授業を実施したり，感染症対策を十分に行った上で通学させたり，といった対応が取られたが，修学旅行や運動会・体育祭，演奏会・文化祭，授業参観等の学校行事の多くは，中止，もしくは縮小となった。株式会社スタジオアリスが 2021 年 5 月に行った「学校生活と行事に関する調査」によると，2021 年度も約 7 割の学校行事の中止・縮小が決定しているという(PR TIMES, 2021)。一生に一度しかない，貴重な機会を奪われた影響は計り知れない。

　そこで，学校行事における遠足・集団宿泊的行事による体験活動の機会を確保するため，前述のオンラインツアーの仕組みを利用したバーチャルな修学旅行を実施している学校もある。千葉県野田市立川間中学校は，JTB が提供している「バーチャル修学旅行360」のサービスを利用して 2020 年 10 月 20 日に実施した。生徒たちは当日学校に集まり，VR ゴーグルとスマートフォンを使って東大寺，清水寺，伏見稲荷大社，保津川ライン下り等を 360 度 VR 映像で巡った。伝統文化体験は，清水焼の実物が全員の手元に用意され，遠隔会議システムで京都の主催者に説明を受けながら，教室で絵付け体験を行った。また，若王子神社からの遠隔会議システムによる中継で，合格祈願等のご祈祷を行った。

　実施後の感想から，単なる映像の視聴ではなく，ゴーグルを使用して能動的に見たい場所に視線を動かしたり拡大したりできることで五感を刺激した体験がもたらされ，感動に残りやすいことがわかった[16]。また，伝統文化体験に関しては，遠隔とはいえ，リアルタイムで説明を受けながら実物を使って絵付けを行っている。これは，もはや体験活動における直接体験であるといって良い[17]。

　神奈川県相模原市立中野中学校は，中止となった広島への修学旅行の代わりとして，NPO 法人 Peace Culture Village と JTB 広島支店が共同開発したプログラム「オンライン平和学習」を実施した。広島と教室を遠隔会議システム

図表6-3　習得と探求の学習サイクル

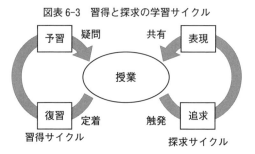

出所：市川（2011：162），図9-2を参考に著者作成

でつなぎ，映像や地図を使った説明や戦争体験者との対話が行われた。ただ一方的に視聴するだけでなく，グループ討論をしたり，質疑応答やそれに対するフィードバックがあったりと，アクティブラーニングが取り入れられた。その結果，戦争を自分事として捉え，平和について真剣に考えることができた，遠い広島でもより近く感じた，といった意見が出た[18]。

　これらの結果が示すのは，バーチャル＆ハイブリッド空間では，「経験」ではなく「体験」が重要ということである[19]。米国の国立訓練研究所が開発した，学習方法による定着率の違いを示すラーニングピラミッドによると，聞く＜読む＜聞く＋読む＜実演＜グループ討論＜体験学習＜人に教える，の順に定着率が高くなるという[20]。また，学校での学習は，図表6-3に示すように，予習―授業―復習を通じて既存の知識や技能を習得させるサイクルと，自ら興味・関心をもったテーマに沿って問題を探求するサイクルに分けて考えられ，これらのバランスをとり，相互に関わらせることが重要となる（市川，2011：161-162）。

　上記2つの事例では，単に「聞く＋見る」だけでなく，グループ討論や体験学習を取り入れている。さらに，まず遠隔会議システムを使った「聞く＋見る」によってインプット（習得サイクル）を経た後，直接体験による体験活動や，ディスカッションといったアウトプット（探求サイクル）を行っており，当初の狙いであった遠足・集団宿泊的行事による体験活動の代替として，十分役割を果

たしていることがわかる。

⑷　ワーケーションによる地域デザイン

　総務省が 2021 年 3 月に行った調査によると(みずほ情報総研，2021：157)，今後ともテレワークを継続したいかという質問に対して，43.7％が「継続したい」，22.7％が「どちらかというと継続したい」と回答している。このように，テレワークは，ニューノーマル時代の新たな働き方として定着しつつある。日本テレワーク協会によると，テレワークは「tele：離れた所」と「work：働く」をあわせた造語であり，ICT を活用した，場所や時間にとらわれない柔軟な働き方を指す。働く場所によって，自宅利用型テレワーク(在宅勤務)，移動中や移動の合間に行うモバイルワーク，サテライトオフィスやコワーキングスペースといった施設利用型テレワーク，リゾートで行うワーケーション等に分類され，これらの総称をテレワークという。

　前述のように，これまで遅々として進まなかったテレワークは，コロナ禍を機に一気に広まった。働き方に対する意識の変革が起こった一方で，生活における場所と時間の関係性を見直す必要が出てきた。従来，仕事はオフィス，プライベートは自宅，と切り分けが可能であったが，その垣根がなくなり，働く時間と場所を自らデザインしなければならなくなったのである。そこに目を付けたホテルやカラオケ店，飲食店等は，テレワーカーを受け入れる各種サービスを展開した。そして政府も，観光庁や環境省を筆頭に，落ち込んでいる国内観光需要の回復手段として，ワーケーションを推進しようとしている。

　ワーケーションは，仕事(work)と休暇(vacation)を組み合わせた造語で，職場や自宅から離れた非日常の土地で仕事を行うことで，生産性や心の健康を高め，より良いワークライフバランスを実現する働き方の 1 つである。ただし，必ずしも「休暇」とは限らず，「チーム力や創造力を高める働き方」や「余暇を楽しみつつ仕事をすること」と考えたり，拠点移動型，会議型，研修型，新価値創造型，地域課題解決型，ウェルビーイング型といった目的別のタイプに分けたりすることもある [21]。

　実はワーケーションは，人口減少や少子高齢化が著しい地域に，旅行以上移住未満の関係人口として関わってもらう手段として，以前から推奨されていた。また，2019 年には，翌年に行われる予定であった東京オリンピック・パラリンピック期間中の人口密集を避けるため，国が主導で一時的に首都圏を離れて仕事をすることを推奨していた。しかし，当時はワーケーションどころか，テレワークそのものがほとんど普及していなかった。ここに来てようやく，機運が熟したのである。2019 年に和歌山県と長野県の呼びかけで立ち上がったワーケーション自治体協議会も，当時は 65 の自治体しか参加していなかったが，2022 年 3 月時点では 203 もの自治体が参加していることからも，ワーケーションへの期待が窺える。

　NTT データ経営研究所は，慶應義塾大学の島津明人教授監修のもと，JTB，日本航空と協力してワーケーションの効果検証実験を行った。実験では，被験者 18 名を対象に，2020 年 6 月 19 日から 7 月 3 日までの間，沖縄県名護市のカヌチャリゾートでワーケーションを実施してもらい，その効果・効用を測定した。その結果，ワーケーションは，公私分離志向を促進し，それが生産性と心の健康に正の影響を与えることがわかった。また，組織へのコミットメントが 12.6％向上，仕事のパフォーマンスが 20.7％向上，仕事のストレスが 37.3％低減，運動量が約 2 倍になることもわかった [22]。

　一方，ワーケーションの受け入れ先となる地域側のメリットとして，交流人口や関係人口，長期滞在者の増加と，それによる経済効果や地域課題の解決，将来的な移住者増加や企業誘致の可能性等が挙げられる [23]。過疎や空き家問題の解決には，移住者を増やすことが効果的であるが，言うほど簡単なことではない。そこで，まずはワーケーションで滞在してもらうことで地域との関係性を深め，地域課題の解決や地域づくりへの参画，再訪や移住へとつなげていく。また，ワーケーション利用者が地域で消費活動を行うことにより，観光業，宿泊業，商業を中心に経済の活性化が見込める。特に，観光業に関しては，平日観光やオフピーク観光，周辺地域へのマイクロツーリズムの増加による経済波及効果が期待できる（長田，2021：164; 176）。これは，リゾートビジネスとオ

フィスビジネスという，カテゴリービジネスの連携によるコンテクスト転換が起きるためである(原田ら，2021：46)。

　地域側がワーケーションを誘致し，利用者や企業を呼び込むケースは，職場と滞在先というバーチャルなゾーンデザインを起点としてバーチャルなレジデンスアクターを生み出し，バーチャルなアクターズネットワークをデザインしている。一方，企業や個人が滞在先を探し，ワーケーションを実施するケースはその逆となる。そして，これらのデザインに触発され，滞在先や周辺地域を含めたトポスやコンステレーションがデザインされ，価値が発現する。ワーケーション利用者は，実際には地域外のワールドアクターであるが，滞在中は地域内のレジデンスアクターとなる。この，ワールドアクターともレジデンスアクターともつかない，バーチャルなレジデンスアクターが，地域価値発現に大いに貢献する可能性を秘めている。

　エクスパティーズ(expertise)を持ったワールドアクターが主導する地域デザインは，価値が発現しやすい反面，継続性に問題がある(原田・板倉，2017：40)。また，歴史的な地域の個性のようなコンテクストと関係のない，レジデンスアクター不在の突然変異的な地域デザインは，地域に根ざした対応であるとはいえず，地域にとって望ましくない(原田・板倉，2017：30)。その一方で，レジデンスアクターのみで地域価値発現を可能にするネットワークを形成することは難しい。ワーケーションは，このような問題を解決できる。

　バーチャルなレジデンスアクターは，ワールドアクターとレジデンスアクターの橋渡し役になりうる。社会学者マーク・グラノヴェター(Mark Granovetter)によると，血縁のような「強いつながり」からは同じ情報，既知の情報しか得られないことが多いが，あまりよく知らない者同士の「弱いつながり」からは新しい情報，多様な情報を効率よく入手できるという(Granovetter, 1973：邦訳 130-131; 135; 137)。バーチャルなレジデンスアクターによるネットワークは，まさにこの「弱いつながり」であり，地域におけるイノベーションを生み出す土壌となる[24]。ただし，テレワークそのものが組織記憶や組織学習を妨げるという指摘[25]もあるので，注意が必要である。

第 4 節　空間概念の拡張による ZTCA デザインモデルのコンテクスト転換

　ここで，3 節で見てきた事例からわかったコンテクスト転換について整理する。

　まず，ZTCA デザインモデルは，対象となるゾーン，トポス，コンステレーション，アクターズネットワークの各要素が，バーチャルであろうがなかろうが，それを意識することなく適用可能であることがわかった。これは，ZTCA デザインモデルが，地域メタ理論を対象としたある種のメタモデル（原田ら，2020：11）にまで概念拡張が可能なためであると考えられる。

　また，オンラインツアーの事例からわかるように，バーチャル＆ハイブリッド空間を捉えたゾーンデザインは，現実世界のみのゾーンデザインと比較してエピソード記憶を残しやすく，結果としてコンステレーションも形成されやすくなる。ただし，即座に地域価値が発現するわけではなく，将来的な来訪（バーチャルな再訪）の可能性を高める，つまり将来的な地域価値を高める効果がある[26]。これまでは，バーチャルな空間の数だけコンステレーションが多重に存在し，その価値は各コンステレーションの価値の総和であるとされてきたが（新庄，2021），そこに新たに時間軸の概念を追加する必要があるということである。つまり，コンステレーションごとに発現する価値と，現在から未来までに発現する可能性がある価値の総和となる[27]。

　さらに，シェアビレッジやワーケーションの事例からわかるように，バーチャル＆ハイブリッド空間を捉えたゾーンデザインは，バーチャルなアクターズネットワークの形成を促進する。バーチャルなアクターズネットワークは，現実世界のみのアクターズネットワークと比較して形成しやすく，地域価値発現のポテンシャルも高い。

　しかしながら，バーチャル修学旅行の事例や図表 6-2 の設問 2 と設問 8 の結果が示すように，バーチャル＆ハイブリッド空間を捉えた地域デザインにより上記のような恩恵を享受するためには，「体験」[28]が不可欠である。ただ映像を見るだけのオンラインツアーではエピソード記憶には残らないし，臨場感や

存在感[29)]を欠いた遠隔会議ではアクターズネットワークもうまく機能しない。

　これらを最大限に活かすためには，バーチャル空間における空間要素，時間要素，身体要素を高める必要がある。さらに，空間要素は，立体感・質感・包囲感，時間要素は，動感・リアルタイム感・同時感，身体要素は，自己存在感・インタラクティブ感・情感にそれぞれ細分化できる（舘ら監修，2011：221）。これらの要素が複合的に与えられた時，相乗効果が生じ，バーチャル空間での「体験」がもたらされるのである。

　また，これらの要素が生じる要因にも，外界の物理情報による外的要因と，経験や学習により脳内に蓄積された感覚の記憶に基づく内的要因の2つがある。現実世界とバーチャル空間の隔たりを限りなくなくして物理的リアリティを高め，現実世界とは無関係に脳や心で知覚される心理的リアリティを高めることが重要である（舘ら監修，2011：321-322）。

　バーチャル＆ハイブリッド空間を捉えた地域デザインにより地域価値を発現するためには，こうした技術の進展も必要となる。あたかもその場にいるような感覚をもたらし，場合によっては現実をも超越する超臨場感コミュニケーションという技術の研究も進められているという（舘ら監修，2011：216-220）。今後の技術革新に期待したい。

おわりに

　本章では，地域デザインの対象をバーチャル＆ハイブリッド空間まで広げた場合の地域価値発現の仕組みについて考察した。

　オンラインツアーやワーケーションは，コロナ禍がもたらしたコンテクスト転換であると同時に，現状では一時的な窮策であることは否めない。コロナ終焉後も継続し，経済効果を発揮するとは限らないのである（原田ら，2021：50）。また，バーチャル＆ハイブリッド空間を扱う技術も日進月歩である。本章で述べたバーチャルな ZTCA デザインのさらなる応用と発展，理論の整備・確立・検証が急務である。

謝辞

　本章で述べた研究の一部は，新潟県の令和 3 年度「若手人材等による地域課題解決提案事業」の助成を受けたものである。また，オンラインツアーに関する調査は専修大学経営学部森本ゼミ 10 期生の西窪優美香氏，バーチャル修学旅行に関する調査は 10 期生の西川博聡氏，ワーケーションに関する調査は 11 期生の諸橋侑汰氏の卒業研究の一環として実施した。ここに謝意を示す。

注

1 ）学会誌第 1 号で既に「現実のリアルな地域のみならず，同時にインターネット等のバーチャルなネットワークもある種の地域として包含される」（原田，2013b：12-13）という記述がある。

2 ）たとえば，県境をまたいで伊賀と甲賀を 1 つのゾーンとしてデザインしたり（原田，2013a：19; 22; 原田，2020：16-18），本書序章で述べられているように，宮島とモン・サン・ミシェルをひとつの遠距離連携ゾーンと捉えたり，といったことが考えられてきた。

3 ）実際，いくつかの辞書では，virtual を almost real（ほとんどリアル）と定義している（Keown, 1998：77）。

4 ）石井監修（1995：16-24）は，知覚心理学者のジェームズ・ジェローム・ギブソン（James Jerome Gibson）による体験の意義を引き合いに出し，実体験と擬似体験には本質的な違いはないとしている。

5 ）ここでの空間は，哲学用語の「アリストテレスなどの古代的概念としては，個々の物が占有する場所（トポス）」（石井監修，1995：15）を指す。

6 ）石井監修（1995：159-160）は，最もシンプルな例として，カーナビゲーションシステムを挙げている。カーナビ上の地図は，現実世界を電子化した一種のバーチャルな世界であり，現実世界の位置情報がバーチャルな世界とリンクしている。

7 ）現在の行政単位は，明治政府の廃藩置県によって意図的にその歴史的・文化的背景を消し去られている（原田，2013a：14）。それをゾーニングすることにより，本来の意味（価値）が再発現するのは，当然と言えば当然である。これは，序章で述べられたゾーン概念によるエリア概念の吸収にも該当する。

8 ）現実世界の位置情報とゲーム内のバーチャル空間を相互リンクさせたゲームで，主にGPS（Global Positioning System）を内蔵したスマートフォンによって実装されている。Niantic 社の Pokémon GO が有名である。

9 ）Sharevillage HP「村つくろう。」，https://sharevillage.co/（2022.3.8 アクセス）。

10）一般社団法人日本テレワーク協会 HP（2020）「東京都　テレワーク導入緊急調査」，https://japan-telework.or.jp/tw_about/statistics/（2022.3.8 アクセス）より。

11）Destination Management/Marketing Organization の略。

12）同社では，バーチャルな世界を意味するメタバース（metaverse）にかけて，メタバス（meta-bus：メタなバスツアー）と称している。

13）アンケート調査は，Google フォームを使用して 2020 年 9 月から 11 月にかけて実施

した。回答者の属性は，男女比が半々で，20 歳代 35.7％，50 歳代 25.0％，40 歳代 21.4％，30 歳代 14.3％，60 歳代 3.6％であった。その他，旅行目的や旅行経験の有無も回答してもらったが，ここでは割愛する。

14）金銭的リスクは，旅行が費用に見合った価値をもたらさない可能性，満足感リスクは，旅行が個人的満足をもたらさない可能性，時間的リスクは，旅行が時間がかかりすぎたり時間の無駄遣いに終わる可能性を指す（佐々木，2000：109）。他にも，設備的リスク，身体的リスク，心理的リスク，社会的リスクがある。

15）エピソード記憶やコンステレーションデザインの詳細に関しては，原田・鈴木（2017）を参照されたい。

16）JTB 法人サービスサイト「みんなで時間と笑顔を共有！『バーチャル修学旅行 360』」，https://www.jtbbwt.com/education/case-study/solution/jh/domestic/detail/id=1720（2022.3.12 アクセス）より。

17）文部科学省は，体験活動には直接体験，間接体験，擬似体験があるとし，最近では間接体験や擬似体験が増えたことを問題視している。本事例の場合は，説明のみオンラインで，絵付けは実際に行っているため，擬似体験ではなく，直接体験と間接体験の組み合わせと考えられる。

18）JTB 法人サービスサイト「教室と広島，オンラインで結ぶ平和への架け橋〜オンライン平和学習〜」，https://www.jtbbwt.com/education/case-study/solution/jh/domestic/detail/id=1536（2022.3.12 アクセス）より。

19）平成 19 年の中央教育審議会答申「次代を担う自立した青少年の育成に向けて」では，経験は，人間が実際に見たり，聞いたり，行ったりすることを広く指し，体験は，経験のうち，経験する者の能動性や経験の内容の具体性に着目して，能動的な経験や具体的な経験を指すとしている。

20）ラーニングピラミッドにおける学習定着率の具体的な数値に関しては賛否あるが（Letrud, 2012），下層の学習方法ほど能動性が高いことは認められる。

21）「チーム力や創造力を高める働き方」「余暇を楽しみつつ仕事をすること」といった考え方については，日本テレワーク協会「ワーケーション情報」，https://japan-telework.or.jp/workation_top/（2022.3.14 アクセス）参照。目的別のタイプに分ける考え方については，日本ワーケーション協会「ワーケーションとは？」，https://workcation.or.jp/workcation/（2022.3.14 アクセス）参照。

22）NTT データ経営研究所（2020）「ワーケーションは従業員の生産性と心身の健康の向上に寄与するワーケーションの効果検証を目的とした実証実験を実施」，https://www.nttdata-strategy.com/newsrelease/200727.html（2022.3.14 アクセス）より。

23）日本ワーケーション協会「ワーケーションとは？」，https://workcation.or.jp/workcation/#co-index-2（2022.3.15 アクセス）より。

24）長田（2021：174-175）では，「弱いつながり」からはセレンディピティ（serendipity：偶察力）が発生しやすいという表現がなされている。

25）立教大学経営学部中原淳研究室「リモートワークは『組織記憶』と『組織学習』の危機かもしれない!?：これは『IT オンチで，家庭にも居場所がなく，リモートワークを

攻撃したいオジサマ』のためのロジックではない⁉」，http://www.nakahara-lab.net/blog/archive/11768（2022.3.16 アクセス）より。観光庁の「『新たな旅のスタイル』に関する実態調査報告書（2021 年 3 月）」，https://www.mlit.go.jp/kankocho/content/001420453.pdf（2022.8.10 アクセス）によると，その他，労務管理や人事評価等の問題もある。

26）地域のブランドエクイティ（ブランドロイヤルティ，ブランド認知，ブランド連想，知覚品質等）が高まると言い換えてもよい。

27）将来的なコンステレーションの価値は必ず発現するわけではないため，実際には期待値に換算する必要がある。また，過去に発現していた価値も加えるかどうか，今後検討が必要である。

28）ここでの体験は，注 19 の体験を指す。

29）臨場感は，バーチャル空間に存在する自分自身が感じる環境に対する感覚であり，存在感は，バーチャル空間に存在する他者が自分に対して抱く感覚である（舘ら監修，2011：198）。VR では，この双方を高める必要があるとされる（舘ら監修，2011：197）。

参考文献

石井威望監修，三菱総合研究所先端科学研究所著（1995）『バーチャルリアリティと電子ネットワークが創る異次元空間—サイバースペース入門』日本実業出版社。

市川伸一（2011）『学習と教育の心理学 増補版』岩波書店。

佐々木土師二（2000）『旅行者行動の心理学』関西大学出版部。

佐々木土師二（2007）『観光旅行の心理学』北大路書房。

新庄貞昭（2021）「ZTCA デザインモデルのバーチャル空間への適用の一提案—位置情報ゲームのユーザー観察を通して」地域デザイン学会誌『地域デザイン』第 18 号，247-255 頁。

東京都 HP（2021）「テレワーク実施率調査結果」，https://www.metro.tokyo.lg.jp/tosei/hodohappyo/press/2021/11/11/12.html（2022.8.10 アクセス）。

舘暲・佐藤誠・廣瀬通孝監修，日本バーチャルリアリティ学会編（2011）『バーチャルリアリティ学』コロナ社。

長田英知（2021）『ワーケーションの教科書—創造性と生産性を最大化する新しい働き方』KADOKAWA。

原田保（2013a）「ゾーンデザインとコンテクストデザインの共振—地域ブランド価値の発現に向けた新視覚」原田保編著『地域デザイン戦略総論—コンテンツデザインからコンテクストデザインへ』芙蓉書房出版，13-24 頁。

原田保（2013b）「地域デザインの戦略的展開に関に向けた分析視角—地域価値発現のための地域のコンテクスト活用」地域デザイン学会誌『地域デザイン』第 1 号，1-15 頁。

原田保（2020）「地域デザイン理論のコンテクスト転換—ZTCA デザインモデルの提言」地域デザイン学会誌『地域デザイン』第 4 号改訂版，11-27 頁。

原田保・石川和男・西田小百合（2021）「ゾーンのトレースとカテゴリーとの連携によるデザインメソドロジーの深化方向—地域価値発現のための ZTCA デザインモデルのさらなる活用のために」地域デザイン学会誌『地域デザイン』第 17 号，11-66 頁。

原田保・板倉宏昭（2017）「地域デザインにおけるアクターズネットワークデザインの基本構想—アクターズネットワークデザインの他のデザイン要素との関係性を踏まえた定義付けと体系化」地域デザイン学会誌『地域デザイン』第10号，9-43頁。

原田保・鈴木敦詞（2017）「ZTCA デザインモデルにおけるコンステレーションの定義と適用方法に関する提言」地域デザイン学会誌『地域デザイン』第9号，9-31頁。

原田保・西田小百合・宮本文宏（2020）「もう1つの地域デザインモデルとしての『ISET デザインモデル』の提言—従来の『ZTCA デザインモデル』に加えて」地域デザイン学会誌『地域デザイン』第15号，11-37頁。

PR TIMES（2021）「約7割が今年も学校行事の中止・縮小！コロナ禍の学校行事実施，賛成派がやや上回る。『子どもの成長が見たい』『その学年でのイベントは二度とない』」，https://prtimes.jp/main/html/rd/p/000000001.000080330.html（2022.8.26 アクセス）。

みずほ情報総研（2021）「令和2年度ウィズコロナにおけるデジタル活用の実態と利用者意識の変化に関する調査研究の請負—報告書—」https://www.soumu.go.jp/johotsusintokei/linkdata/r03_01_houkoku.pdf（2022.8.10 アクセス）。

森本祥一（2018）「『空家トポス』と『廃校トポス』」原田保・山田啓一・石川和男編著『地域イノベーションのためのトポスデザイン』学文社，189-205頁。

Granovetter, M.（1973）"The Strength of Weak Ties," *American Journal of Sociology*, Vol. 78, No. 6, pp. 1360-1380.（大岡栄美訳「弱い紐帯の強さ」野沢慎司編・監訳『リーディングス ネットワーク論—家族・コミュニティ・社会関係資本』勁草書房，123-158頁，2006年）

Keown, D.（1998）"Embodying Virtue: a Buddhist Perspective on Virtual Reality," in Wood, J. ed., *The Virtual Embodied: Practice, Presence, Technology*, Routledge, pp. 76-87.

Letrud, K.（2012）"A Rebuttal of NTL Institute's Learning Pyramid," *Education*, Vol. 133, No. 1, pp. 117-124.

第7章

地方創生に対する ZTCA デザインモデルからの解釈と活用方法

―伝統工芸品産業に対する地域政策とコンステレーション―

石川　和男

はじめに

　わが国の人口は，国立社会保障・人口問題研究所(社人研)『日本の将来推計人口(平成29年推計)』によると，2053年に1億人を割ると予測されている。第二次世界大戦後から21世紀初めまで人口増が当然であった国にとって，人口が5分の4に減少し，より高齢化した社会を想像することは難しい。また人口減少がわが国経済に与えるダメージは大きい。このダメージは，都市に比べ地方での影響が大きい。そのため，これまで多様な政策が打ち出されてきた。地方は，都市と対比されるが，地域は都市との対比ではない。それは都市も一地域だからである。しかし，地域政策といわれると，都市ではなく，不思議といわゆる「田舎」が連想される。

　本章では地域を対象に考察する。当該地域における中世や近世に由来のある伝統工芸品産業を取り上げ，そこで生産される伝統工芸品(工芸品)から ZTCA デザインモデルを解釈する。既に廃れたものもあるが，多くは事業継続の取り組みを行っている。ただ，その支援は「ものづくり」に傾斜している。そこで地方創生政策や中小企業政策を概観した後，伝統工芸品である有田焼を事例とし，ZTCA デザインモデルによる解釈を試みたい。

第1節　「地方創生」政策の起点と展開

(1)　「地方創生」政策の起点

　わが国では，第二次世界大戦後，継続的に地域振興政策が講じられてきた。その効果は，全国総合開発計画(全総)の拠点開発方式と大規模プロジェクト方式，条件不利地域振興制度を除いて限定的とされる。他方，「東京一極集中」が批判されるが，集中には利点もあるため，その是正は難しい。これまでの地域振興政策は，都市部の資金や活力を移転する外発型開発やハードが中心であり，その効果は薄かった(礒崎，2021：8)。ここで政策対象とされた地域は，地方とほぼ同義と捉えられよう。

　元総務庁長官増田寛也を座長とした日本創成会議は，2014年5月に人口減少問題に関する報告書(増田レポート)を公表した。そこでは人口の再生産能力に注目し，具体的指標を「若年女性人口」に見出した(増田編，2014：22-25)。そして，地方の人口維持を出生率の向上だけでなく，若年女性の大都市圏流出抑止を目標とした。これに呼応し，人口減少抑止と東京一極集中の是正が「地方創生」政策の中心であった(嶋田，2016：21)。一般に地方創生といわれるが，正式には「まち・ひと・しごと創生」である。この取り組みを定めた法律「まち・ひと・しごと創生法」(平成26年法律第136号)は，「国民一人一人が夢や希望を持ち，潤いのある豊かな生活を安心して営むことができる地域社会の形成，地域社会を担う個性豊かで多様な人材の確保及び地域における魅力ある多様な就業の機会の創出を一体的に推進すること」としている。この目標実現のため，各地域はその特徴を活かした自律的で持続的な社会の創生に取り組むことが要求される。

　地方創生によるわが国社会の姿は，①地域資源を活用した多様な地域社会の形成を目指し(全国一律でなく，地方自身が地域資源を掘り起こし活用し多様な地域社会を形成)，②外部との積極的なつながりで新たな視点から活性化を図り(外部人材の取り込みや国内外市場との積極的なつながりで新たな発想)，③地方創生が実現すれば地方が先行して若返り，④東京圏は世界に開かれた「国際都市」

へ発展を目指す，ことである。つまり地方創生は，国の創生であり，地方と東京圏がその強みを活かし，国全体の牽引を目標とする。ただ地方創生の「地方」は，東京圏にある自治体は「地方」ではなく，地方創生政策の外にあるかのように思われやすいため，「地域創生」と呼ぶべきという指摘もある（大森，2015）。本章でも地方創生と表記するが，都市部も含めた地域創生も含意している。

(2)　地方創生の取り組み

　2014年9月に安倍改造内閣は，人口減少・超高齢社会の課題について政府一体で取り組み，各地域がその特徴を活かした自律的で持続可能な社会を創生する「地方創生」実現のため，「まち・ひと・しごと創生本部」を設置し，担当大臣を配置した。同年11月には地方創生の取り組み内容の方向性を示す「まち・ひと・しごと創生法」を公布した。また，同年12月には人口の現状と将来の姿を示し，今後目指すべき将来の方向を提示する「まち・ひと・しごと創生長期ビジョン」と，2015〜2019年度を第1期とする地方創生施策・計画である「まち・ひと・しごと創生総合戦略（総合戦略）」を閣議決定した（鈴木，2020：44）。この一連の動きにより，地方創生が本格的に開始されることになった。

　繰り返しになるが，地方創生は地域がその特徴を活かした持続可能な地域社会の創生が目標である。当然，国が政策実施主体ではない。そのため国は，自治体もまた国の総合戦略を踏まえ「地方人口ビジョン」と「地方版総合戦略」策定を全都道府県・市町村に要請した。これにより，2015年度は全都道府県と1,737の市区町村（全市区町村の99.8％）で地方版総合戦略策定が行われた。これまでの各自治体の「総合計画」では，①戦略策定ではビッグデータなど活用事例の多さ，② KPI（Key Performance Indicators：重要業績評価指標）の設定，PDCAサイクルによる効果検証の要求，③策定では産・官・学に加え，金（金融機関）・労（労働団体）・言（メディア）などの協力・参画要求，において相違している。ここでは国が強力に支援し，各自治体による地方創生の取り組み支援のため，「地方創生版三本（財政支援・情報支援・人材支援）の矢」を明確にした

（澤田，2020：54）。このように，多方面からの地方創生を目標とした具体的な措置がとられた。

(3)　第2期地方創生戦略

　国と自治体の総合戦略は，当初は2015年度から2019年度であった。この間，多くの自治体は独自の地域活性化に取り組んだ。しかし，地方から東京圏への人口流出についてみると，2019年時点でも転入超過は東京圏を中心とした8都府県のみであり，その他は転出超過であった。社人研は，出生数が90万人を割るのは2021年と予測していたが，2019年には出生数は約86.5万人となった。そのため，国は2019年12月，まち・ひと・しごと創生長期ビジョン（令和元年改訂版）および，第2期「まち・ひと・しごと創生総合戦略」を閣議決定した（鈴木，2020：44）。そこでは第1期の戦略枠組を継続・維持し，新視点を導入した。第1期戦略での「定住人口」「交流人口」に加え，「関係人口」概念を導入した。これは定住には至らないが，特定地域に継続的に多様に関わる人々である。また，「Society5.0」実現に向けた技術活用，「SDGs」を原動力とした地方創生も視野に入れた。各自治体でも国に連動し，2019年度中に次期地方版総合戦略の策定を進め，2020年度から第2期の取り組みを開始した（澤田，2020：55）。関係人口，Society5.0，SDGsは，2010年代半ば以降，急速に使用されるようになった言葉である。いささか時代におもねった向きもあるが，好意的に解釈すればわかりやすい言葉により政策を実行に移そうしていると解釈できる。

　関係人口は，総務省が2016年11月から「これからの移住・交流施策の在り方に関する検討会」を開催し，2018年1月に報告書を公表したことに発する。同報告書では，関係人口を「地域や地域の人々と多様に関わる者」とした。関係人口は観光や通勤・通学のために他地区から流入する「交流人口」と「定住人口」の間に位置づけ，段階的にその地域との関わりを深める層である。報告書は，関係人口を「近居の者」「遠居の者」「何らかの関わりがある者」「風の人」に分類した。こうした地域外人材と地域の定住人材が複層的ネットワーク

図表 7-1　関係人口とその概要

関係人口	概要
①近居の者	その地域にルーツがあり，近隣の市町村に居住する者
②遠居の者	その地域にルーツがあり，遠隔の市町村に居住する者
③何らかの関わりがある者	その地域にルーツはないが，過去にその地域での勤務や居住，滞在等の経験等を持つ者
④風の人	ビジネスや余暇活動，地域ボランティア等をきっかけにその地域と行き来する者

出所：鈴木(2020：46)，図3より引用

図表 7-2　第1期総合戦略から第2期総合戦略への変更点

第1期総合戦略	第2期総合戦略
1. 地方にしごとをつくり，安心して働けるようにする	1. 稼ぐ地域をつくるとともに，安心して働けるようにする
2. 地方への新しいひとの流れをつくる	2. 地方とのつながりを築き，地方への新しい人の流れをつくる
3. 若い世代の結婚・出産・子育ての希望をかなえる	3. 結婚・出産・子育ての希望をかなえる
4. 時代に合った地域をつくり，安心なくらしを守るとともに，地域と地域を連携する	4. ひとが集う，安心して暮らすことができる魅力的な地域をつくる

出所：鈴木(2020：44)，図1より引用

を形成し，継続的に地域づくりの担い手となることが期待される(鈴木, 2020：46)。関係人口の概要は，図表7-1の通りであるが，関係人口の把握はその区分だけでなく，地域にどのように関係するかなどを含めて今後考える必要がある。

　これまで各自治体は，「まち・ひと・しごと創生法」の趣旨により，「地方人口ビジョン」と「地方版総合戦略」を策定し，施策を実施してきた。国も施策に対し財政支援を講じた。ただ人口減少速度はこの期間も緩まず，地方から東京圏への人口流出も継続した。さらに2020年以降は新型コロナウイルスの感染拡大により，一部遅滞もしたが，現在は第2期の総合戦略が実行されている段階にある。

⑷　地方創生政策と地域振興政策の相違

　地方創生政策は，しばしば地域振興政策との相違に言及される。第1に「目的」は，地域振興は共通するが，全総は「国土の均衡ある発展」が理念であり，地方創生は全国的人口減少と東京一極集中是正である。第2に「対象地域」は，条件不利地域振興制度，リゾート法，総合特区制度は特定地域指定であるが，地方創生は全国対象である。第3に「実施期間」は，リゾート法と総合特区制度は期間設定でなく，ふるさと創生は1度のみ，全総は計画改訂ごと原則10年，条件不利地域振興制度も新過疎法など一部は振興計画ごと10年である。一方，地方創生の総合戦略は5年である。第4に「実施主体」は，国も主体であるが，ふるさと創生（市町村対象），総合特区制度（市町村のみも認定可能）を除き，都道府県が振興計画策定や事業調整に重要な役割を果たし，地方創生も同様である。第5に「方針・計画」は，全総は基本的に国の計画のみであり，ふるさと創生は決められた計画はないが，他は国が全国的な基本方針を策定し，都道府県（または市町村等）が地域限定の計画を策定する。第6に「手段・方法」は，公共事業，国庫補助金が多く，一部に財政上の支援・特例がある。地方創生は，情報支援や人材支援も重視される。第7に「評価・検証」は，多くの制度は各計画・構想改訂時に評価・検証が要求され，総合特区制度は毎年度評価要求がある。地方創生は総合戦略に KPI 設定が要求され，総合戦略の見直しには効果検証が必要である（礒崎，2021：24-25）。このように地方創生政策とこれまでの地方振興政策には，多くの相違点がある。

　地方創生政策は，全国が対象であり，国─都道府県─市町村の3段階体系を有する。そして比較的短期間で総合戦略の見直しが行われる。また，国庫補助金を主な財源とし，情報支援・人材支援による総合的支援を行う。さらに，数値目標設定と効果検証を行うことがこれまでの地域振興政策とは大きく異なっており，その特徴といえる。

第2節　伝統工芸品産業の概要

(1)　伝統工芸品の産業集積

　わが国では，中世から各地で農水産物だけでなく，工芸品製造が開始され，全国に流通した商品も多い。近年，農水産物は「地産地消」が推奨されるが，工芸品は「地産他消」商品である。現在も中世や近世にその起源があり，国内だけでなく，海外に販売される商品もある。なかには手作業の工程を機械化し，大量生産により規模を拡大し，一大産業に成長したものもある。また工芸品を生産する地域では，産業集積を形成している場合が多い。産業集積は「1つの比較的狭い地域に相互の関連の深い多くの企業が集積している状態」(伊丹，1998：2)である。これまでの産業集積研究では，主に産業集積内部に注目し，そこから不確実で変化しやすい経済環境での産業集積の優位性を説明してきた。ただ現在までの産業集積の議論は，集積外部との関係や集積間ネットワークへの注意が不十分とされる(近藤，2007：16)。つまり，ZTCAデザインモデルにおけるゾーン内におけるトポスやアクターズネットワークとの関係に十分配慮がなされていないということである。

　産業集積は，内部の地域的ネットワークだけでなく，グローバル規模の外部ネットワークにも注目する必要がある。産業集積は，1980年代半ば以降，経済のグローバル化による集積のオープン化が起こった。工芸品を内部で一貫生産してきた集積では，海外移転や集積間分業も試行している。そのため産地内一貫生産体制が崩壊し，集積の空洞化もある。そこでいくつかの産業集積は，グローバル規模で集積間分業を構築し，グローバル市場をめぐる産業集積間競争が起こっている(榊原，2015：64)。こうした産業集積外部でのグローバルな集積間競争や集積間分業の協力ネットワークも視野に入れなければならない。

　地域産業政策では，自治体及びその出資法人である第三セクター，業種横断的な事業者支援を行う公的団体としての商工会議所や商工会，業界団体の支部や地場産業の産地組合などが関係している(河藤，2012：41)。また産地では，

多様な市場ニーズに対する新規事業展開や地域ブランド戦略も実施されている。そこで支援事業の効果的展開では，事業者による支援事業の有効活用のための助言，市場と事業者との仲介など調整が期待される。これらは豊富な経験を持つ個人だけでなく，商工会議所など産業支援主体の役割を担う組織にも要求される（河藤，2012：29）。こうした特定の産業集積に関わる直接の事業者以外の関係も考慮する必要があり，さらに政策支援では，これらの機関との連携も必要となる。

⑵　伝統工芸品を取り巻く環境

　産業集積で生産される伝統工芸品とはそもそも何を指すのか。その種類は，織物，染織品，その他繊維製品，陶磁器，漆器，木工品・竹工品，金工品，仏壇・仏具，和紙，文具，石工品，貴石細工，人形・こけし，その他工芸品，工芸材料・工芸用具にわたる。これら工芸品産地が多い地域，少ない地域の差はあるが，北海道から九州・沖縄まで各地に存在する（KOGEI JAPAN Webサイト）。1974年制定の「伝統的工芸品産業の振興に関する法律（伝産法」）」では，工芸品を①日常生活で使用されるものであり，②製造工程の主要部分が手作業，③伝統的な技術または技法で製造され，100年間以上の歴史があり，継続されているものを伝統的産業と呼んでいる。また，④原材料の地域性，⑤一定の事業所が集積し産地を形成していることを条件としている。こうした伝統工芸品は，さまざまな研究分野で研究されている。それは工芸品を含めた地場産業が，地域の自然と文化を一体化し，「地域に埋め込まれた産業」であるためである（上野，2010：3）。

　現在，こうした工芸品は，グローバル化や生活様式の変化による需要変化，経営難，いわゆる3Kを忌避する若年労働者の後継者不足などが課題となっている。また，政府の工芸品産業への振興政策は「文化財保護法（1950年）」や伝産法を根拠としているため，後者による工芸品産地組合からの申請に基づく指定，振興計画策定と認定，計画に基づく事業経費の国や地方公共団体からの助成など，中小企業政策中心の保護に止まっている。それゆえ工芸品産業は，新

規市場開拓，地域ブランド・デザインの重要性，若者の新しい感性の活用と人材育成などが求められる(科学技術振興機構研究開発戦略センター，2007)。

　ただ工芸品産業の振興政策に焦点を当てた研究は少ない。前川ら(2015)は，伝産法を取り上げ，工芸品産業への支援効果と課題を論じている。そこでは産業振興に重点を置くべきであり，そのために産地プロデューサーシステムを導入し，生産者と消費者をつなぐ仕組構築の必要性を指摘している。他方，文化財保護法と連携し，支援を図るべきという指摘もある(山本，2019：243)。つまり，特定の工芸品産業の振興(支援)は，視点の相違により支援内容も異なり，有効な支援がなされていない現状が明確になっている。

(3) 伝統工芸品指定

　伝統工芸品は，ある民族や社会・団体が長い歴史を通じて培い，伝えてきた工作に関する技術や製造に関わる技芸，美的価値をそなえた陶芸，木工，染織などの実用品である。そのため鑑賞用の芸術作品とは区別される(井上，2020：1-2)。わが国では，国や地方自治体が各基準により伝統工芸品を指定している。2021年6月現在，国から指定を受けている伝統工芸品は，全国で232品目，同様に東京都で都から指定を受けている工芸品は41品目ある。このうち半数近くは国と都から重複指定されている。

　伝統工芸品の指定品目は増加しているが，これら産業に携わる企業数や従業者数，生産額は減少傾向にある。企業数は1979年に約34,000社あったが，近年は半分以下に減少した。また同期間の従業者数は約290,000人であったが2018年では4分の1以下に減少した。これは伝統工芸品産業の担い手減少を意味し，これまで培われてきた工芸品製造の技術・技法の継承危機を示唆する。さらに国が指定する工芸品生産額は，1983年に5,406億円でピークに達し，バブル景気時であった1991年には4,928億円に上昇したが，その後は下降傾向にある。バブル経済期には法人需要や高級志向に合致した一部工芸品が売上を伸張させたが，バブル崩壊の景気低迷で売上も減少した。他方，海外から輸入される安価な代替製品に市場を奪われた工芸品もある。2012年には1,040億円

となり，現在もほぼ同水準にある（山本，2019：242）。バブル経済崩壊後の景気の低迷により，バブル期に発生していた需要は喪失し，安価な海外製品に市場を奪われている状況にある。

⑷　伝統工芸品の振興

　伝統工芸品を製造する産業，主に地場産業が活性化すると，地域では雇用が生まれ，地域経済の活性化への寄与が期待される。そこで，工芸品の活性化手段として，製品に新しい価値を創出するデザイン開発，海外販路開拓支援，付加価値を高めるブランディングなどが想定される。これらはニッチ市場を標的とし，当該地域で培われた独自の原材料や製造方法を活用し，大企業が模倣できない差別化商品を開発するのが一般的である。ただこれまで下請けであった事業者には，自社商品を新しく開発すること自体が難しい（髙橋・金谷，2020：29）。それは創造性と独創性を育む土壌がこれまでなかったためである。

　工芸品産業の衰退や消滅は，地域の象徴の喪失だけでなく，地域経済に影響する。それは工芸品生産の多くを地域の中小企業や家内労働者が担い，生産過程で原材料や部品，製品などの循環やカネの循環を地域内にもたらすなど，地域経済を活性化する役割を果たしてきたからである。したがって，工芸品産業の衰退や消滅は，地域経済の衰退に拍車をかける。とくにある工芸品が当該地域の主要産業となっている場合，地域経済への影響は深刻である（山本，2019：240）。かつて工芸品の名前と地名が同一であった地域では，その衰退が余計に地域の衰退に拍車をかけている。

　国はこうした状況に対し，伝産法制定以降，工芸品産地の製造協同組合などを通じ，後継者育成や原材料確保，意匠開発，産地指導，需要開拓などを支援してきた。伝産法の枠組み以外でも，工芸品産業が支援対象となる政策を展開している。最近は，海外販路開拓に力点をおいている。2004年の「JAPANブランド育成支援事業」は，各地の地場産業や伝統工芸品産業に携わる複数の中小企業を対象とし，商品開発や海外販路開拓の支援をしてきた。2015年12月に閣議決定された「まち・ひと・しごと創生総合戦略（2015年改訂版）」は，地

域資源を活用した商材の磨き上げや海外販路開拓，観光・地域特産品等の情報発信の強化によるローカルクールジャパンの推進を掲げ，その行動計画には工芸品産業支援が明記された(山本，2019：240)。

　他方，市町村での伝統工芸品産業振興支援は，1品目あたり平均2項目とされる。それは「イベントなどでのPR活動」「販売促進に向けた広報活動」「後継者養成」が主である。しかし全体の3割弱は公的支援がない(前川ら，2015：16)。また工芸品産業の支援を連携する行政機関は，市町村単位でなく，品目が中心である。当該市町村外の他行政機関との連携は全体の約半数あり，最多は「当該市町村の属する都道府県」である。つまり，市町村による当該産業支援は，都道府県との連携が中心である。ただ半数は，他行政機関などとの連携がない(前川ら，2015：19)。市町村による支援は，販売段階への支援が中心であり，工芸品に関する消費者の認知獲得に向けた支援を行っている。それは国による伝産法との連携ではなく，当該市町村のある都道府県との連携が中心である。また市町村の業務体制では，人員配置や庁内連携には積極的ではないが，伝統工芸品に当該市町村の地域振興策や観光振興策，福祉の側面などの期待がある(前川ら，2015：21-22)。

　さらに，前川ら(2015)は，都道府県による伝統工芸への公的支援の業務分掌状況を整理している。伝統工芸品産業への専任の担当者配置は6府県(山形県，栃木県，石川県，京都府，奈良県，沖縄県)である。同時に回答した43都府県のうち，他都府県は，兼務で担当者を配置していた。また，条例等に基づく伝統工芸品産業への公的支援組織の有無について，条例など有する29都府県を対象とした回答から整理している。そこでは条例などに基づく支援組織を有しているのは11府県であった。各府県の支援組織は，「○○県伝統的工芸品産業振興協会」や「○○県伝統工芸協会」などの名称である。これら支援組織の事務局は所管する県や生産組合などが担っている。さらに，山梨県や福岡県，鹿児島県のように複数の支援組織が存在する県もある(前川，2015：44)。そしてこうした自治体による支援組織の存在やその取り組みの濃淡は，当該地域における工芸品の多さに相関があるように思われる。

第3節　佐賀県における陶磁器産業と流通

(1)　陶磁器産地からの商品移出

　わが国の陶磁器産地は，信楽，備前，丹波，越前，瀬戸，常滑など，鎌倉時代以前から現在まで続く「日本六古窯」がある。他にも，全国に多くの陶磁器産地が点在している。佐賀県では，近世に「伊万里焼」が生産された。ただ伊万里は陶磁器の積出港であり，多くは伊万里から約10km離れた有田で生産され，伊万里津(港)から移出された。陶磁器は，製造工程が分かれ，分業生産が一般的である。そのため，大規模製造業者が出現せず，分業生産した陶磁器は，伊万里津に所在した卸売商人を経て，各地から買付に来た卸売商人(旅商人)が全国に流通させた。

　しかし，近代になり輸送手段が船から鉄道へと変化し，有田からの移出が行われ始めると，伊万里商人の中には有田へ移住し，鉄道を利用して各地へ販売する商人も現れた。その販売先は，各地の旅館や料亭，小売商人であった。また，伊万里や有田の卸売商人の中には，各地の販売先を巡回し，陶磁器を流通させる者も現れた。その後，百貨店などの小売業者が大規模化し，バブル経済期の終わりには肥前陶磁器の販売額は最高額に達した。ただバブル経済崩壊後は，生産を断念する者が現れ，流通業者も販売額の減少から事業継続を断念する者が現れた。そのため有田焼工業組合などでは，組合として製造業者だけでなく，流通業者(卸売業者)支援にも乗り出すようになった。

(2)　有田産地における需要の減退

　有田焼は，一般家庭ではなく，料亭やホテルなど業務用を中心とし，バブル期は高級料亭が需要の中心であった。そのため大口需要の消失が国内需要低迷の最大原因であった。また旅館やホテルでは，部屋食やお膳食がバイキング，ビュッフェ形式に移行し，有田焼の特徴である絵付のある和食器よりも，白くて丸い洋皿の需要が高まった(大木，2012：10-11)。つまり，有田焼は需要先の状況変化と需要の性質自体の変化に襲われた。

　有田焼生産の製造品等出荷額は，1991 年が 413 億円で最高となったが，翌年以降減額傾向となり，2017 年には 98 億円となった。2017 年の有田焼生産の製造品等出荷額は，最盛期の 1991 年から 24％にまで減額した。有田焼創業 400 年祭 (2016 年開催) により，2015 年は製造品等出荷額が 125 億円に増加した。ただ有田焼生産の事業所数は，1989 年から減少傾向が続き，2017 年には最盛期 1988 年 (184 カ所) から 38％ (2017 年 70 カ所) にまで減少した。さらに有田焼生産の従業者数も 1989 年から減少傾向が続き，2017 年には最盛期 1988 年 (4,250 人) から 28％ (2017 年 1,201 人) にまで減少した (竹田，2020：37-39)。

　有田周辺には陶磁器産地が集積するが，以前は肥前窯業圏として産地が形成され，長崎県と佐賀県の境なく，長崎県 (波佐見焼，三川内焼) の陶磁器の多くは，有田，伊万里のブランドで出荷されていた。他方，有田周辺には佐賀県内だけでも業界団体が複数存在している。有田焼直売協同組合は，旅館やホテルへの卸売に関わる団体の組合である。他組合とは会員がほとんど重複しないが，肥前陶磁器商工協同組合には窯元が 165 所属し，うちメーカーが 90 で，佐賀県陶磁器工業協同組合とは会員が重複している。このように組合が複数存在し，代表者も多様であり，その思惑も異なるため，産地を 1 つにまとめるのは難しい。卸売業者では有田焼というブランドを利用し，売れればよいという風潮もあり，ブランド管理が曖昧となり，割引商品として波佐見焼 (有田に量産施設を持つ) も有田焼として市場に大量流通している。そのため高級料亭には「有田焼＝割引商品」のイメージが浸透している。経済産業省の伝統的工芸品に伊万里・有田焼は登録されており，製法・製造地域を指定しているが，有田焼の明確な規定はない。特許庁の商標登録では，デザイン化されたマークと有田焼という文字をセットで商標登録しているが，有田焼という地域団体商標は，商社の思惑もあり，複数に絡み合う組合の同意は得られていない (大木，2012：16)。このように有田焼をめぐっては，生産だけでなく，流通段階でもさまざまなアクターの思惑が交差し，産地として統一感のある動きとはなっていない。

(3)　地域産業振興政策とその展開

　地域産業振興政策は近世に遡る。近世において各藩は，繊維製品，家具，仏壇・仏具，漆器，和紙，陶磁器などへの振興政策を開始した。近代になり佐賀県の陶磁器は，明治政府による殖産興業政策，有能な窯業指導者採用，1873年のウィーン万国博覧会をはじめ博覧会への参加，内国勧業博覧会の開催，窯業教育機関創設などで産業として形成された。1928年には伝統工芸の科学化・近代化を図ることで輸出振興のため，国立商工省工芸指導所が設立された(田上・蓮見，2010：1-2)。

　1992年に佐賀県では佐賀県窯業技術センターが，①研究開発機能強化，②地域窯業界との連携強化，③新分野製品開発のための企画機能強化，を目的に産官連携組織として設立された。同センターは，1928年に設立された佐賀県窯業試験場を前身とする。つまり，設置は国立商工省工芸指導所と同年であった。所内は陶磁器部，ファインセラミックス部に分かれ，計24名(うち嘱託4名)の組織である。技術情報提供をはじめ，企業への長期的技術指導や共同研究も行っている。デザイン部門もあり，産地の窯元，産地問屋もここでデザインや図面指導を受ける機会もある(大木，2012：15-16)。こうした1世紀近くに及ぶ動きは，生産支援が古くから行われてきたことを示すものである。

　第二次世界大戦後は，1950年に文部省が文化財を保存・活用し，国民の文化的向上を目的とする「文化財保護法」を制定した。1963年には「中小企業近代化促進法」(1999年廃案)が，中小企業近代化を促進し，国民経済の健全な発展と国民生活の安定向上への寄与を目的とし，1974年に通商産業省は伝産法を制定した。1980年代前半には「産学官連携」が叫ばれ，地場産業の振興策を多様化した。近年は，地域の歴史や文化に育まれた素材や技術などを地域資源とし，地域の中小企業が魅力的な商品やサービス創出を支援し，その価値を高める事業として2004年には「JAPANブランド育成支援事業」が制定された。また，2005年には「中小企業新事業活動促進法」が施行され，2006年には異業種連携によって新事業に挑戦する中小企業支援の「新連携支援制度」，日本商工会議所と各地の商工会議所が連携し，小規模事業者の新規事業を支援

160

する「地域資源∞全国展開プロジェクト」が開始され，2007年から「中小企業生産性向上プロジェクト」なども行われている。また従来の経済産業省や中小企業庁管轄から，2004年に「地域雇用機会増大促進支援」に代表される雇用確保のため厚生労働省，伝統産業や人材育成視点から文部科学省，観光振興やまちづくりの視点では国土交通省(観光庁)などが関係している(田上・蓮見，2010：1-2)。このようにさまざまな行政主体や業界団体などが，各々の目的で地域産業を振興させるための事業を多様化させている。これは一面では縦割り，多重化などと批判されることもある。しかし，多様な主体がある課題に取り組む意義も見出せる。

　佐賀県の陶磁器産業における顧客は，日常使用する商品ではあるが，時代の流れにより，商品に対する嗜好が変化している。さらに代替商品は他にもあるが，基本的には生活に必要な「準必需品」である。これらの特徴から，生産(製造)関係の支援は以前から行われてきた。しかし，これら商品を販売する卸売業者や小売業者に対する支援はほぼない。各地域の生産組合だけではなく，流通業者を束ねる組合は存在するが，基本的に親睦団体の域を出ず，対市場戦略を地域の組合として打ち出すには至っていない。そのため，海外からの安価な同種商品との価格競争では劣位にある。こうした流通面への支援を行う必要があるが，地域政策として行っているのは，「卸団地」整備などに止まっている。また卸団地も基本的に物流の便を供するためであり，マーケティング支援には目立つものはない。

(4)　地域振興としての産業政策

　現在の中小企業振興政策は，2005年に関連3法を整理統合した中小企業新事業活動促進法である。同法の中小企業技術革新制度(SBIR)は，中小企業者の研究開発とその成果の事業化を支援し，7省庁の補助金などが中小企業や個人への「SBIR特定補助金等」に指定されている。特定補助金の中でも地域資源を用いた調査研究や事業化支援の補助金が，地域産業振興策の中心である。したがって，「地場産業の活性化」政策の中心は，地域産業資源活用事業・農

商工等連携事業，JAPAN ブランド育成支援事業である(山﨑ら，2016：171-173)。ただこれらの補助金は 2019 年度に販路開拓支援政策に位置づけられ，SBIR の特定補助金には認定されなかった(今井，2020：4)。

　地域振興目的の産業政策は，国土計画などと関連し，産業立地政策として都心への工場等の立地制限や各地域への企業誘致を中心に進められてきた(山﨑ら，2016：145-152)。近年は，産業空洞化のため各地域で「産業クラスター」形成が目指され，地域資源を活用した自発的な地域発展が中心である(星，2016)。1997 年の地域産業集積活性化法，2007 年の企業立地促進法に続き，2017 年には地域未来投資促進法(改正企業立地促進法)が成立し，概ね自治体，企業，大学など複数参画による地域産業集積の活性化に資する事業計画を政府が認定，補助金が交付された(星，2016; 山﨑ら，2016：154-156)。

　産業政策の政策手段として一般的なのは，地域経済レベルでは都道府県および市町村の商工費である(齊藤・樺，2003：139)。補助金政策とは異なる性質の資金供給政策の可能性がある(今井，2020：7)。自治体では，地域の中小製造業振興が重要である。中小製造業の集積地には，地方自治体の税制や補助金，融資の保証，助言などの施策も実効性がある。また大都市(政令指定都市及び東京都特別区部)や中核市など比較的規模の大きい都市を除いた中小都市での製造業振興による地域再生では，製造業従業者比率(製造業従業員数／全産業従業員数)と住民 1 人あたりの小売業年間販売額には，データ数が過少であるため有意性に難があるが，今後の研究で相関性が見出せる可能性もある(大后，2018：77-78)。

　産業集積の縮小・衰退回避は，従来の地域完結型視点とは異なる新たな持続的発展を視野に入れた研究視点が必要である。そこで地理的制約を超える視点では，縮小・衰退期に移行する産業集積地域の持続的発展に着目する必要性がある(渡辺，2002：3)。それは，伝統工芸品産業が，産業集積内でのネットワークや関係で完結するのではなく，その流通など集積外との関係に以前から存在した以上のものを視野に入れる必要があるからである。

第4節　伝統工芸品産地における ZTCA デザインモデルの活用

(1)　産業政策を活用する上での課題

　地方経済の疲弊には，単に人口減少や高齢化だけではなく，さまざまな要因がある。本章では，中世から形成・維持されてきた伝統工芸品産業の多くが，衰退・消滅の危機にあることを取り上げた。既に消滅した工芸品もあるが，まだ需要があり，その生産に携わる人口が一定数存在し，産業集積が存在する地域では，それらを守り，維持していく必要があろう。そのためには，当該工芸品産業に携わる生産者や流通業者による自助努力はいうまでもないが，地域政策として支援しなければならない面もある。

　第1節で取り上げたように，地方創生政策の一環として地方の人口を維持し，若年女性の大都市圏流出を抑止するには，地方における「しごとの創生」が必要である。また，それらの「しごと」維持には，地方創生政策だけではなく，他の中小企業政策による支援も必要である。ただ，これらの政策を前提とし，創生事業や中小企業の維持・継続を行う事業を考慮するのは順番が違う。まず工芸品需要を国内外問わず，きちんと調査をし，把握しなければならない。さらに各セグメントに適合する商品（工芸品）を明確に位置づける基本的なマーケティング戦略を考慮しなければならない。その後，政策メニューを眺め，当該工芸品産業への援用を考えなければならない。そうしなければ，国や自治体の描いた土俵に上がるだけであり，当該工芸品産業では独自性が認められず，その後政策的支援が廃止・消滅すると事業の継続さえも見通せない状況となる。

　したがって，国や自治体における産業支援政策は，事業開始を前提とするのではなく，事業を行っていく上で，横目で見ながら，活用できるものであれば，活用する程度に止めておくのが望ましい。工芸品産業が国や自治体の産業政策に乗り，失敗しても行政機関は責任をとってくれないことは，リゾート法をはじめこれまでのさまざまな事業でも明らかである。長い間継続してきた工芸品産業が，行政施策の失敗により，廃れ，消滅したのでは，当該産業を育成・発展・継続させてきた先人の志にも背くことにもなる。

(2)　ZTCA の変化

　わが国の伝統工芸品産業では，生産・製造される工芸品は先にも取り上げたように多分野・多種類に及び，その生産地域も幅広く分散している。なかには大規模企業が生産を手がけるようになった製品(商品)もあるが，多くは現在もその製造工程は分業され，一事業者のみで完成品を製造している工芸品は少ない。本章で取り上げた陶磁器は工程が複数に分かれ，原材料の継続的調達もしなければならない。特にその販売(流通)は，製造業者自らが担当している例はほとんどない。したがって，多くの工芸品は，生産や流通では，さまざまな事業者が関係，連携して，当該産業が成立している。

　工芸品製造と流通では，各事業者だけでなく，産地における製造業者の集まりである組合や流通業者の集まりである組合，両者が1つになった集まりである組合などの組織や機関が存在する場合が多い。さらにこれらは単一ではなく，複層の場合もある。つまり，当該産地に複数の製造組合や流通(販売)組合，製販組合などの組織が存在することもある。その上に自治体，自治体が出資している第三セクター，商工会議所(商工会)，全国的な当該産業の団体なども関係している(図表7-3)。

　こうした状況は，各利害関係だけでなく，さまざまな人間関係，世代間関係が影響しており，絡み合った関係を解きほぐし，一本にまとめるという努力は徒労に終わることもある。したがって，それぞれのアクターの行動を尊重し，時にリーダーがコントロールすることも重要である。またそのリーダーの行動に正当性を与えることも重要である。

　それでは，アクターが多数存在する地域は，どのような構造になっているだろうか。これまで有田焼といえば，当然佐賀県に拠点があった。ただ佐賀県有田町から約5kmのところには，「波佐見焼」も存在する。しかし，波佐見町は長崎県である。ここに現在の行政区の境が厳然と存在している。先にも挙げたように，しばしば市町村や県などの自治体内では，同種の工芸品を生産していれば，県単位での政策対象として支援対象とする場合が多い。そのため，都道府県では専任の担当者を配置していることもある。

図表7-3 「有田焼」に関係するトポスとアクターズネットワーク

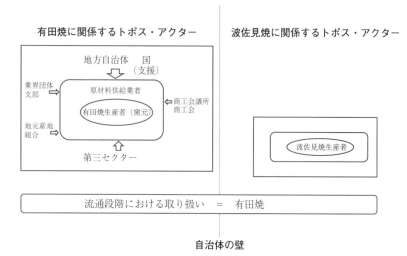

出所：著者作成

　他方，有田焼・波佐見焼は，百貨店の催事など小売段階ではまとめて「有田焼」として一般に訴求される。小売業者は産地の区別をせず，顧客に訴求しやすいブランドで訴求している。ただ国や自治体の政策対象とする際は，自治体が異なると，流通段階のような対応はできない。有田焼と波佐見焼を取り巻く各アクターが重複している場合もあり，独立している場合もある。生産者は異なっても，各産地における集まり（組合）は重複している場合もある。またこれらの陶磁器を扱う流通業者は，かつては有田焼は料亭や旅館という業務用市場が中心であったことから，卸売業者の力が強かったが，業務用市場の縮小が継続している。他方，波佐見焼は家庭用が中心であり，扱う流通業者は異なっていた。しかし，最近では融合も見られる。こうした状況を観察すると，時間経過によるアクターの変化もあり，産地におけるトポスやコンステレーションの変化も観察できよう。

　実際の星座は，基本的に不動だが，有田焼や波佐見焼という工芸品産地におけるトポスやコンステレーションは，移動も観察できる。またアクターの交代

や変化も時代の流れにより，観察できよう。さらにはこうしたトポスやコンス
テレーションの変化，アクターの交代は，ゾーン自体の変化ももたらしている。

⑶　ZTCA デザインモデルの活用

　本章で取り上げた国による地方創生政策や中小企業政策，各自治体で独自に
実施している政策は，基本的にその対象ゾーンには，自治体という境が存在し
ている。かつて「肥前陶磁器」として現在の佐賀県・長崎県にわたって生産さ
れた製品であっても何らかの政策的支援を受けようとすれば，この境が厳然と
あり，意識せざるをえなかった。また各陶磁器産地における生産者による分業
やそれら生産者による公式非公式な集まり（組合・組織），完成品を他地域へと
販売してきた商人（流通業者）の活動やその販売先などは，明確に分かれている。
これは行政による区分ではなく，販売先による区分が中心である。

　また，こうした産地の事業を支える原材料の供給業者などを含めると，有田
焼にはさまざまなアクターが存在する。他方，有田焼 400 余年の歴史には，生
産者自体の継続・途絶，流通業者の継続，途絶，古くは近世の佐賀藩による有
田焼流通に対する統制などを考慮すると，政策により翻弄されてきた工芸品産
地の状況が浮き彫りになる（石川，2021）。こうした状況の中でトポスを形成し，
さらにそれらをつなぎ，ある関係性を顕在化させるコンステレーションは一定
ではない。

　ZTCA デザインモデルは，静的状況を提示するだけではなく，動的状況を
提示し，またその将来の動態をも示唆する。さらに物事を観察する際には，鳥
瞰・俯瞰という異なる視点での観察が推奨される。本章で考察した有田焼もそ
の製品自体を観察すること，生産者，流通業者の動き，これらを取り巻くアク
ターの動きやこれらの動きを制約・促進させる政策の動向に注目することで，
多様な研究成果が期待される。多様な研究成果を期待させるのも ZTCA デザ
インモデルの提示によるところが大きい。

おわりに

　本章では，地方創生に対する ZTCA デザインモデルからの解釈とその活用方法を模索するため，2010 年代半ば以降，政府が主導して取り組みが開始されたいわゆる地方創生政策について概観し，これまでの地方振興政策との相違を取り上げた。具体的に地方創生政策を活用する地域として，佐賀県における有田焼について，その産業政策や有田焼をめぐるアクターを中心として，産業集積というゾーンを中心として考察を試みた。そこでは，有田焼という「地産他消」の製品（商品）を流通させるため，有田というゾーンを超えての動きも観察した。他方で有田焼として市場で流通している商品には，長崎県の波佐見焼なども含まれ，ゾーンの曖昧さについての課題が残った。

　有田焼として市場に訴求する際には，有田周辺のトポスやそこで活動する生産者（窯元）や作家と呼ばれる有名な作陶家，またそれらを有田のゾーン外へと流通させるさまざまな組織との関係を明確にし，コンステレーションを形成した上での市場訴求が有効である。さらに当該ゾーンでは，地方創生政策を前提として活動を行うのではなく，他地域での地方創生政策の活用については，まず当該ゾーンでの明確な ZTCA デザインモデルを描いた上で，活用できそうな地方創生政策におけるメニューがあれば，その活用を試みるべきであり，前提とすべきではないことを示唆した。

参考文献

石川和男（2021）「肥前陶磁器産業における製造・流通システムの形成―商人を中心とした地場産業の継続と発展―」専修大学学会『専修商学論集』第 112 号，1-25 頁。

礒崎初仁（2021）「地方創生施策の展開と地方分権―「目標管理型統制システム」の有効性―」『自治総研』第 511 号，1-39 頁。

伊丹敬之（1998）「産業集積の意義と論理」伊丹敬之・松島茂・橘川武郎編著『産業集積の本質』有斐閣，1-24 頁。

井上一郎（2020）「伝統工芸産業市場の課題解決に向けた一考察―市場の約 80％が失われた平成の 30 年間にあっても成長した企業事例研究をもとに―」江戸川大学『江戸川大学紀要』第 30 号，1-16 頁。

今井隆太（2020）「政策による地域産業振興は可能か―公共政策の手法としてのクラウド

ファンディングの検討」法政大学地域研究センター『地域イノベーション』第 12 号，3-14 頁。

上野和彦（2010）「地場産業研究の課題」東京学芸大学地理学会『学芸地理』No. 65，3-10 頁。

大木裕子（2012）「有田の陶磁器産業クラスター：伝統技術の継承と革新の視点から」京都産業大学マネジメント研究会『京都マネジメント・レビュー』第 21 号，1-22 頁。

大橋弘（2015）「『新しい産業』政策と新しい『産業政策』」『RIETI Policy Discussion Paper Series』15-P-020。

大森彌（2015）「『地方創生』でなく『地域創生』を」『自治日報』2015 年 1 月 13 日号。

科学技術振興機構研究開発戦略センター（2007）「分野融合フォーラム　伝統工芸と科学技術〜故きをもって新しきを知る・自然に根ざした伝統工芸と科学技術の『場（Interaction Fields）』の構築〜報告書」CRDS-FY2006-WR-18，https://www.jst.go.jp/crds/pdf/2006/WR/CRDS-FY2006-WR-18.pdf（2006.08.26 アクセス）。

「伝統工芸と科学技術」報告書，CRDS-FY2006-WR-18。

河藤佳彦（2012）「産地の活性化に関する政策的考察—新潟県燕市における取組み—」高崎経済大学産業研究所『産業研究』第 47 巻第 2 号，17-30 頁。

経済産業省（2018）「伝統的産業の要件」，https://www.tohoku.meti.go.jp/s_cyusyo/densan-ver3/html/pdf/1_1.pdf（2021.11.30 アクセス）。

経済産業省（2019）「『伝統的工芸品産業の振興に関する法律』に基づく手続きのご案内」，https://www.meti.go.jp/policy/mono_info_service/mono/nichiyo-densan/densan/designation.html（2021.11.30 アクセス）。

KOGEI JAPAN Web サイト，https://kogeijapan.com/locale/ja_JP/list/（2021.3.10 アクセス）。

近藤章夫（2007）『立地戦略と空間的分業—エレクトロニクス企業の地理学』古今書院。

齊藤愼・樺克裕（2003）「地域産業政策の効率性に関する分析」内閣府経済社会総合研究所委託調査『州制の導入および地方分権改革と地域経済の活性化に関する調査研究』131-152 頁。

榊原雄一郎（2015）「グローバル経済下における産業集積間の競争と協力についての研究—鯖江眼鏡産地のグローバル価値連鎖から—」日本地域経済学会『地域経済学研究』第 30 号，64-78 頁。

澤田道夫（2020）「地方創生再考—『消滅可能性』の克服に向けた一視点—」『アドミニストレーション』第 27 巻第 1 号，51-61 頁。

嶋田暁文（2016）「『地方創生』のこれまでと自治体の現在—求められる自治体の『軌道修正』—」『地方自治ふくおか』60 巻，21-43 頁。

鈴木雄大郎（2020）「第 2 期まち・ひと・しごと創生総合戦略を読み解く」『市町村への地方債情報』2020 年 6 月号，44-47 頁。

大后治雄（2018）「地方自治体の産業振興における中小製造業の役割に関する一考察—2001 年から 2013 年における 10 市区の製造業付加価値の滞留率算定を通じて—」『自治科学』Vol. 31-2，73-78 頁。

髙橋広行・金谷勉（2020）「地場産業・伝統的工芸品産業のマーケティング：fsQCA を用いた分析を通じて」『同志社商学』第 72 巻第 1 号，27-47 頁。

田上知之介・蓮見孝（2010）「地場産業振興におけるデザインの役割―日本の陶磁器産業を中心として」日本デザイン学会第 57 回研究発表大会『日本デザイン学会研究発表大会概要集』，https://www.jstage.jst.go.jp/article/jssd/57/0/57_0_G13/_pdf/-char/ja（2022.8.1 アクセス）。

竹田英司（2020）「佐賀県有田町の稼ぐ力に関する調査研究：2020 年度長崎県立大学受託研究成果報告書」『長崎県立大学論集（経営学部・地域創造学部）』第 54 巻第 3 号，35-58 頁。

伝統的工芸品産業振興協会（2019）「工芸品を探す：高岡銅器」，https://kougeihin.jp/craft/0708/（2021.11.30 アクセス）。

東京都産業労働局（2017）「東京の伝統工芸品 41 品目」，https://dento-tokyo.jp/items.html#summary_01（2021.11.30 アクセス）。

星貴子（2016）「地域産業振興策の現状と課題―推進組織からみた地域産業振興の在り方」『JRI レビュー』7(37)，2-30 頁。

前川洋平（2015）『伝統工芸品産業に対する社会的支援に関する研究』東京農業大学農学研究科，2014 年度博士論文。

前川洋平・宮林茂幸・関岡東生（2015）「伝統的工芸品産業に関する市町村条例等整備の現状と課題」林業経済研究所『林業経済』68(8)，9-23 頁。

増田寛也編著（2014）『地方消滅』中公新書。

山﨑朗・杉浦勝章・山本匡毅・豆本一茂・田村大樹・岡部遊志（2016）『地域政策』中央経済社。

山本篤民（2019）「伝統的工芸品産業の現状と海外販路開拓の課題」日本大学商学研究会『商学集志』第 88 巻第 4 号，239-251 頁。

渡辺幸男（2002）「国内産業集積の展望―燕の産業集積の発展可能性を例に―」『商工金融』52(1)，2-27 頁。

第 8 章

過疎地域と離島の ZTCA デザインモデルを活用したメソドロジー

庄司　真人
上原　義子

はじめに

　本章では，過疎地域，離島といった人口減少が続いている地域における ZTCA デザインモデルの活用について検討する。特に，本章で対象となるのは日本の過疎地域および離島である。日本は山が多く森林に恵まれた自然豊かな国である一方で，国土が諸外国と比べるとそれほど広くなく，加えて山地が国土の 3 分の 2 となっていることからも平地が少ない。さらに島国でもあり，令和 4 年版日本統計年鑑によれば日本には 6,852 の島があり，北海道，本州，四国，九州，沖縄といった大きな島を中心にその周辺にある数多くの島々から構成されているということになる。

　過疎地域および離島地域は，定住人口の減少という問題を常に抱えており，それにともなって地域の維持が難しくなることでさまざまな社会問題が発生している（若林，2009；鳥越，1979）。都市化が進み，人口の少ない地域では生活を維持する各種サービス（小売業や教育機関他）が減少してしまうことでさらに人口減少が加速することになる。加えて，日本の総人口が減少しており，定住人口を増やすこともかなり難しい状態にある。これらの地域では，常に地域価値の向上が課題となり，それによって魅力的な地域を創出することが求められ

る。

　本学会では，大きく変化する日本の状況の中で，地域価値の発現について理論的に追求している。特に，原田を中心に提供された ZTCA デザインモデルの可能性および精緻化を進めている（原田，2020；原田ら，2020b；古賀，2021；福田・高橋，2021）。この ZTCA デザインモデルは，地域価値に対するフレームワークとして，ゾーン，トポス，コンステレーションおよびアクターズネットワークによる 4 つの視点とその相互作用によって，地域のデザインを検討している。

　地域の発展にとって必要な要素として挙げられるのは人口であり，定住人口および交流人口が検討されてきた。一方，離島や過疎地域に共通する問題は産業育成である。その地域に住む人々に対して働く場所を提供することが，大都市部から離れている，もしくは交通の問題があるといった地理的条件のため難しい状況にある。離島や過疎地域以外のいわゆる地方も同様であるため，伝統的に日本の地域政策で取り入れられる産業政策としては，欧米のリゾートを前提とした長期的な滞在型のリゾートの導入が進められてきた。

　近年では，ICT の発展によって，定住地とリゾートという分離ではなく，両者を組み合わせることが行われている。本章では，離島および過疎地域の空間的な制限，ゾーンの制限を ICT によって克服している事例を踏まえながら，ZTCA デザインモデルによる価値発現について考察する。

第 1 節　日本社会の人口動態：過疎地域と離島

　ここでは，地域において重要な問題となっている人口について，日本の状況を確認する。近年，日本の人口減少について多くの書籍や報告書で取り上げられている。日本の人口は，2008 年の 1 億 2,808 万人をピークに減少しており，さらにこの減少のペースが加速している状況にある。人口が減少することによって，購買力としての人口，労働力としての人口が減少することになる。それにより，日本各地の地域を維持できなくなってくるという予測も存在する。そ

こで，特に第二次世界大戦後の日本の人口推移と経済環境を見ながら，地域政策と人口の関係について見ていくことにする。

(1)　日本における人口動態

　日本における長期的な課題として，人口減少の問題が挙げられる。いうまでもなく，この人口減少は地方において過疎と表現され，1960年代から継続的に課題となっている。この背景にあるのは，人口移動である。日本においては，高度経済成長の進捗とともに急速に工業化していく社会の中で，地方に住む若年者が労働力として重宝されることになる。いわゆる「金の卵」ともよばれたこれら若年層が，大都市圏の工業地帯において生産における戦力となったことになる（遠藤，2005）。太平洋工業地帯とよばれる京浜工業地帯（東京都，神奈川県），中京工業地帯（愛知県，岐阜県，三重県），阪神工業地帯（大阪府，兵庫県），北九州工業地帯（福岡県，山口県，大分県）では，工業の発展にともなって大量の労働人口を必要としていた。このような工業の発展に伴う大都市部への人口流入，さらに大都市部における労働・生活環境の変化にともなって，大都市部やその周辺の人口が増加することになる。

　大都市圏への人口集中は，工業だけでなく都市文化においても大きな影響があると見なされる[1]。各地から人口が集まっていくことによって生活のために必要な商店やサービス産業が発展することで都市化と大きく関わることとなる。

　あわせて，大都市圏では急激に増える人口によって中心部は過密化が進み，それに伴い必要となってくる住宅が大きな問題となっていた。そこで，大都市郊外に大規模な住宅都市を開発することで，急激に増えた人口の居住地を提供するものとなっていく。1966年に事業が開始された東京西部地区による広域なニュータウンである多摩ニュータウンをはじめ，神奈川の港北ニュータウン，大阪の千里ニュータウン，千葉北西部の千葉ニュータウンなどがある（瀬戸・二見，1996；福島，1975）。

　大都市圏における住宅環境，生活環境が改善し，ニュータウンに見られる住宅政策によって大都市部がさらに人口を吸引するようになると，地方の過疎化

図表 8-1　過疎と過密：人口問題の転換

過疎　＋　過密

出所：著者作成

がさらに加速することになる。つまり，わが国における過疎というのは，当初は都市部における過密化の問題と地方における過疎化の問題の双方がほぼ同時に発生しているものであった（図表 8-1）。

1970 年代になると経済成長がもたらす影響について，多くの懸念が引き起こされた。ローマクラブの提言による「成長の限界」が有名であるが，経済成長と環境問題との関係が問われるようになる。

ローマクラブが 1972 年に発表した第 1 回の提言である成長の限界は，人口増加と環境破壊が地球上の問題を発生させているということを示した（Meadows, 1972）。人口の増加が幾何級数的に増えるのに対して，食料がそれほど増えないという原理を示すことによって，人口が増えすぎることへの危惧を示したうえで，持続可能な社会について追求する必要性を問うたものである。人口と経済成長については古典派経済学者であるマルサス（Malthus, 1803）も同様の議論を行っており，人口増加によって食料危機が発生すると見られた。

また，経済成長も多くの社会問題を誘発しているといえる。経済成長は豊かな社会をもたらしてきたといえるが，1960 年代には多くの社会問題が発生した。その 1 つは環境問題である。日本でも急激な工業化がすすむ中で，大気汚染や水質汚濁といった公害が社会問題として認識されるようになった。企業の生産活動から生み出されるさまざまな廃棄物によって環境への負荷がかかるようになったことで，社会的に規制がかかるようになる。社会的規制は産業構造や社会構造も変えていくようになる。

その 1 つに自動車がある。米国では 1970 年にマスキー上院議員によって提唱された「大気浄化法改正案第 2 章」（通称，マスキー法）は，環境保護のため，

炭化水素(HC)，一酸化炭素(CO)，窒素酸化物(NOx)の排出を抑えるという高いハードルを課すもので，当時この基準に達している自動車はなく，自動車業界からの反発があった。ホンダの CVCC (Compound Vortex Controlled Combustion)エンジンがこのような中でこの基準を世界で初めてクリアにすることになるが，社会問題が企業の行動に大きな影響を与えるようになった。

　加えて，企業と顧客の関係も変化が見られるようになる。大企業による不祥事は，消費者の権利の拡大を求める動きへと移行していく。その代表的なものがケネディ(John F. Kennedy)大統領による消費者の権利であった[2]。1962 年の消費者による権利としては，「安全を求める権利」「知らされる権利」「選ぶ権利」「意見を聞いてもらう権利」の４つが提示された。その後，ニクソン(R. M. Nixon)大統領によって「救済される権利」，フォード(G. R. Ford Jr.)大統領によって「消費者教育を受ける権利」が追加されたように，制度としての視点が強調されるようになっている。

　ガルブレイス(Galbraith, 1962)が『豊かな社会』で示したように，サプライサイドの問題を検討するのではなく，デマンドサイド，すなわち消費者側の問題を考慮すべきであるとして，消費者側に焦点が移っている。さらに，先述した環境問題は，消費者だけでなく，「生活者」という考え方を提示することによって，より生活空間へとシフトするようになる(徳永ら編，1990；片山，2000)。生活者概念は有用性の高さが指摘される一方で，その概念的妥当性については十分な議論が必要であるが，この議論はエコシステム内でのアクターの行動と捉えることも可能である(Alexander et al., 2018; Storbacka et al., 2016)。

　社会の構造的な変化によって一方で，先進国の中では少子化の議論が進むようになる。内閣府(2004)による『少子化社会白書』(平成 16 年版)では，1992 年(平成 4 年)の白書で示された定義を参照しながら，日本では 1970 年代半ば以降，少子化現象が続いているということを示している。

　人口を維持するための合計特殊出生率，すなわち人口置き換え水準は 2.08 程度であると同白書では示されているが，一方で少子化については多様な考え方が存在している。結局のところ，少子化は，人口の維持が難しくなる社会を導

いているということができる。つまり，少子化の定義が人口の維持と関連することになるのであれば，時間差が発生することにはなるが，少子化現象の後には高齢化が進み，そして人口減少となることは自明である。

　経済成長と人口の問題は，常に変化してきたといって良い。そのため，かつては人口増加している中で，過疎と過密の問題を検討するフレームが用いられてきた。それは，人口の集中の程度のバランスをとるものであり，都市部においては，人口の郊外を中心とした拡散型のモデルであり，地方においては，人口を増加するという方策である[3]。そこで，次項以降では過疎地域と離島における状況について確認する。

(2)　過疎地域

　過疎について，萩原(1984)は「過疎とは人口流出によって従来の地域社会の生活条件を維持できなくなることである。つまり，人口の減少により生活条件を維持するための公共財供給のコスト(維持管理費用も含む)が上昇し，公共財の量的・質的水準が低下する。また，それとともに，若年層の流出によって老齢化が進行コミュニティを維持しえなくなる動態的な現象である」(萩原，1984：186)と定義している。この定義の特徴は動態的な現象，つまりこれまでの生活条件の維持可能性が不可能へと転換していることがあげられるものであり，そもそもコミュニティを維持していなかった地域のことを指すものではない。

　過疎対策に関わる法律は，これまで時限立法として設定されており，過疎地域の要件として人口要件と財政要件を設けている。これは，地方自治体を対象として人口の減少もしくは高齢化比率等をもとにしたうえで，財政要件とあわせて政策上の対象を明確にしている。

　過疎の問題は，地域活性化と密接に関わることになる。過疎が問題となり始めた時期，およびなっていた頃は，産炭地帯や離島，豪雪地帯などの人口減少が問題となっていた(萩原，1984)。たとえば，夕張は炭鉱の町として知られていた。夕張は1874(明治7)年に炭鉱調査が始まり，1888(明治21)年には探鉱が開始されることになる[4]。かつて，石炭が重要なエネルギー源であったことか

ら，一時期は人口12万人を超えるようになるが，1960年代に炭鉱が閉鎖されるようになると，人口が大きく減少することになる。その中で，夕張は観光へシフトすることになるが，あまり上手くいかなかった(河村，2007)。このように過疎地域では，産業を生み出そうとするが，容易に成功するとは限らないことを示している。

　過疎地域はすべての都道府県において存在する。たとえば，東京都の檜原村は，過疎地域として認められている。過疎地域は，総務省によって認定されるもので，合併の結果の関係もあり，自治体全域が過疎となる場合と，旧市域や旧町・村域のみが過疎となる一部過疎が存在している。これによって，全国で820の地域が過疎として認定されている。

　さらに，過疎は近年では限界集落，限界自治体などという別の視角から検討されている。過疎は人口減少と自治体の財政基盤という点に関連づけられているが，限界集落はコミュニティとして維持できるかどうかが重視されるものとなっている。限界集落は，1991年に大野晃(社会学者)によって提示された概念であり，高齢化比率が50％を超える集落であり，そのコミュニティを閉鎖型であるとするならば，集落の維持が困難であることを示すものである。さらに，近年では，都心部においても同様の問題があると指摘されることもある(増田編，2014)。総務省でまとめたいわゆる「増田レポート」は，2040年までに日本の市町村の半数が消滅するという社会的に影響力のある内容を報告したものである。過疎及び限界集落の問題を解決する方法として，増田レポートでは，東京一極集中回避と出生率の向上を挙げている。前者のアプローチは，過密の解消という問題と大きく関わっている。

(3)　離島

　離島は，本土から離れた島のことを指す。日本そのものが島国であり，数多くの島を抱えていることになるが，ここでは産業が十分に発達することがない地域を指しているといって良いであろう。特に，これは第一次産業を指す場合が多い。狭い面積であるために農業を行うだけの土地がない，あるいは農業を

行うための水資源に乏しいというようなことが離島では存在する。食料を生産することが難しいので，必然的に外部からの供給が必要となる。また，第一次産業のうちの漁業についても十分な加工を行うための場所がないという場合もある。つまり，離島であるために，エコシステムとして十分な生活環境を確保できない状態にあることを指すことになる。

　ただし，離島には多様性があることも指摘しておかなければならない。離島航路整備法の定義では，本土となる本州，北海道，四国，九州に付属する島を離島としており，この定義によれば兵庫県にある淡路島でも離島になる。淡路島は，離島と位置づけられる島の中でも最大級の面積をもち，かつ人口も多く，他の地域との交通も確保されている。そのため，過疎という観点での離島とは異なるものとして位置づけられよう。したがって，離島には，自立するための基盤としてのインフラが備わっているところとそうではないところが存在することになる。

第 2 節　過疎地域と離島地域のマネジメント

　地域におけるマーケティングや経営が求められ，それまで主体を企業や組織としていたものから，地域へと概念的な拡張が進められてきた。マーケティングにおいて企業の視点から非営利組織への拡張を進めたコトラー(P. Kotler)は [5]，『地域のマーケティング』(*Marketing Places*) を 1993 年に出版し，「場所」をマーケティングする必要性について主張している (Kotler et al., 1993)。

　場所に関する議論は，マクロ的観点とミクロ的観点に整理することができる。マクロ的観点としては，空間経済学および国の競争優位の議論がある。経済学においては空間や都市について検討する空間経済学が発展してきており，経済学の視点から集積が形成される要員を検討してきている。

　また，経営の分野においてもポーター(M. Porter)が国や地域の優位性を説明するための枠組みとしてダイヤモンドモデルを提示し，強固な企業戦略と競争状態，要因条件，需要条件，関連産業と支援組織という 4 つの要因から国家の

優位を説明しようとしている(Porter, 1990)。

　一方で，ミクロの観点からは地域経営や地域マーケティングと地域をビジネスのような活動と見なし，地域の問題を取り上げるものがある。日本においては，産業政策との関係が間接的に影響をもっていると見なすことができる。日本の政策の中で，かつてはいわゆる「護送船団」とよばれる大小の企業がそれぞれ協力しながら，企業や産業の保護を前提としていたものといえる。同様の政策が日本の地方自治においても見られたと指摘される(喜多見，2010)。

　一方で，各種政策の前提が保護行政から「規制緩和」を通じた自立型へとシフトするようになる。それまで何らかの形で支援があった各自治体は，各自治体自身による創意工夫が求められるようになった。住民を顧客と捉え，顧客の要望を取り入れたマーケティングの手法を行政にも取り入れることで都市間競争に対応しようとするものである。この初期の手法として，千葉県松戸市に1969年に設立された「すぐやる課」がある。顧客の声を聞き，行政に反映させるということは，マーケティングにおける顧客志向の視点を取り入れたものであり，地方自治体のマーケティングの推進と捉えることができよう(Lee and Kotler, 2015；三上，1982；水越・日高，2017)。このようなソーシャル・マーケティングもしくは非営利組織のマーケティングは，マーケティングの主体や客体を拡張するところに焦点を当てているということになり，概念拡張とみなされる(Kotler and Levy, 1969)。しかし，矢吹(2004)が指摘するように，地域経営は複数の主体が存在する。そのため，概念拡張の延長線上に地域経営や地域のマーケティングを展開することは複数の問題点が発生すると考えることができる。

　1つは，マネジメントの観点である。伝統的な経営やマーケティングにおいては，マネジメントの主体として企業概念を導入する。その企業が統制可能な範囲をマネジメントすることによって企業の目的・目標を達成しようとすることになる。いわゆる「ヒト・モノ・カネ」と類型化される経営資源がそうであり，企業はこの経営資源を基本的には専有することで価値を創造する主体とみなされる。しかし，地域経営や地域マーケティングにおいては，必ずしも専有

できるわけではない。たとえば，景観は統制することができない可能性がある。他のアクターがもつ私有地に高いビルが建設されれば，本来の景観とは全く異なる風景を生み出すことにもなる。あるいは，その景観の対象となるものも場合によっては誰かの私有地であり，すなわち個別の事情によって統制が必ずしも可能とはならない場所も存在することになる[6]。

　もう1つは，成果の変数である。これは，主体との関係もある。何をもって成功しているのかどうか，マネジメントの視点から指摘されるPDCAが不明ということになる。非営利組織におけるマネジメントやマーケティングにおいても同様に問題となるが，特に地域では，地域そのものを評価する基準がさまざまとなっている。そのため，地域の活性化という広い概念を使って説明を求めようとするが，すべての関係者にとって納得ができるものとはなっていない。この点が特定の成果基準だけに注力できない要素となってくる。

　成果の要素として以下のようなものが挙げられる。第1に人口である。一般的に，人口とは国および特定の地域(たとえば都市)に住む人の人数を指す。しかし，近年では，常に住む人々を定住人口とし，これ以外に観光で訪れる人の数を交流人口，さらには関係人口という観点で類型化している。

　第2は経済的効果である。この経済的効果とは，その地域で産出された製品の総額や，雇用が創出された程度などが対象となる。日本においても，地方都市で産業育成という試みは多く行われている。製造業を地方に誘致し，安価で良質な労働力を提供するという枠組みは，戦後日本における貿易政策とも関連し，企業城下町ともいえるクラスターを形成することになる。

　しかし，日本経済が発展し，経済がサービス化する中で，製造業を地方に誘致することが難しくなってくる。そこで何らかの形でサービスを前提にした活動が行われている。その1つが六次産業化とよばれる農産物のブランド化であり，あるいは観光による地域活性化である。

　本章で対象となる過疎地域と離島地域については，議論の前提として以下が挙げられる。両者に共通する項目として，人口(定住人口)の少なさがある。日本における人口の減少が加速することによって，これらの地域の維持が難しく

なってくるという問題が存在する。そのため，これらの地域を維持するための人口に関する政策が求められることになる。従来の政策においては，持続的発展のための施策がとられていたことになる。

第 3 節　過疎地域と離島における ZTCA デザインモデルの活用

　ここで，過疎地域と離島の事例から，ZTCA デザインモデルの地域活性化における活用について検討する。ZTCA デザインモデルは原田が提唱する地域価値発現モデルである（原田，2020）。価値の源泉を 4 つの構成要素であるゾーン（Zone），トポス（Topos），コンステレーション（Constellation），そしてアクターズネットワーク（Actors Network）によって説明しようとする記述モデルである。

　ZTCA デザインモデルは，先述したように原田が提唱した地域活性化のモデルであるが，その特徴は価値創出にある。価値を創出する際のフレームワークとして 4 つが挙げられ，すなわちゾーン，トポス，コンステレーションおよびアクターズネットワークからアプローチするものとしている。これまで地域デザイン学会においては，この 4 つの視点に関して多様な角度から議論を重ねてきた。ここでは過疎地域および離島において見られる 2 つの事例を取り上げ，ZTCA デザインモデルの可能性について検討する。

(1)　壱岐島―オンラインでのゾーン拡張による産業育成

　壱岐島は長崎県の離島であり，日本海，対馬海峡にある。壱岐島は，日本書紀や魏志倭人伝にもその名前が記されているように古くから人が住んでおり，朝鮮半島との交流において重要な拠点となっていた島である。2004 年（平成 16 年）に郷ノ浦町・勝本町・芦辺町・石田町が合併して壱岐市となっており，島全体で 1 つの市となっている。

　壱岐島は離島の中でも面積が広い島（133.8 平方メートル）であり，第一次産業（農業と漁業）を中心としている。第一次産業の就業比率は，同市の HP に掲載され

ている 2015（平成 27）年で 20.2 ％（農業 13.0 ％，漁業 7.2 ％）となっており，平成 27 年の国勢調査における全国平均（農業・林業　3.5 ％）と比べてもかなり比率が高いということになる。

交通の便が良いことおよび，温暖な気候に注目して観光産業にも力を入れており，地域の観光資源を活用したさまざまな施策をとっている。同市では観光振興計画のもと PDCA サイクルによって観光業を主要産業として発展させる試みを取っているといえる。

他方で，同市による第 4 期壱岐市観光振興計画（2022 – 2024）の中では 2 つの問題が提示されていて，うち 1 つは新型コロナウイルス感染症（以下，COVID-19）による観光客の大幅な減少である。この点については，感染症の拡大防止を踏まえた進展が必要となる。加えて，壱岐島への観光客が伸び悩んでいるという現状がある。そこで，第 4 期計画では，ワーケーションおよびニューツーリズムへの対応にシフトしていくことになる。

2019 年から世界的に広がった COVID-19 は，感染拡大防止のための人流を制限するということで移動に関わる業界，飲食を伴う業界に多大なる影響を与えている。このような中，ワーケーションが注目されている。ワーケーションとは，仕事（ワーク）と旅行（バケーション）を組み合わせた用語で，観光地で仕事をしながら休暇を取るというものである。

ワーケーションには，その前提としてテレワークがある。テレワークにより，オフィスや工場等に集まり，一堂に会して仕事をする必要性が小さくなる。大都市圏では，労働人口が増加することによって人口が集中し，さまざまな「不便さ」が発生する。それは住宅価格の上昇や交通渋滞もしくは通勤混雑，あるいは長時間の移動といった問題が発生する。このような背景から都心部を中心にテレワークを求める動きも見られる [7]。

テレワークは，生活環境の充実を促進することになる。また，過疎地域や離島においても，空間的な配慮をあまり必要としない。壱岐島は，このような背景の中で，ワーケーションを導入していくことになる。

このワーケーションを ZTCA デザインモデルからアプローチすると，次の

ようになる。ゾーンは，日常空間と非日常空間の融合となる。いわゆる「ハレ」と「ケ」は，民俗学者である柳田国男(1931)によって提示された概念となるが，特別な日とそうではない日によって人々の生活様式が異なることを示している。旅行は，日常的な生活から空間的に離れることによって，生活価値を高めるということになる。しかし，ユビキタスコンピューティングが発達することによって，仕事と生活の境界が明確ではなくなってきている。この点が COVID-19 によって加速しているといえよう。自宅からのテレワークが可能となることによって，IT 系企業を中心に，自宅で仕事が可能となってきている。

　壱岐島は，COVID-19 の前からテレワークの拠点を設けていた。2017 年から富士ゼロックス長崎と連携し，「壱岐テレワークセンター」を設立している[8]。この事業は総務省による補助金を活用しているが，企業のサテライトオフィスやスタートアップといったビジネスの拠点として活用することになる。

　コンステレーションも同様になる。ICT によって，旅行と仕事を結びつけることになる。ワーケーションについては，まだ効果がはっきりとわからないところがあり，企業の就業体制とも関係することになる。このようなコンステレーションでは，それぞれの結びつきを可能とする「制度」が必要となる。

　トポスとしては仕事と旅行が該当する。他方で，コワーキングスペースを利用することがある。このようなスペースがあれば，ワーケーションでのアクターズネットワークが発生する可能性がある。

⑵　徳島県神山町におけるサテライトオフィス

　本項では，過疎地域が地域デザインのもとで活性化した事例について取り上げていく。ここでは，徳島県神山町を事例にする。

　神山町は，徳島県中部にある人口 4,493 人(2022 年 1 月時点)の自治体であり，1955 年に 5 つの村が合併してできた町である。しかし，ここ数年，過疎地域の中で注目を集めている。それはテレワークやサテライトオフィスを活用した地域デザインを推進していることにある。

　これまで議論してきたように，過疎地域は人口が減少しているため，産業誘

致がしにくくなっている。そのため，過疎地域にいる住民は，既存の産業において働く場所を持っている場合を除き，働く場所がなくなる。特に，新規雇用を求める若年者は，雇用される場所へと移住する。若い人が少なくなり，一層の高齢化が進むことになる。生産年齢人口が減少するとともに，総人口も減少する。このような「負の」スパイラルが発生することが地域の維持を難しくしている。

このため，このスパイラルを転換する必要が生じる。その原因を ZTCA デザインモデルによってアプローチすると，ゾーンの問題となる。ゾーンそのものを拡張することができるかどうかがポイントになる。

ゾーンを拡張するためには，トポスを起点としたコンステレーションが必要となる。このトポスとして，ICT の活用が挙げられ，徳島県神山町は先進事例として知られている。神山アートインレジデンス(KAIR)は 1999 年に開始された活動であり，日本国内外からアーティストを短期的に滞在させることによって地域を活性化するプログラムとなっている。滞在するアーティストは 3 名から 5 名程度となっていて，8 月末からの短期滞在(約 2 カ月)によって作品を制作し，作品展示会が開催される。

この視点には地元住民によるエンゲージメントが重要となる。つまり，ZTCA デザインモデルの中で，アーティストと地元住民の間でアクターズネットワークを構築することになる。この結果，地域においてみられる活動の継続性が確保されることになる。この一時的な移住という点で，雇用の場を提示したのが，ワークインレジデンスである。ワークインレジデンスは，神山町にとって定住人口を増やす試みとなる。このプロジェクトにおいて，神山町では，町全体に光ファイバー網を整備することになった。この結果，2010 年には IT 企業 Sansan がサテライトオフィスを開設することになる。

すでに本学会では原田ら編(2016)『アートゾーンマネジメント』において神山町を取り上げている。そこでは，アートをトポスとした展開について触れている。ここでは，これをさらに，ICT によるゾーン拡張という観点から説明を行う。

　過疎地域は，本来，職場の提供が難しくなっているために，人口が減少している状態にある。したがって，定住人口の増加もしくは交流人口の増加が必要である。前者は雇用を提供することが，また後者は観光を活用するということが多かった。この2つの両立を前提とするのが，田中角栄による『日本列島改造論』であろう。さらには，1987年に制定された「総合保養地域整備法(リゾート法)」も欧米のリゾートを前提にしていることになる。

　欧米，特にヨーロッパでは，南欧の地中海沿岸がリゾート地として活用されている。気候が温暖である地中海には，長期休暇を利用して多くの観光客が訪れる。フランス南部のニース，スペインのイザビ島，イタリアのカプリ島は，観光資源を活用し，ヨーロッパ各国から多くの観光客が訪れるリゾート地となっている。わが国のリゾートも暗黙的にこのような長期滞在が可能な観光地が想定されている。

　しかし，神山町の場合，それがサテライトオフィスだということがポイントになる。日常生活としての職場でストレスフルな生活を送ることとそこから遠く離れた保養地でリラックスする生活を行うということを同時に達成することが追求される。特に，これは生産拠点にいなければならない製造業ではなく，生産と消費が空間的に不可分されないサービス業において可能となる。

　神山町におけるワークインレジデンスは，このように場所にとらわれず，生活空間としてのゾーンの拡張をICTの活用によって実現することになる。この点において，地域デザインにおけるZTCAデザインモデルでこれまで議論されてきたゾーンのデザインがトポスによって転換されることが可能となるのである。

(3)　離島・過疎地域におけるゾーン拡張

　この2つの事例からわかるように，離島や過疎地域においては，その地理的な特徴から必然的に産業育成が難しいということがあげられる。日本がかつてのような工業を中心とする社会構造，産業構造である場合であっても，原材料の産地，優良な人材が確保できる場所，あるいは交通の良さという地理的条件

図表 8-2　ゾーンの超越

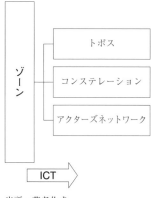

出所：著者作成

がなければ地域の活性化を果たすことができなかった。日本においてみられる高速道路の整備や鉄道網，特に新幹線はこのような空間的な制約を取り払うために行われたということができる。

　日本の産業構造が変化し，第三次産業の割合が高くなるというサービス化が進展していくことによってさらにその状況は変化するようになる。特に，近年では観光あるいはツーリズムといった目的地としての地域の形成が進められるようになった。観光立国化による経済の活性化は，多くの地域において取り組まれている。

　しかし，離島や過疎地域においては，このような状況であっても対応が難しいということになる。これらの地域においても観光資源となる要素が複数存在しており，それらを利用することによって観光そのものに取り組むことができる。今回事例として挙げた壱岐島においても観光という視点から地域活性化が取り組まれている。

　本章の事例ではさらに，地域におけるゾーンの問題を取り上げている。壱岐島においても神山町においても都市部から離れた場所に存在する。つまり都心部から空間的に離れているということになる。

ZTCA デザインモデルでは，ゾーンを起点として地域の問題にアプローチすることが特徴である。本章の事例では，ゾーンの超越が必要であり，そのツールとして ICT の活用がある。ICT の活用によって，図表 8-2 に示すようにゾーンを他の 3 つの要素から先行させるものとなり，さらに通常の生活空間を超越する広域のゾーンとすることによって，離島および過疎地域の活性化を説明できるということになる。

おわりに

地域活性化の議論においては，地域を所与とすることが多い。そして，その地域は，地方自治体であることが多い。わが国政府による地域活性化の政策は，地方自治体を単位として実施されることが多く見られ，またその事例も自治体を特定して行われていることになる。しかしながら，地域の維持が難しくなってきたことで，いわゆる「平成の大合併」のような複数の自治体を統合することも行われるようになっている。ZTCA デザインモデルでの議論の中で，原田は自治体をゾーンとすることの問題について指摘する。

本章では，過疎地域と離島からゾーンの問題について取り上げている。ゾーンを超越する視点として，技術の問題を解決しながら，従来の産業としての観光だけではなく，産業構造の転換に合わせた仕事と生活の両立という価値共創の視点が求められることについて検討した。

本章で議論したように，ZTCA デザインモデルは，ゾーンを起点とするだけでなく，トポスやコンステレーションあるいはアクターズネットワークを用いることによって，ゾーンを拡張することが可能となる。ここでは，そのツールとして ICT というコンステレーションの可能性について述べた。COVID-19 の影響によって労働や観光という人の移動に関わる産業が大きく変わりつつある中で，ZTCA デザインモデルのメソドロジーについては，さらに検討が必要となると思われる。

注

1）この点に関する現代的な視点は，クリエイティブ・クラスの議論であろう。リチャード・フロリダは知的産業に関わるクリエイティブ・クラスの台頭が，都市の発展に関係していることを示している（Florida, 2002）。

2）いわゆるコンシューマリズムは，それまでの企業中心的な社会から消費者中心の視点へと移行することになる。ケネディによる消費者の権利はその代表的なものとなり，社会の変革が起こるようになる。アメリカ合衆国では，さらに規制緩和が実施される。

3）列島改造論も同様の考え方をとっている。1960年代から発生していた過密と過疎の問題を，日本列島の鉄道および高速道路ネットワークを構築することによって，分散化するというものであった。

4）夕張の歴史については，以下を参照した。
夕張市HP，https://www.city.yubari.lg.jp/gyoseijoho/shinoshokai/yuubarucitygaiyo.html（2021.12.28アクセス）。

5）1970年代においてマーケティング領域ではマーケティングの科学性に関する議論とマーケティングの主体や客体に関する議論が盛んに行われた。この両者はマーケティングの本質を追求するという点で密接に関わっているものであり，その中で，「交換」をマーケティングの中心概念と見なすようになった（Kotler, 1972; Hunt 1983）。

6）観光場所には何らかの形で私有される場所が存在することは考慮する必要がある。たとえば，世界遺産として著名な白川郷と五箇山の場合，生活する住民との共生が問題となってくる。あるいは，観光スポットとよばれる場所が私有地となることで地権者との意見の相違が出てくる場合もある。小豆島にある「エンジェルロード」はその島の所有者が一時的に立入禁止を掲げたことで私有地と観光スポットの問題が注目された事例として挙げることができよう。

7）たとえば，東京都では長くテレワークの推進を呼びかけてきた。

8）以下の記事を参照すること。共同通信PRWire（2017）「長崎県壱岐市と富士ゼロックス長崎の官民協働による『壱岐テレワークセンター』がオープン」，https://kyodonewsprwire.jp/release/201709155752（2022.2.10アクセス）。

参考文献

Alexander, M., E. Jaakkola and L. Hollebeek（2018）"Zooming out: actor engagement beyond the dyadic," *Journal of Service Management*, 29(3), pp. 333-51.

Florida, R.（2002）*The rise of the creative class: and how it's transforming work, leisure, community and everyday life*, Basic Books.（井口典夫訳『クリエイティブ資本論：新たな経済階級（クリエイティブ・クラス）の台頭』ダイヤモンド社，2008年）

Galbraith, J.（1962）*The affluent society*, Penguin Books.（鈴木哲太郎訳『ゆたかな社会』岩波書店，1960年）

Hunt, S.（1983）"General Theories and the Fundamental Explananda of Marketing," *Journal of Marketing*, 47(4), pp. 9-17.

Kotler, P.（1972）"A Generic Concept Of Marketing," *Journal of Marketing*, 36(2), pp. 46-

54.

Kotler, P, D. Haider and I. Rein（1993）*Marketing places*, The Free Press.（井関利明監訳『地域のマーケティング』東洋経済新報社，1996 年）

Kotler, P. and S. Levy（1969）"Broadening the concept of marketing," *Journal of Marketing*, 33(1), pp. 10-15.

Lee, N. and P. Kotler（2015）*Social marketing: Changing behaviors for good*, Sage Publications.

Malthus, T.（1803）*An essay on the principle of population, the 1803 edition*, Yale University Press.

Meadows, D.（1972）*The Limits to growth: a report for the Club of Rome's project on the predicament of mankind*: Universe Books.（大来佐武郎監訳『成長の限界：ローマ・クラブ「人類の危機」レポート』ダイヤモンド社，1972 年）

Porter, M.（1990）*The Competitive Advantage of Nations*, Free Press.（小野寺武夫・土岐坤・中辻萬治・戸成富美子訳『国の競争優位』ダイヤモンド社，1992 年）

Storbacka, K., R. Brodie, T. Böhmann, P. Maglio and S. Nenonen（2016）"Actor engagement as a microfoundation for value co-creation," *Journal of Business Research*, 69(8), pp. 3008-3017.

遠藤清江（2005）「戦後日本人の生活変化と山間過疎地域の実態：高齢者の生活における家政学的研究の可能性」『京都女子大学生活福祉学科紀要』1, 87-97 頁。

片山又一郎（2000）『現代生活者試論：類型化と展開』白桃書房。

河村誠治（2007）「わが国地域の観光振興を考える」『山口経済学雑誌』55(5), 707-20 頁。

喜多見富太郎（2010）『地方自治護送船団：自治体経営規律の構造と改革』慈学社出版。

古賀広志（2021）「地域デザイン学の確立を目指して―ZTCA モデルへの解釈主義的アプローチ」地域デザイン学会誌『地域デザイン』第 17 号, 67-84 頁。

瀬戸玲子・二見昭宏（1996）「関東地方における集団住宅建設の立地条件と経年変化」『国士舘大学地理学報告』4, 1-19 頁。

徳永豊・森博隆・井上崇通編著（1990）『例解　マーケティングの管理と診断（改訂版）』，同友館。

鳥越皓之（1979）「離島の過疎問題と住民の対応」『桃山学院大学社会学論集』12(2), 95-140 頁。

内閣府（2004）『平成16年版　少子化社会白書（全体版）』, https://www8.cao.go.jp/shoushi/shoushika/whitepaper/measures/w-2004/html_h/index.html（2022.8.25 アクセス）。

萩原清子（1984）「過疎問題の経済学的考察」日本地域学会『地域学研究』第 15 巻, 185-211 頁。

原田保（2020）「地域デザイン理論のコンテクスト転換：ZTCA デザインモデルの提言」地域デザイン学会誌『地域デザイン』第 4 号改訂版, 11-27 頁。

原田保・板倉宏昭・佐藤茂幸編著（2016）『アートゾーンデザイン：地域価値創造戦略』同友館。

原田保・石川和男・西田小百合（2020a）「地域デザインメソドロジーによる地域デザイン

モデルのコンテクスト転換：『ZTCA デザインモデル』のための『場と関係』を捉えた『TLT デザインメソドロジー』とこれを踏まえた 3 メソッドの提言」地域デザイン学会誌『地域デザイン』第 16 号，11-44 頁。

原田保・西田小百合・宮本文宏（2020b）「もう 1 つの地域デザインモデルとしての『ISET デザインモデル』の提言：従来の『ZTCA デザインモデル』に加えて」地域デザイン学会誌『地域デザイン』第 15 号，11-37 頁。

福島達夫（1975）「多摩ニュータウンと多摩市：首都圏における巨大住宅都市の形成過程(1)」『経済地理学年報』21(1), 22-36 頁。

福田康典・高橋昭夫（2021）「地域マーケティングの展開―資源統合からの観点から」『明治大学社会科学研究所紀要』60(1), 1-60 頁。

増田寛也編著（2014）『地方消滅：東京一極集中が招く人口急減』中央公論新社。

三上富三郎（1982）「ソーシャル・マーケティング論考」『明大商学論叢』64(5・6), 1-23 頁。

水越康介・日高優一郎（2017）「ソーシャル・マーケティング研究における理論的視座の再検討」『JSMD レビュー』1(1), 33-39 頁。

矢吹雄平（2004）「自治体マーケティングの新視点」『流通研究』7(1), 95-109 頁。

柳田国男（1931/1993）『明治大正史 世相篇』講談社。

若林敬子（2009）『沖縄の人口問題と社会的現実』東信堂。

第9章

災害を捉えた復興への SS 統合型 C&R デザインモデルの導入

原田　　保
福田　康典
西田小百合

はじめに

　2019 年末に発生し 2020 年 2 月以降急速に感染が拡大した新型コロナウイルス感染症や 2011 年に発生した東日本大震災を経験したことで，われわれは多様なリスクに直面しており，これへの対応が不可欠であることを理解した。当然，地域においても，災害への対応は喫緊の課題となっている。

　このような課題の地域デザインにおける対応を検討するにあたり，原田ら(2021)では，SS 統合型 C&R デザインモデルを導入した。本章では，このモデルを踏まえて，感染症を捉えた議論を行う。もちろん，地域における災害を論じるのであれば，感染症だけでなく，自然災害や戦争，犯罪，事故，さらにはコンピュータウイルスへの感染なども含め検討すべきところではあるが，紙面に限りがあることから，感染症に絞って論じてみたい。なお，本章の議論は，原田ら(2021)に依拠することから，重複する箇所が多くなるが，ご容赦いただきたい。

　本章の構成は，以下の通りである。まず第 1 節において，地域におけるリスク，安全，そして安心といった基本概念について若干の考察を行い，第 2 節では地域の安全と安心を担保するための枠組みとして SS 統合型 C&R デザイン

モデルを説明する。続く第3節から第5節までは，この統合型モデルの基本要素について簡単な考察を行い，第6節ではそれらを踏まえる形で統合型モデルの戦略的意義について検討する。第7節では，コロナパンデミックの影響を踏まえながら，事前の備えに見られるトリガーイノベーションと事後の処理に見られるレバレッジイノベーションについていくつかの提言を行っていく。

第1節　地域におけるリスクと安全・安心の概念

　リスク(risk)とは，将来のいずれかのときに起こる不確定な事象とその影響のことである。リスクはいかなるケースにもつきまとうものであり，地域デザインにおいてもリスクへの対応が不可欠になっている。一般に，リスクは発生可能性(不確かさ)と影響の2つの要素を加味したものであり，リスクの大きさは「発生可能性(発生確率)×影響」というリスク方程式(risk equation)で算定される。したがって，リスクは発生可能性や影響の大きさによって対応の仕方を変える必要がある。高い確率で起こるリスクなのか，めったに起こらない事象なのかにより，対応は変わるだろう。高い確率で起こるリスクの場合は，発生可能性を減らすことが効果的である。発生確率が低いとしても，影響が大きい事象の場合は，リスクが顕在化した場合に速やかに沈静化させる，つまり発生したときの対応策が重視されることになるだろう。なお，災害について論じる際の多くのリスクはマイナスの影響を指して用いるものが多いことから，悪い影響を述べる場合が多くなる。

　次に，安全(safety)と安心(security)の定義について確認する。近年，安全と安心はセットで用いられることが増えてきたが，両者は異なる概念であるためである。木下(2011)によれば，安全とは受け入れ可能な客観リスク，つまり許容可能なリスク(tolerable risk)であるとされている。逆にいえば，安全とは許容できない(受け入れ不可能な)リスクがないことになる。

　人や状況により許容できるリスクの度合い(リスク許容度)は異なるが，リスクの大きさを許容可能な大きさまで低減すれば安全な状態であるということに

なる。したがって，安全な状態であっても許容リスクは存在している。

　他方，安全・安心な社会の構築に資する科学技術政策に関する懇談会(2004)によると，安心とは，人が知識・経験を通じて予測している状況と大きく異なる状況にならないと信じていること，自分が予想していないことは起きないと信じ，何かあったとしても受容できると信じていることであり，個人の主観的な判断に大きく依存する。このように，安心は主観的，そして心理的な側面から論じられることが多く，事実関係の正しさや何らかの基準などは見出せない。

　両者は異なる概念であることから，安全であっても不安を感じる場合や，危険であっても安心と思ってしまう場合もある。安全と安心に関する政策立案やマネジメントは，リスクを許容する範囲を決定することから始まり，許容できないリスク段階から許容できるリスクへの転換を現出させる行為になる(原田ら編，2015)。暮らしの場において生活価値を増大させるためには，単に安全であるということだけでなく，同時に各人の主観的な部分である安心に配慮することが必要になる。つまり，安全・安心の両方が担保されていることが求められる。

第2節　地域の安全・安心を担保するための「SS統合型C&Rデザインモデル」

　原田ら(2021)において，有事に関するデザインモデルとして構想されたモデルが，「SS統合型C&Rデザインモデル」(Safety and Security Integrated Capability and Resilience Design Model)である(図表9-1)。このモデルは，安全・安心のための統合戦略の展開，つまりセーフティとセキュリティの同時追求を行うためのものである。

　ここで，リスクマネジメント(risk management：危機管理)について見ておくことにする。リスクマネジメントでは，通常は2段階の対策が講じられる(正村，2013)。まずは，安全への対策，すなわち事前の防止策を採る必要がある。リスクはゼロにはならないため，可能な限り損失が小さくなるための対策を採っ

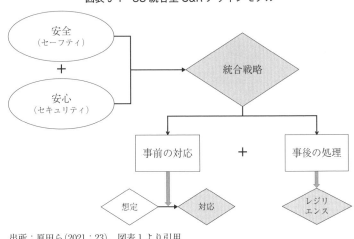

図表 9-1　SS 統合型 C&R デザインモデル

出所：原田ら（2021：23），図表 1 より引用

ておくことが求められる。次に，事前の事後への対応策の構築である。事前に
防止策を講じたとしても，リスクは起こりうるものであることを前提にして，
危機が起こった後の対応策を起こる前に予め構想しておくことが必要になる。

◇　リスクマネジメントの段階　◇
第 1 段階＝事前の防止策の構築
第 2 段階＝事前の事後への対応策の構築

　もちろん，事前にすべてを想定することは事実上不可能であり，まず事前の
備えによる基準の変更を行う必要がある。何らかの災害に見舞われた際には，
各地域のケイパビリティ（capability：強み）を活用した対応を行うことができる
ように，事前にどこまで備えておく必要があるかを決定しておくことが求めら
れる。また，事後の処理のための目的の変更も不可欠である。災害が起こった
場合には，レジリエンス（resilience：回復力，復元力）指向で復興に取り組む必
要がある。

　このように考えれば，SS 統合型 C&R デザインモデルは，以下のように考えることができるだろう。

◇　SS 統合型 C&R デザインモデル　◇

①安全・安心のための統合戦略の展開＝セーフティとセキュリティの同時追求
②事前の備えによる基準の変更＝想定ではなく対応のためのケイパビリティ
③事後の処理のための目的の変更＝レジリエンス指向による復興

第3節　感染症におけるリスク対応の差異に関する概括的理解

　本節では，本章の主題である感染症に関するリスクを整理して，これに対する事前の備えと事後の処理に関する概括的な理解を深めることにする。これらは必ずや襲ってくるリスクへの対応であるが，これには行政（administration）レベルでの対応とコミュニティ（community）レベルでの対応，そして個人（individual）レベルでの対応がある。

(1)　前提としてのリスク対応主体に関する基本的な考え方

　基本政策におけるリスクを考える際，特にセーフティネット（安全網）は公助によって担保されることが前提であるが，同時に国民への啓発活動を行って，共助や自助の推進が展開されるような制度の構築と国民の自立のための仕組みを模索する必要が生じている。すなわち，国家などからの助けを前提としながらも，3つのリスク主体の対応を合理的に分担させるとともに，これらの主体が有機的に統合されるような仕組みの構築が期待されるということである。
　ここで大事なのは，これら3つのリスク対応主体に優先順位をつけるのではなく，時と場合によってこれら3つのリスク対応主体の間で効果的に分担と連携が行われることである。地域デザインにおいては，何よりも地域の安全・安心が担保されることが重要である。したがって，感染症の2つの領域に関する対応は，事前の備えと事後の処理の2つになる。

(2)　感染症のリスクへの事前の備え

　感染症は，自然災害とともに，人間の生命や生活を脅かす脅威と位置づけられてきた。日本の歴史の通説においても，疫病の蔓延は天変地異とともに時の政権や市民の生活を大きく変えるものとして紹介されている。危機の特質として，自然災害と感染症の間にいかなる違いがあるのかについてコンセンサスがあるわけではないが，その被害の及ぶ地理的な範囲に一般的な違いを見出すことができる。

　無論，自然災害や感染症による影響の範囲を明確に区切ることは難しい。地震でいえば，揺れの強かった地域や津波が押し寄せた地域は被害を受けた範囲として明確であるが，津波によって海に運ばれた漂流ごみや原子力発電所の停止に伴う影響なども被害に含めればその範囲は大きく拡大する。とはいえ，世界保健機関（World Health Organization：WHO）のホームページ上で毎日更新される新型コロナウイルス感染被害の世界統計を見ると，一般に自然災害の被害は地理的に局所性が高く，感染症の被害は広範囲に及ぶ傾向があるといえる。また，感染症は多くの場合，人の接触を介して広まるという意味で，人の移動が世界規模になった現代ほどその拡大の範囲とスピードを増しており，医療の進歩による減災の可能性を相殺してしまっている側面がある。

　こうした特性を踏まえると，感染症は比較的地理的局所性の高い自然災害とは異なり，特定の地域で特有の事前準備をとることはなかなか難しく，人の行き来の見られる広域な範囲において包括的な準備を行っておく必要がある。しかしながら，先にも述べたように，被害が深刻であることはわかっていても，めったに生じないパンデミック（pandemic）の脅威よりは喫緊の課題の方に目が向きがちとなってしまうことは，リスク認識の研究で説明がなされている。

　また，先に示したような被害規模の広さは，事前の備えをさらに難しくしている。新型コロナウイルス感染症感染拡大初期には，日本中の店頭からマスクや消毒用アルコールが消えたことは記憶に新しい。これは，日本中でそうした製品へのニーズが同時に生じたことにより急激に品薄になっただけでなく，製品の生産拠点や原材料の入手先がグローバル化している流通環境のなかで，感

染症の被害の緩和に関わるもののニーズが世界で同時に発生することになり，製品の調達が困難になったからである。

　これは，マスクや消毒薬だけでなく，感染症リスクの事前準備に不可欠な医薬品や医療器具などについても同じことがいえる。地理的局所性の高い自然災害の場合は，被災地域での不足分を非被災地域の備えで補完することがある程度可能であるが，被害範囲がグローバルに広がる可能性のある感染症の事前備蓄は，実際には困難な特性を持っている。また，医療スタッフや医療設備を備えとして保持しておくことは非常にコストがかかるため，広範囲に同時に生じる医療ニーズに十全に応えることができるような備えは非現実的となる。

(3)　感染症のリスクへの事後の処理

　感染症が引き起こす災いの終焉は，実際にはかなり曖昧なものである（Kolata, 2020）。天然痘（Smallpox）のように一生効果の続くワクチンが開発され，かつ動物を宿主としないような感染症は，医学的にウイルスの撲滅という形で終焉を迎える。また，たとえばインフルエンザ（スペイン風邪）のように弱毒化することで，感染症としては存在し続けているものの被害をある程度コントロールできているものもある。

　このような多様性はあるものの，感染症リスクの事後処理の柱の1つは，もっぱらワクチンや治療法の開発といった医療的進歩に向けられる。人の移動や接触の仕方，あるいは広く生活の在り方を変えることが感染拡大を抑制するため，世界中の一人ひとりがこの事後処理の主体となっている。さらに，すでに感染した人への治療や後遺症対策，また医療従事者の防疫といったものも事後処理に含まれるし，感染や感染対策のために仕事や生活に悪い影響が出た人々への補償や，人の接触に関わる産業の復興対策なども事後処理の重要な要素に位置づけられる。

第4節　安全・安心のための統合戦略の展開＝セーフティとセキュリティの同時追求

　人間とは高度に精神的な存在であるから，高度な科学技術によって安全が担保されているだけでは十分に納得することはない。つまり，ハイテクノロジーを駆使して安全が担保されても，それだけで満足することなく，同時に精神的な領域である安心をも求める生物なのである。特に，大きな自然災害や重度感染症などの有事への社会的な対応では，科学技術ベースの対応のみならず，同時に心理学ベースの対応も必要になる。それゆえ，安全と安心を統合的に捉えた自然災害や感染症への対応が不可欠になっている。

　有事において最も期待されるのは，安全・安心がともに担保される状況である。そのためには，機能的側面と心理的側面の双方からの対応が大事である。ここで注意すべきなのは，両者には異なる能力が必要となる点である。それゆえ，これを踏まえた業務設計と人材配置が不可欠になる（原田ら編，2015）。

　それでは，多様な災害に対応するにはいかなることが求められるのか。それは，事前の備えと事後の処理に対応する多段階の組織におけるケイパビリティ（強み）の獲得であり，公的組織のみならず，大小を問わず営利企業においても対応が期待されている。これらは公助，共助，自助によって分担されるべきものであるが，大事なことはこれらの連携を効果的に行うことができる体制をいかに整えるかである。つまり，いかなる場合でも柔軟に対応できるダイナミックなネットワークを構築することが期待されるようになる。そこには，柔らかい組織と強いネットワーカーの存在が不可欠になる。このような体制が整備されれば，大災害が発生した場合や事後の処理においても，未来志向で復興計画の策定が可能になるだろう。

　さて，大災害や感染症などの事後報道でよく聞かれる言葉として「想定外」があるが，これについては科学技術によって裏付けがとられてはいない。また，論理的な対応目標の設定が必要であるとされるもののなかでも，想定外ほど無責任な概念は見出せない。これには，多くの場合，事前の対応目標を低く抑え

図表 9-2　想定に見られる問題点

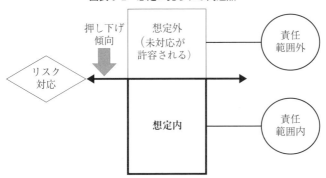

出所：原田ら（2021：25），図表 3 より引用

ておきたいという気持ちがかなり濃厚に反映されている。たとえば，予算措置
や技術対応が不十分であることなどを懸念している場合においては，自然災害
や感染症などにより想定される被害の程度を低く見積もるという対応が多くな
っているようである。そうすれば，想定する範囲の対応はおおむね行えること
になり，想定を超えた場合には想定外のこととして責任回避することができる。
　また，もし想定内の範囲を増やせば経費が増し，必要額を明確にすることさ
えもできなくなる。これは，自身のリスク対応の正当性を担保したいという思
いが原因である。リスク水準を下げることは逆にリスクを大きくしていること
になるが，とりわけ公共的な組織では対応範囲を少しでも小さく扱うことが優
先されることが多い（図表 9-2）。
　これは，事実隠蔽の危うさを示している。多くの場合には，想定の意図的な
低水準化指向が見出される。もし想定される備えの水準を低くするならば，こ
れによって国家や企業は有事の際に自身の責任を回避することができると考え
られるからである。想定外の範囲を大きくすることによって，事前の備えを小
さく設定できる。たとえ仕事が適正に行われていたとしても，これまでの経験
から楽観的に想定範囲を低くして，これを利用することがほとんどであろう。
このような想定外の範囲の拡大は，多くの人が自然災害や感染症に対する対応

水準を低く設定することにつながる。

　今後は，災害が起こった際に，想定外と言わずに済むようにする必要がある。そのためには，想定外，想定内という対応から，対応外，対応内という考え方に変える必要がある。大事なのは，対応できる範囲を明確にしておくことであり，そうすることによって対応外の範囲を縮めていくための努力がなされていくことになる。対応外を設定することで，それを克服するためのケイパビリティの範囲が拡大することになる。このように，地域においては，当該地域のケイパビリティを構築し，有事への対応を強化することが必要となる。

第5節　未来指向の復興計画＝レジリエンス指向での構築

　近年においてとみに注目されている概念として前述したレジリエンスがあるが，これはとりわけ自然災害や感染症からの復興を説明する概念として適切であると考えられる。このレジリエンスは，元来は物理学の概念であるが，同時に心理学や精神医学の分野でも対の意味を持つストレスとともに用いられており，精神的な回復力や復元力という意味合いで使われる。したがって，レジリエンスは，いわばストレスといえる自然災害や感染症への反発行為として捉えることができる。

　ここで大事なのは，何らかの作用があれば必ずや反作用があるということであり，この反作用によって作用に対する反発が生じるという特徴の存在である。そのため，自然災害や感染症が繰り返し生じても，その都度レジリエンスが生じるわけである。しかし，このレジリエンスを効果的に展開するためにはそれなりの工夫が必要になることから，これにこそ人間の頭の使い道が問われてくることになる。

　また，反作用としてのレジリエンスは，単に元通りにするという復元ではなく，新たに作り直すような復興であることを意味している。このレジリエンスは，自然災害や感染症が生じる以前の姿をそのまま再現するのではなく，むしろ自然災害や感染症をある種のトリガー(trigger)として，以前よりも進化した

姿を指向することが望ましい。

第6節　SS 統合型 C&R デザインモデルの戦略的意義

　前節までの内容を踏まえれば，事前の備えが依拠すべき思考について，コンテクスト転換が必要であることはいうまでもない。これは，面倒なことは考えないようにし，困ったことはそれほど頻繁に起こらないだろうというような考え方をとる傾向にあることに起因している。

　人間が地球上に登場する前から地震などの大きな自然災害は頻繁に起こっており，特にわが国はもともと地震などの自然災害が頻発する地域であることは小学生でも知っているだろう。必ず生じることへの備えをめった起こらないこととして想定外としてしまうのは，現実的な課題として捉えづらいことや対応策が見出せないことが理由の1つだと考えられる。このように，対応策が容易に想起できない課題を，意識的に，あるいは無意識的に想定外にするケースはよく見られる。

　対応したくないことは想定外にすることによって平穏な日常を送ることができるのだとすれば，これは1つの現実的な対応策であるのかもしれない。とはいえ，たとえ確率が非常に低くても起こることは避けられない大きな自然災害や感染症の流行は現実のものとして想定するほうが，少なくとも想定外にしておくよりは被害は小さくすることができるはずである。いつかはわからなくても，いずれ必ず起きると想定しさえすれば何らかの対応が取られるはずであり，結果として被害は低減できることになる。もちろん，このようないつ生じるかがわからない災害への備えは大きな経済的負担や精神的負担を人間に課すことになるため，どの程度まで対応するかを決定する必要はある。この対応すべき範囲を適切に判断することが大事になる。

　こう考えると，重要なのは事前の備えに対して対応することができないことを明確にしながらも，これを少しずつ克服する努力を続けることである。これには，主に科学技術の進歩が期待されるし，これへの資金の増大を実現するこ

図表 9-3　事前の備えと事後の処理への方法論の投入

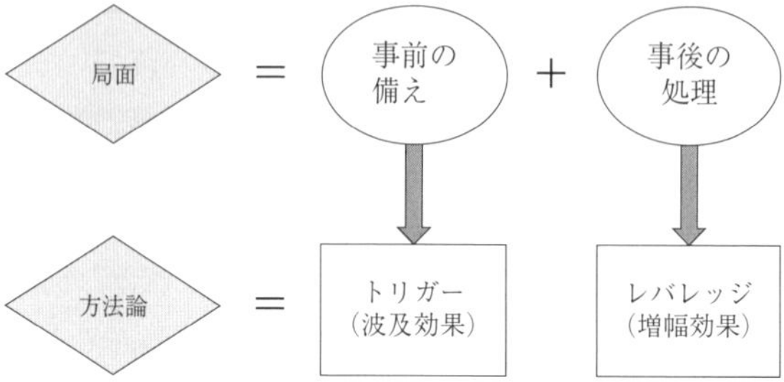

出所：原田ら（2021：31），図表4より引用

とが必須の課題になる。また，事後の処理に関しても付加価値の増大が期待できるデザインの進化が不可欠であり，その際には事前の状態よりも多大な価値が出現することが求められる。したがって，事後の処理に関しても復元から復興へという未来志向へのコンテクスト転換が欠かせないのである。

　このように，事前の備えとはまずは現時点では対応できないことを明確に認識することであり，事後の処理とは今後なりたい姿を描くことになる。そのための事前の備えには，きっかけとしてのトリガーである波及効果が期待される。また，事後の処理には増幅効果が期待できるレバレッジの活用が効果的である。言い換えれば，自然災害や感染症に対する事前の備えと事後の処理にはイノベーションが不可欠であるが，その方法論として事前の備えにはトリガーが，そして事後の処理にはレバレッジが適当であると考えられる。トリガーは課題の優先順位によって，レバレッジは波及方法によって決定されることになる（図表 9-3）。

◇　感染症に適合的なイノベーション方法論　◇

事前の備えを捉えたイノベーションのための方法論＝トリガー

事後の処理を捉えたイノベーションのための方法論＝レバレッジ

第 7 節　事例に対する事前の備えと事後の処理のための SS 統合型 C&R デザインモデルと方法論としてのトリガーとレバレッジを捉えた考察

　本節では，SS 統合型 C&R デザインモデルを使用しながら，感染症の事例として眼下の猛威を世界的に現出している新型コロナウイルス感染症を捉えた考察を行う。

　新型コロナウイルス感染症については，2022 年 4 月現在終息はしていないため，事後の処理の状況については出口戦略という形での記載となる。

(1)　被害の状況～経済的影響

　新型コロナウイルス感染症は，2019 年 12 月に中華人民共和国(中国)湖北省武漢市において確認され，数カ月の内に世界各国に飛び火した。2020 年 1 月 30 日には，WHO により「国際的に懸念される公衆衛生上の緊急事態(PHEIC)」が宣言され，3 月 11 日にはパンデミック(世界的な大流行)の状態にあると表明された。2022 年 4 月 29 日 17 時時点の感染者数(死亡者数)は，512,463,322 人(死者 6,231,567 人)となっている(ジョンズ・ホプキンス大学集計結果)。

　日本国内では，2022 年 4 月 29 日 0 時現在，新型コロナウイルス感染症の検査陽性者数は 7,797,528 人例，死亡者数は 29,498 人と報告されている(厚生労働省，2022)。2022 年 4 月までに 4 回の緊急事態宣言，2 回のまん延防止等重点措置が発出され(地域により発出時期は異なる)，変異株などの影響もあり，2022 年 1 月以降第 6 波が続いている(図表 9-4)。

　新型コロナウイルス感染症は，グローバル化の進展に伴い，瞬く間に全世界へ波及した。感染が拡大してから 3 年目を迎えるが，このようなコロナショックによる生活面での影響は，外出制限，医療の逼迫など多岐にわたる。これらについてはすでにさまざまな研究が蓄積されており，原田ら(2021)でもある程度触れていることから，ここでは経済的な影響に絞ってみていく。

　コロナ禍においては，ソーシャルディスタンス(Social Distancing：社会的距

図表9-4　新型コロナウイルス感染症陽性者数（日別・日本，2022年4月29日現在）

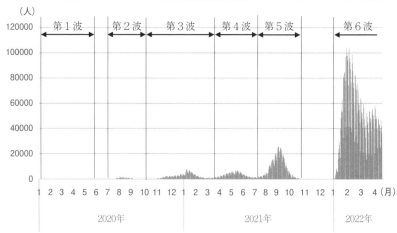

出所：厚生労働省（2022）より作成

離の確保）などの公衆衛生的介入（Non-pharmaceutical interventions：NPI）が行われた結果，世界各国が深刻な経済的不況に見舞われることになった。2020年の実質国内総生産（GDP）成長率は，多くの国でマイナス成長となり，世界大恐慌以来の最悪の世界経済危機となると指摘された。2020年の世界全体での経済成長率は−3.1％，先進国では−4.5％，新興国は−2.0％であった（国際通貨基金，2022）。この反動で，世界経済は2021年には6.1％，2022年に3.6％の成長を遂げると予測されているものの，回復は一様ではなく，成長は少数の主要国に集中している。コロナ禍に伴う混乱や政策支援の規模が多様であったことを反映して，各国間や業種間で経済回復に差が生じ，その差が拡大している（国際通貨基金，2022）[1]。

　高橋（2022）が指摘するように，新型コロナウイルス感染症の経済ショックの影響とその回復過程は，産業・雇用形態・年齢，性別などにより異なる。感染初期には，人々が直接対面することによって成り立っていた外食産業や観光産業などが大打撃を受けた。コロナ禍では，比較的対面を要する産業や遠隔勤務などを導入しづらい企業などが大きなダメージを受け，回復基調ではあるもの

の，K 字型の回復[2]となり，二極化が進んでいる。労働者ごとに見れば，非正規，若年層，女性などが大きな影響を受け，個人間格差が拡大していることが指摘されている（北尾，2021）。いずれにしても，全体として経済格差が拡大していることは間違いないだろう。

　わが国では，2021 年の実質成長率は 1.6％であり，2022 年以降も 2％台と予測されるなど，経済回復は他国と比べて見劣りがする（国際通貨基金，2022）。景気の持ち直しは緩やかで，また産業構造により地域ごとに差が出ている（日本銀行，2022）。エネルギー価格の急速な上昇といった他の要因もあり，2022 年 4 月現在，持ち直し基調は緩やかに継続あるいは一服しているという判断となっており，コロナの収束を見据えた対応が必要な状況である。

　企業動向についてみると，廃業が大幅に増加する一方で，政府や自治体による給付金，助成金や融資などの支援継続の効果で，2020 年には倒産が抑制されているといわれていた。しかし，東京商工リサーチ（2022）によれば，2022 年 4 月 27 日現在，新型コロナウイルスに関連した全国の企業の経営破綻は 3,344 件に達した。2020 年 2 月の初確認から 1,000 件に至るまでは 1 年近くかかったが，コロナ禍の長期化でペースが加速し，約 7 カ月間で倍増した。営業制限が続いた地域を中心に，経営体力の消耗やあきらめによる倒産が広がっている。東日本大震災に絡む倒産は約 10 年間で累計 1,979 件だったのに比べて，コロナ関連は約 2 年で 1.5 倍以上となっている。

　このように，世界経済，日本経済は，コロナ禍で大きな打撃を受けており，経済格差，地域格差が拡大している。高橋（2022）が指摘するように，感染症の経済への影響は，通常の景気後退や金融関連のリスクと異なり，接触リスクを増加させるもので，影響は広範かつ非対称なものとなっている。コロナ収束が見えてきた中で，速やかな対応が求められる。

⑵　事前の備えに見られるトリガーイノベーション

　コロナショックでは，わが国の対応の不備が浮き彫りになった。PCR（poly-merase chain reaction：ポリメラーゼ連鎖反応）検査数，病床の逼迫，一貫せず後

手に回る政府の対策など，先進国とは思えない対応が続いていた。わが国のコロナショックから浮き彫りになった課題の多くは，事前の備えの不十分さから生じたものである。本項では，宮川編(2021)で指摘されるデジタル化，医療体制の整備について考察する。

　まず，コロナ禍で多くの国民が痛感したのは，デジタル化の遅れである。世界経営開発研究所(IMD, 2021)が公表している主要64カ国・地域を対象にした2021年版「IMD世界競争力ランキング」によれば，わが国の2021年IMD世界競争力ランキングは31位で，2020年の30位より後退している。2021年9月1日には，組織の縦割りを排除し，日本全体のデジタル化を主導することを目的として「デジタル庁」が創設されたが，まだ成果が出ているようには見受けられない。今後新たな感染症が発生した場合でも，国民が安心して生活できる環境を整えるためには，初期時点における信頼できる情報開示が欠かせない。感染症の収束がすぐには見込めない場合，長期にわたって国民に協力を求めることになるが，信頼できる説得的な基準を提示することが不可欠である。そのために必要なデジタル化に関わる施策や法整備は，急務の課題である。宮川編(2021)においても指摘されるように，段階的なキャッチアップという戦略ではなく，目標を高く設定したデジタル化を目指すことが求められる。

　次に，平時だけではなく，有事に備えた医療体制の整備である。わが国には，国民皆保険制度があり，国民の誰もが全国の医療機関で公的保険によって医療を受けられることに加え，人口1,000人あたりの集中治療室(ICU)やベッド数は世界一である。しかしながら，感染拡大が日本よりはるかに厳しい欧米各国ですら医療崩壊が起きていないにもかかわらず，第5波では医療崩壊が現実味を帯びている。一方で，新型コロナウイルス感染症の影響で患者が減り，医業収益が減少する病院もあるなど，豊富な医療資源が有効活用できていない事例が見られる。宮川編(2021)では，政府だけでなく，医療側も感染症への備えが甘かったことを指摘している。今後は，平時の医療体制と有事の医療体制とは，ある程度分けて検討しておく必要がある。

(3)　事後の処理に見られるレバレッジイノベーション

　ここでは，感染症における事後の処理について検討する。事前の備えを十分に行っていたとしても，感染症の感染規模や収束までの時間によって，対応は変わってくるであろう。対応すべきものも多岐にわたるため，ここでは柔軟性の回復および財政支援について考察する。

　宮川編（2021）が指摘するように，今回のコロナショックで，社会は非常に硬直的で，危機時における対応だけでなく危機後の回復にも相当な影響が及ぼされることをわれわれは認識せざるを得ない。今後は，わが国の経済全体の効率化を推し進めながら，自由主義経済のメリットである柔軟性を回復させることが求められる。しかも，これは速やかに行うことが必要である。デジタル化などを進めつつ，感染症の感染状況および経済への影響の有り様を十分に考慮したうえで，柔軟に対応できる体制を整備しておくことが欠かせない。

　また，新型コロナウイルス感染症のような感染規模の大きい感染症の場合には，経済的損失が大きくなる。自然災害や通常の景気後退と異なり，感染症では人流を抑えることが求められ，NPI が行われるため，感染拡大によって引き起こされたマイナスのショックが，特定の産業や特定の職種の労働者に集中する。感染症の流行を抑制するために自ら経済活動を自粛しなければならないという対処は，従来の政策とは異なるものになる。わが国政府はワクチン，治療薬の確保や感染対策に加え，国民一律 10 万円や持続化給付金などの支給，雇用調整助成金の拡充などを補正予算や当初予算の予備費などで対応してきたが，財政状況は厳しい。2021 年度末の国の債務残高は 1 千兆円を超えた。国・地方を合わせた一般政府の債務残高の国内総生産（GDP）比は 250％超と国際的にも高水準となっている。わが国では財政再建が叫ばれて久しいが，これによって支出は膨らむ一方である。コロナ禍で，財政支出に対する規律がより緩んだとの指摘もなされている。平時に戻り次第，財政再建を速やかに検討する必要がある。

　もちろん，柔軟な対応といざというときの国民や企業に対する支援ができる体制を整備することは，国民が安心して生活するために必要である。事前の備

えにより安全を確保し，事後の処理により安心を保証することが求められる。しかし，これもイノベーションが現出するような対応は行われず，現象を捉えた状況対応型の施策が戦略視点の欠落したままなされているようでは意味がないだろう。新型コロナウイルス感染症をレバレッジとして，わが国に新たなイノベーションを現出することができるかどうかが問われている。

おわりに

　本章では，新型コロナウイルス感染症の蔓延を捉えて，どの地域においても安全と安心の確保が大事であることが理解できたはずである。また，特に新型コロナウイルス感染症の実態とこれへの対応方法についての議論が行われた。わが国に見出される多様な領域に対するリスク視点からの全国民的な対応の必要性も主張された。今後の地域デザイン研究においては，多様な危険や不安を取り除くことが国民全体の課題である。

　本章では，災害のうち感染症に絞って議論を行ってきたが，近年では自然災害等に加え，戦争や観光問題など1地域や1国家では対応できない課題も認識せざるをえない状況となっている。そこで，国民一人ひとりの危機意識の保持と普段の対応が大事になっている。つまり，不安や危険が迫っている状況の中で，いかに日常を過ごすかが大いに問われるようになっているのである。

注
1）2022年以降の経済予測で，経済成長率がやや小さくなっているのは，ロシアによるウクライナ侵攻の影響により2022年4月時点で下方修正されているためであり，コロナショックのみの影響ではない。
2）K字回復とは，社会が経済の落ち込みから回復する際，業績を伸ばす勢力と落ち込みが拡大する勢力に二極化される様子を表す。

参考文献
Asghar, S., D. Alahakoon and L. Churilov（2006）"A Comprehensive Conceptual Model for Disaster Management," *Journal of Humanitarian Assistance*, 1360（0222），pp. 1-15.

Blaikie, P. M., T. Cannon, I. Davis and B. Wisner（1994）*At Risk: Natural Hazards, People's Vulnerability and Disasters*, Rourledge.

Harari, Y. N.（2018）*21 Lessons for the 21st Century*, Random House.（柴田裕之訳『21 Lessons—21 世紀の人類のための 21 の思考』河出書房新社，2019 年）

IMD（2021）"World Competitiveness Ranking," https://www.imd.org/centers/world-competitiveness-center/rankings/world-competitiveness/（2021.8.10 アクセス）.

Kahneman, D.（2011）*Thinking, Fast and Slow, Farrar*, Straus and Giroux.（村井章子訳『ファスト＆スロー—あなたの意思はどのように決まるのか』早川書房，2012 年）

Kolata, G.（2020）"How Pandemics End: An infectious outbreak can conclude in more ways than one, historians say. But for whom does it end, and who gets to decide?," *The New York Times*, May, 10, 2020, https://www.nytimes.com/2020/05/10/health/coronavirus-plague-pandemic-history.html（2021.4.29 アクセス）.

Meyer, R. and H. Kunreuther（2017）*The Ostrich Paradox: Why We Underprepare for Disasters*, Wharton Digital Press.（中谷内一也訳『ダチョウのパラドックス—災害リスクの心理学』丸善出版，2018 年）

Stanovich, K. E. and R. F. West（2000）"Individual differences in reasoning: Implications for the rationality debate?," *Behavioral and Brain Sciences*, Vol. 23, Issue 5, pp. 645-726.

Trope, Y. and N. Liberman（2003）"Temporal Construal," *Psychological Review*, 110(3), pp. 403-421.

渥美公秀（2021）「レジリエンスについて災害研究を通して考える」『未来共創』第 8 号，109-121 頁。

安全・安心な社会の構築に資する科学技術政策に関する懇談会（2004）『『安全・安心な社会の構築に資する科学技術政策に関する懇談会』報告書』，https://www.mext.go.jp/component/a_menu/science/detail/icsFiles/afieldfile/2013/03/25/1242077_001.pdf（2021.8.5 アクセス）。

磯田道史（2020）『感染症の日本史』文春新書。

板橋功（2017）「危機管理総論」公共政策調査会編『現代危機管理理論—現代の危機の諸相と対策』立花書房，3-25 頁。

岩本由輝編，河野幸夫・佐々木秀之・菊池慶子著（2013）『歴史としての東日本大震災—口碑伝承をおろそかにするなかれ』刀水書房。

NTT データ経営研究所（2011）「『東日本大震災後と柔軟なワークスタイル』に関する調査」，https://www.nttdata-strategy.com/knowledge/reports/archives/2011/1109-07/index.html（2021.4.27 アクセス）。

岡本全勝編，藤沢烈・青柳光昌著（2016）『東日本大震災　復興が日本を変える—行政・企業—NPO の未来のかたち』ぎょうせい。

奥田研爾（2020）『感染症専門医が教える新型コロナウイルス終息へのシナリオ』主婦の友社。

ガブリエル，M.，大野和基訳（2020）『世界史の針が巻き戻るとき「新しい実在論」は世

界をどう見ているか』PHP 研究所。

北尾早霧（2021）「格差とコロナ危機」『新型コロナ危機に経済学で挑む』日本評論社，71-78 頁。

木下冨雄（2011）「リスク学から見た安全と安心」（財）エネルギー総合研究所「原子力の安全を問う―巨大技術は制御できるか」第 1 回シンポジウム資料，http://www.iae.or.jp/great_east_japan_earthquake/nuclearsafety/pdf/01_20111008/kinoshita20111008_r.pdf（2021.8.4 アクセス）。

経済産業省（2020）「コロナショックと世界経済の状況」，https://www.meti.go.jp/report/tsuhaku2020/pdf/01-01-01.pdf（2021.8.5 アクセス）。

厚生労働省（2010）「新型インフルエンザ（A/H1N1）対策総括会議　報告書」，https://www.mhlw.go.jp/bunya/kenkou/kekkaku-kansenshou04/dl/infu100610-00.pdf（2021.8.15 アクセス）。

厚生労働省（2022）「新規陽性者数の推移（日別）」，https://covid19.mhlw.go.jp/（2022.4.30 アクセス）。

国際通貨基金（2022）「IMF 世界経済見通し」，https://www.imf.org/ja/Publications/WEO/Issues/2022/04/19/world-economic-outlook-april-2022（2022.4.29 アクセス）。

小西洋子（2021）「私たちの新しい生活様式」『新型コロナ危機に経済学で挑む』日本評論社，48-55 頁。

小松理虔（2018）『新復興論』ゲンロン。

高橋済（2022）「感染症と経済学―"3 年目"を迎えて―」『ファイナンス』2022 年 4 月号，76-85 頁。

東京商工リサーチ（2022）「全国企業倒産状況」，https://www.tsr-net.co.jp/news/status/（2022.4.29 アクセス）。

内閣府防災担当（2012）「東日本大震災における災害応急対策の主な課題」，http://www.bousai.go.jp/jishin/syuto/taisaku_wg/5/pdf/3.pdf（2021.8.5 アクセス）。

中島克己・三好和代編著（2005）『安全・安心でゆたかなくらしを考える―学際的アプローチ』ミネルヴァ書房。

中谷内一也（2008）「はじめに」『安全でも，安心できない…―信頼をめぐる心理学』ちくま新書，12-15 頁。

中村健人・岡本正（2019）『自治体職員のための災害救援法務ハンドブック―備え，初動，応急から復旧，復興まで』第一法規。

日本銀行（2022）「地域経済報告―さくらレポート―（2022 年 4 月）」，https://www.boj.or.jp/research/brp/rer/data/rer220411.pdf（2022.4.27 アクセス）。

林春男（2016）「災害レジリエンスと防災科学技術」『京都大学防災研究所年報』59（A），34-45 頁。

原田保・中西晶・西田小百合編著（2015）『安全・安心革新戦略―地域リスクとレジリエンス』学文社。

原田保・福田康典・西田小百合（2021）「地域の暮らしにおける安全・安心のためのコンテクストデザイン―災害や感染症による有事への備えと処理のための『SS 統合型

C&R デザインモデル」」地域デザイン学会誌『地域デザイン』第 18 号，11-62 頁。

広井良典（2020）「『生命経済』のビジョンを―新型コロナと気候変動を超えて」，https://www. jacom.or.jp/nousei/tokusyu/2020/12/201203-48098.php（2021.8.7 アクセス）。

広田すみれ（2018）「意思決定，不確実性と心理学」広田すみれ・増田真也・坂上貴之編『心理学が描くリスクの世界―行動的意思決定入門　第 3 版』慶應義塾大学出版会，1-21 頁。

冨山和彦（2020）『コロナショック・サバイバル日本経済復興計画』文藝春秋。

復興庁オンライン「東日本大震災復興基本法（平成 23 年法律第 76 号）」，https://www. reconstruction.go.jp/topics/kihonhou.pdf（2021.4.27 アクセス）。

前林清和（2016）『社会防災の基礎を学ぶ―自助・共助・公助』昭和堂。

正村俊之（2013）「震災とリスク・コミュニケーション―日本社会におけるリスクの社会的構成（第 1 部：講演 4）」『社会情報』Vol. 22，No. 2，36-45 頁。

水谷哲也（2020）『新型コロナウイルス―脅威を制する正しい知識』東京化学同人。

水野勝之編著（2020）『コロナ時代の経済復興―専門家 40 人から明日への緊急提案』創成社。

宮川努編著（2021）『コロナショックの経済学』中央経済社。

ヤマザキマリ・中野信子（2020）『パンデミックの文明論』文春新書。

第 10 章

アート，アニメ，SF を捉えた ZTCA デザインモデルのユートピアとディストピア

藤田　直哉

はじめに

　本章は，第 1 章で論じられた，サイバー空間，フィクション空間，幻想空間，神話空間などへの「空間概念の拡張」を踏まえた上で，それらに深く関わってきたアート，アニメ，SF という未来志向のジャンルによる地域デザインの実践を参照し，ZTCA デザインモデルの発展に資することを目的とする。

　ZTCA デザインモデルに付け加えたいのは，「広報(P)」の領域である。ZTC は，物理的な実体というわけではなく，観念的な構築物の側面も併せ持っている。あるゾーンを作ろうとしている人の頭にある段階から，設計図になり，具体的な都市計画や建築などで受肉されるケースを考えてみればわかる。行政などの区分も，書類の上での文字による構築物であり，人間同士の約束事に過ぎない。その観念的な構築物が実体となるには，さまざまなレベルで，それを人々が認識する必要がある。極端に言ってしまえば，多くの人があると思えばあるようになる。そのために，人々の「考え方」に影響を与える広報という次元を本章では提案する。それは，かつてマルクス(Karl Marx)が言っていた，下部構造(経済)と上部構造(観念，イデオロギー，精神)という分類における，後者へのアプローチのことを指す。

　第 2 節以降で検討するのは, 広義の「広報」としてのフィクションの機能である。それは, ユートピアやディストピアのイメージ, 古くは宗教における天国や地獄などを通じて, 人々の欲望や努力の方向性の水路を変え, 集団的に動員するための装置として使われてきた。戦後日本における象徴的なイベントである大阪万博では, SF 作家である小松左京や, 現代アーティストである岡本太郎らが起用され, 後に首相のブレーンになる者や, 官僚たちと公式・非公式に議論を繰り返していた。どう変化するかわからない未来に向かう際には, フィクションの力を借りる必要があったようなのである。

　しかし, そのように集団を吸引することのできるフィクションとしての「理想」が機能していた時代は, 日本においては 1980 年代頃に終わったと言われている。リオタール (Jean-François Lyotard) は, 理想や革命や進歩などの, 集団をある方向に向けて組織していきその生と死を意味づけていくようなイメージ・フィクションを「大きな物語」と呼んだ。「大きな物語」が機能していた時代を「近代」と呼び, それが機能しなくなった時代のことを「ポストモダン」と呼ぶ。

　本章では, ポストモダンを経た現代においてフィクションを用いた地域づくり (地域デザイン) がどのように行われているかを, いくつかの事例を参照しながら論じる。具体的に言えば, アニメやマンガなどの聖地巡礼や, 二次元のキャラクターを用いた地域デザインが現代の事例として注目される。現代において利用されているフィクションは, キャラクターへのソフトポルノ・依存症的な愛着と渇望や, 二次元世界に離脱したいと思っている人々の衝動を利用するものであり, 集団において共有されておりいずれ現実化が期待されていた「理想」ではなく, 私的な「虚構」に近い[1]。

　そして, アニメ・ゲームなどの「虚構空間」と「サイバースペース」を重ねて理解しがちな日本においては, 「虚構空間」と「現実空間」の双方を同時に生きるような空間感覚が発生していると考えられる。最近の地域デザインにおいては, この二重の空間を重ね合わせるような試みが多く見られる。これらの事例は, 第 1 章で検討された空間概念の拡張を踏まえた上での, 次の段階だと

考えることができるだろう。

そして第3節で，「主体」の再デザインのモデル（TNRDモデル）を提案する。「大きな物語」が機能していた時代は，フィクションや理想などが集団の行先に影響を与えていたが，今はそれが機能しない。であれば，ARゲームや地域アートなどが，改めて主体の構造を再デザインすることで，地域のみならず世界の持続可能性・絶滅の回避を志向することができるのではないか，またそれが現実に実践されているのではないかと指摘する。

第1節　広報(P)の導入

(1)　「広報(P)」の領域の重要性

ゾーン，トポス，コンステレーションとは，物理的な実体そのものではない。ある土地や生活空間などに対して，人間が人工的な区切りを入れ，それを既成事実化したり，制度化したりした結果生まれた構築物という側面もある。

たとえば，谷根千と呼ばれる地域を考えてみると良い。いまでこそ「谷根千」という1つのゾーンがあるように思われているが，もともとそのような名称があったわけではなく，地域雑誌『谷根千』のメンバーらがその名称を作り，広告などで発信し続けてきた結果，いつの間にか「谷根千」というものがあるかのように人々が思うようになったわけである。つまり，ゾーンとは，物理的な現実であるだけではなく，人々の頭の中や制度・言説のネットワークの中に存在しているものと二重になったものであるのだ。

第4章で議論されている「トポス」についてもそうであろう。「記憶やイメージを喚起される空間的配列であり，身体性や象徴性を帯びた唯一無二の固有空間」(原田・古賀，2013：65)との発言が引用されているが，要するにそれは単なる物理的な場所ではなく，人々の「物語」や「記憶」という観念的・共同的な構築物の中において重要性があるとされている場所のことであるのだ。

たとえば，関ケ原に行ったとしても，日本史の知識や戦国武将への愛着がない者にとっては，ただの原っぱである。そこが重要な価値を持つと思われてい

るのは，物理的な現実そのものに何か特別な徴があるからではなく，歴史や物語などの，人間の観念的な構築物の中においてそこに価値があるということが集団で共有されているからである。人々はそこで単に地面や草を見るのではなく，頭の中で再生されている歴史の物語をも味わっているのである。さまざまな地域アートやまちおこしの現場などを見ると，このような「物語（ストーリー）」をどうデザインするのかが重要になっていることがわかる。いわゆる「物語マーケティング」の手法を応用しているのだ，ともいえる。

　実体と観念の相互作用が強く意識されるようになった例として，1970 年代の渋谷が挙げられる。渋谷は「広告都市」と呼ばれるほどの地域であるが，西武グループの PARCO などはアートや CM やキャッチコピーなどを通じて，集団における観念・イメージ・物語を広報し，多くの消費者の欲望を誘惑し，新しいライフスタイルを提案し，実際に渋谷の街に文化やライフスタイルを作り出し，相互作用によって発展していった。

　それは，ボードリヤール（Jean Baudrillard）の議論と共鳴していたとも分析される（北田，2011）。ボードリヤールは，もはや商品は実体としての価値ではなく，記号としての価値によって消費されていると分析した。ブランド品などが顕著な例だが，われわれはそれを，たとえば防寒などの使用価値で購入するわけではなく，社会の中でそのブランドや記号が高く評価されており，それを所有できる自分のステータスや他者からの羨望や承認を求めて高いお金を出すわけである。「実体」ではなく，情報や，集団における価値観などによって金銭的な価値が発生していることの顕著な例である。

　かつて，マルクスは，「下部構造が上部構造」を決定する，つまり経済的要因（下部構造）こそが，そこに生きるものの価値観やイデオロギーや精神（上部構造）を導き出すという議論をしていた。それに対して，ボードリヤールの議論は，上部構造が下部構造に決定されず，相対的に自律と自走していることを示すものであった。ブランドの価値に対する人々の評判や意識こそが，価格を決定しているという現実がここに確かにあり，マルクスの資本主義論は成立しなくなってしまった。

　ただし，ヴェブレン（Thorstein Bunde Veblen, 1899）が『有閑階級の理論』の中でいうように，人に見せびらかすために何かを消費する「顕示的消費」それ自体は 19 世紀から存在していた。重要なポイントは，ある程度社会が豊かになった結果，ただ生きることのみにお金を使わなくて済むようになる人々が増えた結果，上部構造の影響が総体的に増大したという量的な変化が質的な変化を巻き起こしたことにあるだろう。

　では，2020 年代の現在はどうであろうか。高度経済成長もバブル経済も終わってしまい，経済的停滞が続いている現在では，ハイファッションのブランドは人気がなく，ユニクロなどのファストファッションが人気であるので，このような「記号消費」はなりを潜めたように思うかもしれない。しかし，Twitter などで，形を変えた「差異化のゲーム」（自分を人と違う存在として卓越させる振舞い）は，政治運動や SDGs などに人々を動員する駆動力として続いているし，実体と異なるイメージこそが現実的な力を持つという「広告」の機能は，それこそロシア（Russia）とウクライナ（Ukraine）のハイブリッド戦争，フェイクニュース，世論操作などで存分に発揮され続けている。SDGs なども，倫理的なイメージによる広告戦略であると考えることもできる。単なるデータに過ぎないソーシャルゲームへ人は多額のお金を投じ，人とは違うキャラが描かれたカードを手に入れようと競い合っている（そのお金があったら死なないで済む人々が世界中にいるであろうことを承知の上で）。株価は，人々の気分で上がったり下がったりするし，その気分に影響を与えるのは政治家らの発言であったりする。株価は具体的な人々の生活にダイレクトに影響する。われわれは，ボードリヤールが消費社会に対して言った「ハイパーリアル（hyperreal）」とは多少形を変えているにせよ，「上部構造」の影響力の大きいハイパーリアルを，未だに生きているのだと考えられる。

　であるから，地域づくりの際にデザインしなければいけないのは，物理的な「実体」だけではなく，上部構造だということを意識しなければいけないし，それを操作する技術としての「広報（PR）」のことを真剣に考えるべきだと思うのだ。具体的な地域デザインの中では，それは確実に意識されて実行されて

いるのだから，学問としての地域デザインがそれを理論に取り込むことは必須である。

　敢えて提言すると，ZTCA デザインモデルを拡張し，ZTCAP デザインモデルが必要なのではないかと思われる。ただし，ここでいう広報とは，いわゆる狭義の広告産業における宣伝のことのみを指すのではない。広報とは，上部構造，すなわち人々の考え方や価値観，精神性などの観念的なもののあり方を変えようとする営み一般のことを指す。したがって，それは宗教の布教や，フィクションや物語を通じて何かを伝えることも含まれるし，アジビラを書くことや街頭で演説をしたり，中世ヨーロッパなどのように予言者や偽予言者たちが辻で説法をしているようなことも含まれる。このような文章を書くことも，もちろんその一部である。

(2)　重層的決定

　少しばかり，理論的な話を先にしておきたい。下部構造が上部構造を決定するのか，上部構造が下部構造に影響を与えるのかは，いろいろな議論がある。マルクスは「下部構造決定論」を唱えた。つまり，イデオロギーや美学などは，経済的条件が先で，その後で（往々にしてそれを正当化するようにして）生まれるものとされた。新自由主義の経済のもとで，選択と淘汰を企業が迫られるようになったら，進化論を援用したビジネス書が流行するようなものである（進化論によって，選択と淘汰を行う側，あるいは，それを蒙る側が心理的な正当化をしたいという動機のメカニズムが想定される）。

　下部構造と上部構造，どちらが先なのだろうか。この問いに対して，アルチュセール（Louis Pierre Althusser, 1965）は「重層的決定（overdetermination）」という見方を提出している。すなわち，イデオロギーや精神が経済に影響を及ぼすこともあるし，経済がイデオロギーを生み出すこともある，複雑な相互作用がある，という見方である。著者は，これが現実的なのではないかと考えている。

　下部構造が上部構造に影響を与えた例を挙げる。たとえば，日本酒を作っている人々がいるとする。日本酒が売れなくなってきたときに，売れ行きを上げ

る手段を考える。日本酒を呑んだときの酔い心地や幸福感は，単に酒の分子の成分によって決まるのではなく，気分にも大きく影響を受ける。そのためにラベルなどを工夫するのだが，それだけでなく，歴史や伝統の「物語」を伝えたり，地域の美しさなどをアピールする戦略に出ることになる。日本酒を売るという経済的動機が，歴史や伝統や地域のアイデンティティなどの上部構造を，結果として作り出すのである。

　あるいは，経済的に成長している時代の日本では，『ドラゴンボール』や『課長島耕作』のように「拡大・成長」するエンターテインメントが流行したが，経済的に停滞してくると，その辺りの食堂や自宅でご飯を食べるようなスケールの小さい作品ばかりがはやるというのも，経済がイデオロギーや欲望・幻想・物語に影響を与えた好例だろう。

　しかし，逆に上部構造こそが下部構造に影響を与えることもある。その地域に伝わってきた精神性や価値観こそが，ブランディングとなり，その地域に経済的な価値をもたらすこともあるだろう。謡曲や能「高砂」で有名な兵庫県の高砂市は，結婚式などで高砂が謡われるめでたい曲だったことから，「相生」「結婚」の町としてブランディングをしている。謡曲や能などの「物語」の中で伝えられてきた伝説という非物質的なものが，経済的な価値をもたらしているのである。宗教団体やスピリチュアルのビジネスなどは言うまでもない。現実の事例を考えると，上部構造と下部構造が重層的に決定し合っているというアルチュセールの見方が実態に即しているように思われる。さまざまな神話・宗教は，上部構造に属する「虚構」「物語」に近いものだが，それが政治的現実にも大きな影響を持ってきたこともまたいうまでもない。

　地域デザインの際にも，このような重層的な決定を意識して行う必要がある。つまり，物質的・経済的な現実の条件に基づき，そこから必要な観念・物語，アイデンティティなどを作り出す作業と，そのような作り出した上部構造が政治的・経済的な現実に与えていく影響を逆算した上で，デザイン行為をしていく必要があるのだ。

第2節　広報としてのフィクション

⑴　欲望を方向づける装置としてのフィクション――ユートピアとディストピア

　アート，アニメ，SFは，人の考え方，認識，価値観に影響を与える装置である。それらに影響を与えることで，人々の認識や行動を通して，政治的現実や未来に影響を与えようとしてきたジャンルであるといっても良い。

　現代の日本の地域においては，利用できるリソースの問題からか，いわゆるアルカディア（Arcadia），過去にあったと人々が幻想を抱く理想郷をアピールする傾向が目立つが，現代アート，アニメ，SFなどを用いた地域づくりもまたいろいろな実践例がある。地域でいえば，札幌，横浜，愛知などは，メディアアートなどによる先端的な方向性を志向している。「大地の芸術祭」の越後妻有や青森などは，アルカディア志向でありながら現代アートによる未来志向であるという，大変興味深い方向性を示している。

　ユートピア（Utopia）やアルカディアは，人々の心の支えになり，人々を誘惑するものである。苛烈な任務に従事している活動家にとっては，革命後の理想世界こそが自身の生と死の意味を支えるものである。また，ある者にとっては，理想的な過去やそれへの繋がりこそが自身を支え，生と死を意味づける。どちらも現実に存在するものではなく，頭の中にあるイメージに過ぎないものなのであるが，それは人の支えになると同時に危険な作用をすることもある。革命の理想と大義の名のもとに現状を否定したり，テロをすることも歴史的に起きてきた。あるいは，理想的な過去への回帰願望ゆえに現実の秩序を破壊したり，壊滅的な戦争に乗り出していったナチスドイツの例などはいうまでもない。

　ユートピアは，理想の未来を提示し，人々の欲望や努力，社会変革の方向を変えるためのイメージやフィクションの類型である。代表はモア（Thomas More, 1516）の『ユートピア（Utopia）』である。その危険性を警告するジャンルとしてディストピア（dystopia）というものがある。これは，核戦争後の未来を舞台にするなどの，ネガティブな状況を描くものと誤解されがちであるが，実

はそうではなく，作品や政治思想が指し示すユートピア像を裏返して批判するものである。たとえば，オーウェル（George Orwell, 1945）の『動物農場』は，当時理想郷とされていたソビエト連邦を批判するために書かれた。

　たとえば，戦後日本でユートピア像を描いてきたのは，テクノロジーや科学の発展による「薔薇色の未来」像を描くさまざまなフィクションや広告のイメージである。『鉄腕アトム』（1952〜）は原子力で動くロボットであるが，この作品が体現している健全な未来像がそちらの典型だと言われることもある。それに対し，本田猪四郎（1953）『ゴジラ』や，宮崎駿（1984）『風の谷のナウシカ』，大友克洋（1988）『AKIRA』などは，原子力や科学のもたらすネガティブな破壊を描いたディストピア的なフィクションであるということができるだろう。

　繰り返すが，このようなユートピアやディストピアの「物語」は，単にエンターテインメントの領域でのみ使われていたわけではない。マルクス主義の場合は，「革命」によって，資本主義や搾取がなくなり，プロレタリアートたちが資本家たちから解放される「ユートピア」の物語やイメージを語り，人々を組織化し動員した。ナチスドイツや大日本帝国では，理想化された過去のイメージを語るロマン主義が大流行し，そのアルカディアの誘惑力を利用し戦争が遂行された。どちらも，それが力を持つのは，人間が「現在」に満足しにくく，理想世界がどこかにある／あったはずだという幻想を抱き，そこに向かう願望を持ちやすく，そこに向かうための苦闘として自身の生を意味づけたいという欲望を持つからだと思われる。そのような「ユートピア」「ディストピア」の物語や，美的な意匠などによる誘惑や脅迫によって，人々の欲望や理想に影響を与えることが歴史的に行われてきたのだ。そのような単純な「物語」に左右されないようにしようと，「物語批判」「アンチ・ロマン」「メタフィクション」などのさまざまな試みがあったが，イスラム国やトランプ支持者，プーチンの発言などを見ると，人類が「物語」から自由になるまでは相当な時間がかかりそうである。

(2)　大阪万博——1970 年と 2025 年の差

　このようなフィクションの参照は，一種の巨大な地域デザインである「国づくり」の際にも行われていた。たとえば，1970 年の大阪万博がそうである。大阪万博では，SF 作家の小松左京がプロデューサーとして起用された。彼らは勉強会などで，科学と神話，土着と普遍性など，さまざまな問題を議論していった。その中には，後に中曽根政権のブレーンとなり，高度情報社会化を推進した香山健一もおり，戦後の日本がどのように新しくなっていくべきか，どのようなイメージを提示するべきか，歴史や神話とどのように折衷されるべきかなどの議論がなされていたようである。大阪万博の SF 的な未来イメージは，当時の日本人たちに大きな影響を与え，おそらくその一部は，研究者や実務家の人生にも影響し，具体的に現実化しただろう。

　おそらく，SF のような「絵空事」のフィクションが必要とされたのは，科学や技術によって，これまで通りの延長線上にあるとは予測できない形で変貌していく未来について思索を巡らせ，総合的にシミュレートし，その未来像に人々を誘惑していくためではなかっただろうか。それは，集団的に日本人に夢や理想を与え，目標となった。その意味では，革命などと同じように，集団的にある観念が共有され得た時代だったといってもいい。

　現在，1970 年の大阪万博のように，国家的なイベントは機能するだろうか。東京オリンピックの不発や，2025 年の大阪万博への世論の冷たさからわかるように，現在ではこのような集団を誘惑する装置は機能しにくくなっていると見るべきではないか。それは，時代のモードが変わったからである。既に述べたように，「大きな物語」は機能しにくくなっているのだ。

　生に意味を与える集団的に共有された幻想を「大きな物語」と呼ぶが，そのような生の意味付け装置は 1970 年頃に失われたといわれており，その代わりに人々は趣味やサブカルチャーに耽溺することで生の意味を獲得するようになったといわれる（東，2001）。見田の議論を受けた大澤（1996）の区分を使えば「理想の時代」から「虚構の時代」に移ったのである。若者たちは，1960 年代のように集団で革命することには惹きつけられず，それぞれに自分の趣味の世界

220

に自足するようになったのである。

東(2001)は，ポストモダンのオタクたちは，「生きる意味」への飢餓を，近代の人々とは異なり，コンテンツなどに耽溺することで満たしていると考えている。オタク文化が主流化した現代の文化消費の環境に生きている若い人々をターゲットにしようと思うのなら，このことは深く理解しなければならない。

(3) オタク文化のユートピアとディストピア

かつては革命や理想が人々を誘惑する物語やイメージとして機能していた。しかし，今ではそのような集団的・公共的な装置は機能しない。むしろ，誘惑力として機能するのは，二次元のキャラクターである。日本のオタク文化，特にキャラクター文化は，ほとんどソフトポルノのようなものであるが，それは耽溺している間には，外の現実の面倒ごとが存在しない安逸なユートピアを提供してくれるものである(四方田，2006)。オタクたちが誘惑されるのは，このようなキャラクターによるソフトポルノ的なユートピアであり，そこでこそ「生の意味」を満たせるのである。

そのようなオタクたちの自閉的なユートピアを批判する意見もある。宇野(2007)は『母性のディストピア』で，そのオタクたちのユートピアを「母性のディストピア」と呼んで批判した。オタク文化においては，たとえば男の子向けの作品であれば，何も努力しなくてもモテモテで超強いという願望充足的な作品が多く，女性のキャラクターたちはエッチでいてなおかつ母親のようにかいがいしく世話をしてくれる。そのようなフィクションに耽溺しているのは楽であるが，現実の社会で生きていく力をどんどん減衰させる危険性が大きい。一見ユートピアに感じられるが，そのような危険性が確かにオタク文化にはある。

1970年の大阪万博のような「大きな物語」的なパラダイムが機能しにくいのは，このようなオタク的な世界のユートピア的性質による。そこは無時間的な世界であり，そこに耽溺している主体には，未来や過去の感覚も乏しくなるし，社会や国家への意識も摩滅しているのである。したがって，時間軸によっ

て機能しているアルカディアもユートピアが機能しにくくなる。むしろ，それがスマートフォン（スマホ）の中のゲームや，アニメなどに見出されているのだから，時間軸ではなく，空間軸でこそ捉える必要があるのだ。

　「温泉むすめ」などのキャラクターを用いた地域おこしというものがある。オタク文化では二次元のキャラクターの人気が非常に高く，それをコレクションしたいという欲望があるため，温泉地などが自分たちをキャラクターに擬人化し，オタクたちを温泉に誘うという方法論である。ここでは，現実の生身の人間ではなく，キャラクターという虚構の存在への思慕や愛着の衝動を利用し，消費行動や観光などに結び付けようという動機がある。かつては「理想」などを人々は目指していたが，今ではそれは「キャラクター」が象徴しているものが提供する，ソフトポルノ的で母胎回帰的な世界になったというのは既に述べたが，その要素と温泉の持つアルカディア性を結び付けようという構想だと推測される。

⑷　聖地巡礼における，「虚構空間」と「現実空間」の分裂と二重化

　その上で，「理想の時代」から「虚構の時代」になり，人々の欲望や実存のあり方が変化したことに対応しようとする地域デザイン的な実践として，「聖地巡礼」について論じていくことにする。

　「聖地巡礼」という行動が注目されている。もともとは宗教的な聖地に行くことを指すが，今では転用されて，アニメやゲームのファンが，その舞台となった土地に赴く現象のことをそう呼ぶ。アニメ『らき☆すた』における鷲宮神社，アニメ『ガールズ＆パンツァー』における大洗などが代表例とされる。当初は，作り手側にその意識はないままにファンたちが行動をとっていたが，ある時期から作り手やまちづくりサイドも意識的にそれを行うようになった。『たまこまーけっと』の出町桝形商店街編や，『ゾンビランドサガ』の佐賀などがその典型例となる。

　現実の空間そのものは，大して魅力があるわけではない場合が多い。たとえば，大洗などは単なる田舎の道路であったりもする。そこに価値が見出され，

わざわざ赴くのは，そこがアニメ・ゲームなどの舞台となり，背景美術に使われた場所だからである。聖地巡礼においては，作品と同じ構図で写真を撮るという行動が典型的に見られる。聖地巡礼ファンにとって，現実の空間は，図像的に，フィクションの空間と重なるものと理解されている。いや，むしろ二次元・フィクションの方にこそ「真の自分」が「自由・ありのまま」でいられる「理想の世界」と感じやすい主体にとって，そここそは二次元の世界へと移行しうる可能性を秘めた裂け目のように感じられている可能性すらある。あるいは，逆にフィクションだと思っていたものが，この現実世界にもありうるという感覚を得ているのかもしれない。どちらにせよ，この「聖地」の「聖地性」の美的な体験の質は，二次元と三次元，フィクション空間と現実空間の重なりとズレの経験によって生じているのだろうと推測される。その前提に，その作品への愛着があるとしても，「聖地巡礼」という行為を促しているのは，単に好きな作品の背景になった場所に行きたいという欲望だけではなく，「虚構と現実」の両方に自我と身体を置き，分裂した２つの空間を同時に生きている主体が，その２つの空間の重なるポイントを経験したいという衝動に拠るのではないかと思われるのだ。

「虚構と現実」の両方に自我と身体を置き，分裂した２つの空間を同時に生きているという感覚は，歴史ファンが古戦場などに行ったときの感覚と似ている部分もあるが，そうでない部分もある。ここで言う虚構とは，アニメやゲームなどの世界のことである。若い世代においては，そちらの空間こそが「真実」であると感じやすい感性が育っている。ゲームにおける3D空間に没入しているときには，操作キャラクターに身体イメージが憑依し，その空間に本当にいるように感じられるものである。日本においては，サイバースペースもそのような「虚構」のイメージで理解されることが多く，SNSではアニメのアイコンが並んでいるし，メタバースの展開もアニメ調のキャラクターとセットになって行われている（バンダイ・ナムコなど）[2]。

スマホを常時持ち歩いている若い世代においては，おそらく常に「虚構空間／現実世界」という空間の二重性と，身体の二重性を分裂しながら生きるのが

基本的なモードになっているのではないかと推測される。

　その2つが乖離することに苦しむこともあるだろう。現実の社会は，ゲームやアニメのようにはうまくいかないものである。だからこそ，現実を離脱して虚構の世界に行ってしまいたいという衝動が発生する。それこそが現代日本の主流のユートピアニズムであるといってもいいだろう。

　たとえば，2010年代から流行し続け，書籍やアニメが大量につくられ続けている「異世界転生」モノというジャンルがある。この基本フォーマットは，現実世界でうだつが上がらない者がトラックに轢かれて，異世界に転生するが，そこでは異様にチヤホヤされてモテモテになるというものである。あまりにあけすけな願望充足であり，このようなフィクションを必要とする者の生きている現実を想像すると気が滅入ってくるが，注目するべきはこの「異世界」が，ゲームのメタファーであるという点である。現実世界は捨てて，虚構の世界に生きたい，現実を離脱したいという欲望・観念は，現代日本の大衆文化に広範に見られる[3]。

　このような，2つの空間の関係性を考えた上で，「聖地巡礼」という行動を捉えなおすならば，そこには重要な可能性が眠っていることがわかる。「異世界転生」は，現実を捨てて，別世界に行ってしまうというように，2つの空間の分離が最大化したものであるが，聖地巡礼においてはその2つを重ね合わせることが可能なのだ。したがって，「虚構」(異世界)に吸引されてしまう欲望，それに伴う資源を，この現実世界，自然，地域，社会に繋ぎ直す可能性を秘めているということができるだろう。「聖地巡礼」は，そのようなメディアなのである。

(5)　虚構空間に向かう欲望を，この世界に向かわせるために

　そのような回路を経由しなければ，まず人々が現実や社会や地域にコミットする主体にならない。そのような現状認識と諦念の後，自らがどのような機能を果たすべきかを逆算しているような作風が，最近アニメーションの世界では目立つ。

　その例は，現代日本を代表するアニメーション作家である新海誠の『君の名は。』や『天気の子』である。日本映画の歴代興行成績2位となったこのアニメーションは，新海の故郷などをモデルにした美麗な背景を描き，キャラクターたちの恋愛を描いたものであり，たくさんの聖地巡礼を生み出した。『君の名は。』は，神道やアニミズムの感覚を利用したファンタジー作品であり，「つなぐ」ことを1つの主題としていた。非現実や，キャラクターを志向する人々を，なんとかこの世界に繋ぎ直そうとする使命感がここには見られる。『天気の子』では，気候変動や異常気象，児童の貧困の問題を扱っていたが，「虚構」に誘惑される人々の欲望や衝動を，なんとか現実や社会の課題に接続させようとする意図が見え隠れする[4]。

　理想の虚構・キャラクターの世界に耽溺し，現実の社会や他者に立ち向かいそれを変えて未来のために努力していくことを忌避したくなるような，ポストモダン以降の主体を，虚構世界と現実世界を重ねる装置を提示することで変えていこうとする努力が見られると言い換えてよい。

　2.5次元ミュージカル，「イングレス」や「ポケモンGO」などのARゲームもまたそのような試みである。ARゲームを提供してきたナイアンティックは，「現実世界のメタバース」を提唱し，「虚構」的なものをこの社会や世界と繋ぎ直すことの重要性を主張している。

　その他，藤原ちから「演劇クエスト」のように，ゲームの形式を現実の都市に応用する試みもその1つであろう。それは，「非現実」「虚構」「サイバースペース」に離脱していってしまった人々を，「この世界」に繋ぎ止め直す試みだと理解することができる。それは，その経験を通じて，主体をデザインしなおす装置だといってよい。そうして現実，社会，歴史，政治，自然などの価値に回帰する人々が増えることは，その地域にとって直接的な利益になることであるし，「情けは人の為ならず」ではないが，他の地域や世界自体にプラスの影響を与えて長期的に回り回って持続可能性を高める効果もあるのである。

第3節　主体の構造分析——TNRD モデル

　人類, 社会, メディア環境, 政治思想などの条件が変われば, 時間感覚(未来や歴史をどう考えるか), つながりの感覚(他者, 祖先, 地域, 遠くの人々, 架空のキャラクターと自己の関係性をどう認識するか), リアリティ(生身の身体や物理的現実と, アニメ・ゲーム・ネットの空間のどちらに重きを置いているか, 滞在時間の差はどのぐらいか), 欲望(未来の理想に駆動されているのか, 貧困をなくすなどの目標があるのか, 依存症的な欲望しかないのか, 性欲に駆動されているのか)などの感覚が変わる。主体と社会・世界・環境は, 相互作用をしながら互いに構成し合っている。

　最後に, 少しだけ, そのような主体を分析するモデルを提案する。

◇　TNRD モデル　◇

① Time：時間感覚

② Network：つながりの感覚

③ Reality：リアリティ

④ Desire：欲望

　アプローチしようとしている主体において, この4つがどのような構造になっているのかを知ることが, 若者向けのさまざまなアプローチをする上で必須である。Z 世代や, コロナ以後の世代はさらに大きく変容しているので, それを調査し理解する努力が必要なのである[5]。

　それは, 地域固有の価値の魅力に触れてもらおうとする際にも重要になってくる。たとえば, 自然の魅力や伝統の魅力を訴えようとしたとしても, 自然よりもゲームが好きで, 過去に全く興味のない者である場合もあるわけである。そうすると, ゲーム的なものに似た入り口を用いつつ, 自然や伝統の価値に接続させるような体験のデザインが必要になってくるわけである。

　繰り返すが, そのことによって主体の再デザインに成功しなければ, われわ

れの持続可能性はおぼつかないだろう。このままでは，気候変動や環境破壊に
対応することも，それに必要なイノベーションを起こすことも，協力すること
もできず，自閉的なユートピアの微睡の中で絶滅していく可能性が高い。恋愛
も結婚もセックスも出産も子育てもできず，ジリ貧になっていけば，必然的に
われわれのあらゆるものが滅びていくのである。大局を見て，まずはそれを防
ぐことが必要であり，個々の人々がそう努力していくべきである。

おわりに

　本章では，前半で広義の「広報(P)」の重要性を主張してきた。広報とは，
上部構造のデザインに介入する行為である。物質的な実体だけで経済も政治も
動いていない以上，地域デザインにおいて上部構造を意識することは必須であ
ろうと思われる。

　そして，広義の「広報」としてのフィクションの果たした機能について事例
を挙げて紹介したが，その役割が1970年代前後で大きく変わっていることを
説明した。ポストモダン以降のフィクションは，集団で共有される理想のイメ
ージではなく，私的な趣味を満たすような，無時間的なユートピアになってい
る。そのことを踏まえて，聖地巡礼などがどのような戦略を採っているのかを
確認してきた。

　「空間」にもいろいろあり，「神話空間」などの非現実の空間(上部構造に属す
る)があったが，現在のそれは，アニメーション・ゲーム・サイバースペース
が重なり合った「虚構空間」こそが最も重要になっている。

　そして本章が最後に提示しているのは，現実の地域アートやまちおこし，聖
地巡礼などは，意図してかそうでないかにかかわらず，このような主体のあり
方を再デザインすることで，上部構造のあり方に影響を与えるような実践にな
っているということである。いわば，地域アートやARゲームなどは，上部構
造のあり方に介入しそれを変える「広報」の役割を担っているのだともいえる。

　地域アートや聖地巡礼，ARゲームなどの装置をうまく使い，設計し，出会

いの機会を増やしたり，自我や内面の構造をデザインしなおすようなあり方に
変えていくことで，世界との繋がり方のあり方を変えていくことが，地域には
期待されるのではないか。いや，むしろそうしなければ，客や時間資源などを
ゲームや異世界などの「虚構空間」に取られてしまうゆえに，そうすることが
必須なのである。

　多くの地域が，そのようなことをやっていけば，回り回って自分たちにもメ
リットがあるだろう。地域デザイン行為には，単なる短期的な利益追求だけで
なく，そのような大きな使命があると考えた方がいいのではないだろうか。

　注
1) この分類は，見田（1995）の議論をアレンジした大澤（1996）を参照している。
2) 他者と差異化のゲームをする顕示のための空間が SNS に移行したので，現実世界に
　　おけるブランドなどの消費は衰えたのだと『反逆の神話〔新版〕:「反体制」はカネにな
　　る』でジョセフ・ヒースとアンドルー・ポターは分析しているが，それはボードリヤー
　　ルが分析した「消費社会」において現実の空間や対人関係と重なっていた「記号空間」
　　が，今や「虚構空間」と「現実空間」に切り離されたということを意味するだろう。
3) 多くのワーケーションやメタバースを会議に使うというアイデアは，このようなリア
　　リティや身体・空間感覚の変容を理解せず，現実のものを単にオンライン上に移すとい
　　う程度のアイデアでしかないので，失敗するだろうと推測される。人間の自我やリアリ
　　ティなどの感覚が既にさまざまなメディアや時代の状況によって変容してしまっている
　　ことを認識しなければいけないのだ。メタバースやオンラインが若い世代になぜ訴求力
　　があるかといえば，それが「本当の自分」になれる，自由で楽しい世界であり，ゲーム
　　やアニメなどの延長線上で理解されているからであり，その誘惑力を用いているからな
　　のだ。かつての理想などが持っていた吸引力の代わりに，甘やかしてくれる，幼児的で
　　いていい世界が吸引力を持っているのである。その欲望の構造を理解し，利用しなけれ
　　ば，おそらくさまざまなオタク文化を使ったビジネスは成功がおぼつかないだろう。
4) このような「虚構と現実」の重なりの感覚を描くアニメーションとして，アニメと実
　　写を組み合わせた庵野秀明『シン・エヴァンゲリオン劇場版』などがある（実写シーン
　　は，故郷の宇部をエヴァンゲリオンの聖地にする効果があるだろう）。あるいは，細田
　　守『未来のミライ』などのように，家族を通じて過去や未来と接続し直そうとさせる作
　　品もある。これらは「オタクとしての成熟」を描く作品だと評価されているが，それだ
　　けではなく，主体の再デザインを行おうとする作品だと見做した方がいいだろう。
5) 立木（2013）では，現代の人間は近代の主体のように「神経症モデル」（真の現実に
　　向けて，懐疑的に遡行しようとし続ける）ではなく，「依存症モデル」（瞬間瞬間に反応
　　するような自我構造）になっているのではないかと分析されている。マーシャル・マク

ルーハン（Herbert Marshall McLuhan, 1962）は，一貫していて論理的であるという近代的内面は，読書というメディアの経験によって構築されたとしているが（『グーテンベルクの銀河系』），ツイッターやゲームをメインのメディアにしている現代の人々が異なる内面になること，場合によっては異なる脳神経の構造になることは，想像に難くない。これらを理解し，戦略を練るために TNRD モデルは使うことができるだろう。

参考文献

Althusser, L. P.（1965）*Pour Marx*, F. Maspero.（河野健二・西川長夫・田村俶訳『マルクスのために』平凡社，1994 年）

Baudrillard, J.（1970）*La société de consommation*, Denoël.（今村仁司・塚原史訳『消費社会の神話と構造』紀伊國屋書店，1979 年）

Baudrillard, J.（1981）*Simulacres et simulation*, Galilée.（竹原あき子訳『シミュレーションとシミュラークル』法政大学出版局，1984 年）

Hanke, J.「メタバースはディストピアの悪夢です。より良い現実の構築に焦点を当てましょう。」『ナイアンティックブログ』2021 年 8 月 10 日，https://nianticlabs.com/blog/real-world-metaverse/?hl=ja（2022.4.18 アクセス）。

Heath, J. and A. Potter（2005）*The Rebel Sell: Why the Culture Can't be Jammed*, Capstone Publishing Ltd.（栗原百代訳『反逆の神話〔新版〕：「反体制」はカネになる』早川書房，2021 年）

Lyotard, J. F.（1979）*La condition postmoderne*, Les Éditions de Minuit.（小林康夫訳『ポスト・モダンの条件—知・社会・言語ゲーム』水声社，1989 年）

Mcluhan M. H.（1962）*The Gutenberg Galaxy: the Making of Typographic Man*, Routledge & Kegan Paul.（森常治訳『グーテンベルクの銀河系—活字人間の形成』みすず書房，1986 年）

More, T.（1516）*Libellus vere aureus, nec minus salutaris quam festivus, de optimo rei publicae statu deque nova insula Utopia*, Arte Theodorice Martini.（平井正穂訳『ユートピア』岩波文庫，1978 年）

Orwell, G.（1945）*Animal Farm: A Fairy Story*, Secker and Warburg.（高畠文夫訳『動物農場』KADOKAWA，1972 年）

Veblen, T. H.（1899）*The Theory of the Leisure Class, An Economic Study of Institutions*, Maclillan Company.（小原敬士訳『有閑階級の理論—制度の進化に関する経済学的研究』岩波書店，1961 年）

東浩紀（2001）『動物化するポストモダン』講談社。

宇野常寛（2007）『母性のディストピア』早川書房。

大澤真幸（1996）『虚構の時代の果て』筑摩書房。

岡本健（2018）『巡礼ビジネス ポップカルチャーが観光資産になる時代』角川書店。

北田暁大（2011）『増補　広告都市・東京：その誕生と死』筑摩書房。

小松左京（2008）『小松左京自伝』日本経済新聞社。

椹木野衣（2005）『戦争と万博』美術出版社。

立木康介（2013）『露出せよ，と現代文明は言う』河出書房新社。

原田保・古賀広志（2013）「『海と島』の地域ブランディングのデザイン理論」原田保・古賀広志・西田小百合編著『海と島のブランドデザイン―海洋国家の地域戦略―』地域デザイン叢書 3 号，芙蓉書房出版。

藤田直哉（2021）『シン・エヴァンゲリオン論』河出書房新社。

見田宗介（1995）『現代日本の感覚と思想』講談社。

四方田犬彦（2006）『「かわいい」論』筑摩書房。

終章
地域デザインモデルの発展に向けた今後の方向

原田　保
石川　和男

はじめに

　序章の冒頭でも取り上げたように，地域価値の発現のため地域をエリアとせず，ゾーンとして把握するのは，特にコンテクストとしてのゾーンに注目するためである（原田，2020 など）。ゾーン概念は多分野で使用され，各領域での戦略的ツールとして活用されている。本学会では，ゾーン概念を地域価値の発現のツールとしているところに特徴がある。そこで，第 1 章以降，エリア起点ではなくゾーン起点での理論構築を重視し，さまざまな角度から地域価値の発現について考察を深めた。エリアよりも格段に広く利用できる概念としてのゾーンは，本学会の公式モデルである ZTCA デザインモデルの起点となる。

　続いて，この ZTCA デザインモデルを理解するための基本的な事項，空間軸概念の拡張に伴うゾーン概念の多様化，地域デザインモデルの複数化とその他分野への活用，デザイン科学から見る地域デザイン，デザイン科学から見た地域デザインなどを基軸として，各章では各執筆者が ZTCA デザインモデルの導入・活用を中心として議論を展開してきた。終章では，あらためて地域価値発現モデルとしての ZTCA デザインモデルを振り返り，さらにはこれを活用し，実際の課題に対応するためのツールとするための深化に言及する。

◇　地域価値の発現に向けた ZTCA デザインモデル　◇

地域価値

＝

ゾーンデザイン

×

トポスデザイン

×

コンステレーションデザイン

×

アクターズネットワークデザイン

　このモデルの理論的な発展は，地域デザイン学会では重要な課題の1つであるため，これらの欠落領域や効果的な活用などは急務の課題である。それゆえ，これらの課題に対応すべく，複数の研究者による研究が本書を構成している。

第1節　基本的な考え方についての振り返り

　第1章では，空間概念の拡張を捉えた ZTCA デザインモデルの展開について取り上げた。そこでは，本書で基軸として考える Z 起点による ZTCA デザインモデルの空間拡張によって新たな可能性が生じることに言及した。これは新たな可能性を現出させるとともに，他方では地域価値の発現という社会課題から離れるリスクがあることにも言及した。これにより，デザイン・メソドロジーの多様化を図ることができ，デザインの効果が増大する可能性が増え，そこで新たなアプローチが提示された。こうした可能性と課題を踏まえ，後章において多様な視点からのモデルの進化へ向けた考察が加えられることを示唆した。展開領域については省略したが，さらに議論を深めることにより，地域概念のさらなる考察やデザイン概念の新たな展開を指向しつつ，デザインモデルとデザイン・メソドロジーの多様な進展について展望した。

　第2章では，ZTCAデザインモデルにおける地域価値の体系化と評価の方法について取り上げた。地域価値は，地域デザインを意思決定の観点から論じる際，さまざまなデザイン局面を方向づける目標とされ，地域デザインを地域事象として因果関係において捉える際には，地域デザイン要素の総合的な影響が当該地域にもたらす成果となる。この地域価値の2つの概念的な位置づけは，フィードバック・ループにより結合し，地域デザインの評価と修正という循環を実現する基盤となる。これまでこうした概念体系では，デザイン目標としての地域価値と達成手段としてのデザインに関する考察においては多くあったが，関連するアクターが知覚するデザイン成果としての地域価値は，ほとんど考察されなかった。また，その測定・解釈についてはマーケティングなどの他の研究分野に比べて遅れていることに言及した。ただし，地域価値研究の推進にあたり現実の地域へのフィードバックが不可欠になるが，そのフィードバック・ループは，地域デザインの評価と修正に有益な作用を及ぼすことが展望された。

　第3章では，ゾーン・カテゴリー連携とモデル・メソドロジー連携の新展開を取り上げた。そのため，地域デザイン研究をいかに進展させるべきかについて多様に考察した。ここでは，地域デザインを行うには何らかのモデルが必要であり，その多様化が求められるべきことを前提として，複数のモデルを利用したり，これらを相互に連携させたりすることで多様な地域価値の発現が可能になることを詳述した。現在，ZTCAデザインモデルに加え，ISET (identity, symbol, episode, tribe)デザインモデル，SSR (sign create, story select, resonance act)マーケティングモデル，ZEA (zone, episode make, actors network)ブランディングモデルが提示されているが，これらを踏まえ特にゾーンを捉えたモデルの効果を増大するため，カテゴリー(Ca)を地域デザインの議論に取り込み，Z-Ca連携モデルの有効性に言及した。さらに，地域価値の増大では，デザインモデルに加え，デザイン・メソドロジーの開発が重要であることを指摘し，これによってモデル＝メソドロジー連携が地域デザインにおいては有効に機能することを強調した。なお，メソドロジーはメソッドとは異なり，一般化かつ普遍化されたある種の戦略プラットフォーム的な機能を保持する概念として扱った。

第 2 節　領域別の考え方の振り返り

　第 4 章では，トポス・ゾーンの関係性を捉えたコンステレーションデザインの新機軸について取り上げた。そこではレンズと，レンズを通して映し出される像に関連した地域空間の関係が説明された。客体の認知メカニズムにおけるトポスの役割を解釈することで，「トポスは価値発現装置」（原田，2020：15）であることの意味が鮮明になった。それはトポスというレンズがあるため，曖昧なプレイスが客体にとって魅力ある地域空間として認識されゾーンになるからである。また，トポスには光のトポスと影のトポスがある。影のトポスによるコンステレーションデザインも効果的であるが，客体にポジティブな感情を抱かせるのは難しい。ただ客体の中には知識や視野の拡大を期待し，地域を消費することが報告されている（電通 abic project 編，2009）。こうしたネガティブな感情を引き起こす影のトポスも，客体が地域を消費するコンテクストに合致すれば，プレイスの価値を発現するレンズとなりうることに言及した。さらに，客体の認知過程でプレイスのコンステレーションが形成されることを踏まえたコンステレーションデザインを行うことを新機軸として提案した。特に，糸島の事例を取り上げながら，地域の価値発現を指向する地域デザインでは，地域資源の本来の価値として，主体が重視しているトポスが持つ象徴的意味に囚われた施策を行うのが一般的であるが，地域デザイン主体はプレイス内にあるトポスによって客体の認知にどのようなプレイスの像がコンステレートされているかに注意を向けて地域デザイン戦略を練ることにより，客体に対して魅力的な地域をデザインすることが可能となることが明示された。

　第 5 章では，SDGs による地域価値の発現に向けた ZTCA デザインモデルの活用について取り上げた。地域が SDGs をもとに地方創生や地域価値の発現を目指すコンテクストにおいて，ZTCA デザインモデルの活用可能性を検討した。人口の減少や自然破壊に直面する地域には，地域の再生や新たな価値の発現が重要課題であるが，SDGs はそれに対し有益な視座を提供することが期待される。ただし，SDGs の各ゴールをどのように事業に組み入れ，具体的に

推進すべきかについては，これまで明確な指針が提供されていない。ZTCA
デザインモデルでは，SDGs を起点とした地域価値の発現のためには，トポス
の特定がまず必要であり，トポスに適合したSDGs のゴールを事業に組み込む
重要性が指摘される。また，目標達成までの説得力のあるストーリーをコンス
テレーションとして提示し，複数のアクターを結びつけるハブを構築すること
が求められることに言及した。そこで，恩納村や郡山市を事例として，SDGs
に基づく地域創生を図る事業である SDGs 未来都市も，この枠組みに沿った形
で事業が推進されているとの解釈が可能であることを例証した。つまり，ZTCA
デザインモデルの活用により，SDGs による地域価値の発現を目指す上での１
つの指針提示が可能であることが明示された。

　第 6 章では，バーチャル＆ハイブリッド空間を捉えた ZTCA デザインモデ
ルについて取り上げた。そこでは，地域デザインの対象をバーチャル＆ハイブ
リッド空間まで広げた場合の地域価値発現の仕組みについて言及した。バーチ
ャル空間での空間・時間・身体要素各々を高める必要があるが，空間要素は，
立体感・質感・包囲感，時間要素は，動感・リアルタイム感・同時感，身体要
素は，自己存在感・インタラクティブ感・情感に細分化される（舘ら監修，
2011：221）。これらの要素が複合的に与えられた時，相乗効果が生じ，バーチ
ャル空間での「体験」がもたらされるとした。また，これらの要素が生じる要
因には，外界の物理情報による外的要因と，経験や学習により脳内に蓄積され
た感覚の記憶に基づく内的要因がある。現実世界とバーチャル空間の隔たりを
できるだけなくし，物理的リアリティを高め，現実世界とは無関係に脳や心で
知覚される心理的リアリティを高める必要がある（舘ら監修，2011：321-322）。
特に，遠隔会議，オンラインツアー，バーチャル修学旅行，ワーケーションな
どの事例を挙げながら，あたかもその場にいるような感覚をもたらし，場合に
よっては現実をも超越する超臨場感コミュニケーションという技術の研究にも
言及した。他方，コロナ禍がもたらしたコンテクスト転換であると同時に，現
状では一時的な窮策についても付言している。

　第 7 章では，地域創生に対する ZTCA デザインモデルからの解釈と活用方

法について取り上げた。地方創生に対する ZTCA デザインモデルからの解釈と活用方法を模索するため，2010 年代の半ば以降，政府主導で行われている，いわゆる地方創生政策を概観した。そこでは，これまでの地域政策とされてきたものとの相違に言及した。特に，地方創生政策を活用する地域として，佐賀県における有田焼について，その産業政策や有田焼をめぐるアクターを中心に産業集積というゾーンに言及した。有田焼という「地産他消」の製品（商品）を流通させるため，有田というゾーンを超えての動きも考察するとともに，ゾーンの曖昧さについても言及した。地域政策では，特定のエリアが指定され，しばしば行政区域であることが多いが，単なる行政区域ではなく，ゾーンとしての施策の重要性を指摘した。またゾーンでは，地方創生政策を前提として活動を行うのではなく，他地域での地方創生政策の活用については，まず当該ゾーンでの明確な ZTCA デザインモデルを描いた上で，活用できそうな地方創生政策におけるメニューがあれば，その活用を試みるべきであり，前提とすべきではないことを明示した。

　第 8 章では，過疎地域と離島の ZTCA デザインモデルを活用したメソドロジーについて取り上げた。地域活性化の議論では，地域を所与とすることが多くあり，当該地域は地方自治体であることが多い。政府による地域活性化の政策は，自治体を単位として実施されることが多いため，その事例も自治体を特定して行われる。ただ地域の維持が難しくなり，いわゆる「平成の大合併」が断行され，それ以前と比べて自治体という対象の把握が拡大し，それ以前の地域活性化政策との違いも見られるようになった。それはかつての村などが，大規模な市に併合されることで散見される。こうした問題があり，過疎地域と離島からゾーンの問題に言及し，ゾーンを超越する視点として，技術の問題を解決しながら，従来の産業としての観光だけではなく，産業構造の転換に合わせた仕事と生活の両立という価値共創の視点が必要であることに言及した。ここでは壱岐島と神山町を取り上げたが，それぞれ離島あるいは過疎地域でありながら，独自のゾーンとしての主張を明確にし，活性化に取り組んでいる。そこでは ZTCA デザインモデルが，ゾーンを起点とするだけでなく，トポスやコ

ンステレーションあるいはアクターズネットワークを用いることによって，ゾーンを拡張することが可能となること，そのツールとして ICT というコンステレーションの可能性についても明示した。さらに新型コロナウイルス感染症の影響によって労働や観光など人の移動に関わる産業が変貌する中，ZTCAデザインモデルのメソドロジーのさらなる検討の必要性についても示唆した。

　第9章では，災害や感染症を捉えた復興への ZTCA デザインモデルの導入について取り上げた。新型コロナウイルス感染症の蔓延では，どの地域においても安全と安心の確保が最重要であることを多くの人々が身をもって経験したはずである。そこで，新型コロナウイルス感染症の実態とこれへの対応方法についての議論について言及した。わが国に見られる多様な領域に対するリスク視点からの全国民的な対応の必要性についても ZTCA デザインモデルによる視角から説明された。今後の地域デザイン研究においては，多様な危険や不安を取り除くことが国民全体の課題であるとし，災害のうち感染症に的を絞って議論した。ただ近年では自然災害等に加え，戦争や観光問題など1地域や1国家では対応できない課題があることを認識せざるをえない状況である。それに対する国民一人ひとりの危機意識の保持と普段の対応が重要であること，および不安や危険が迫っている状況の中で，いかに日常を過ごすかが重要であることを強調した。

　第10章では，アート，アニメ，SF を捉えた ZTCA デザインモデルのユートピアとディストピアについて取り上げた。まず広義の「広報」の重要性を主張した。広報とは上部構造のデザインに介入する行為であり，物質的な実体だけで経済も政治も動いていない以上，地域デザインにおいて上部構造を意識することの重要性を強調した。そして，広義の「広報」としてのフィクションの果たした機能について事例を挙げて紹介し，その役割の変遷，ポストモダン以降のフィクションは，集団で共有される理想のイメージではなく，私的な趣味を満たす無時間的なユートピアになっていることを示唆した。また「空間」もさまざまであり，「神話空間」などの非現実の空間があったが，現在ではアニメーション・ゲーム・サイバースペースが重なり合った「虚構空間」が最も重

要になっているとし，それは広義の広報としてのさまざまなフィクションが，人間の人格や内面の構造に影響を与え，主体のあり方を変貌させたことに言及した。

第3節　地域価値発現モデルとしての ZTCA デザインモデル

　本書では，ZTCA デザインモデルの解釈と今後に関して考察し，今後の研究活動ではこれらを踏まえた ZTCA デザインモデルの進化に向けた組織的な対応が必要となることを強調した。理論を中心とした各章，ZTCA デザインモデルの各要素，あるいは単独の要素について，それぞれを活用した事例など，現実の問題や課題を取り上げることにより，その実用可能性について言及した。そこでは研究分野の見直しや研究者獲得が必要であることが明確になったといえよう。そのために本学会では，全国大会や各地域部会報告，学会誌刊行だけでなく，数多くのフォーラムを設立し，研究の進化を試みているともいえる。

　こうした研究進化の成果として，本書では各研究者の専門分野を中心としてモデルの発展可能性について考察が行われた。空間概念の拡張によるゾーンに関する対応，個別のモデル構成要素に関する対応，モデルの構成要素の変更に関する対応が主なものである。さらに ZTCA デザインモデルを補完するモデルとして，これまで ISET デザインモデルのような新たなモデルを提言してきたが，TLT などメソドロジーの投入による価値発現力の強化に向けての対応も行っている。ただ，これらのモデルについては，今後さらにブラッシュアップし，現実の問題や課題解決につながるよう，修正を厭わない議論も必要になるだろう。

　いうまでもなく，ZTCA デザインモデルにおける起点はゾーンである。これまで繰り返されてきたようにエリアでもディストリクトでもない。今後ゾーン概念の有効性をさらに明確にし，地域デザイン研究が進捗するためには，ゾーン＝カテゴリーの連携による新たな連携についての提言が必要になるだろう。また，その上で異なる新たなモデルの進化を可能にする対応についても配慮し

ていかなければならない。

第4節　今後の地域デザイン研究における課題

　地域デザイン研究は一定の進捗を見せているが，しかしZTCAデザインモデルの深化と進化を発揮する機会はまだ途上である。そこで，ここでは3つの対応方法について論じる。これらは具体的には，第1はZTCAデザインモデル研究の深化と進化の統合的推進，第2はモデルの構築とモデルの実装との相互フィードバック，第3が社会課題対応のためのリアルな地域へのフィードバックである。これらの3点は，今後の地域デザイン研究には欠かせない。

◇　地域デザイン研究のため課題　◇

　(1) ZTCAデザインモデルの深化と進化の統合的推進
　(2) モデルの構築とモデルの実装との相互フィードバック
　(3) 社会課題対応のためのリアルな地域へのフィードバック

　第1のZTCAデザインモデルの深化と進化の統合的推進は，モデル研究が多様に展開される場合，そして統合化されてマネジメント体制が整備されて適切に管理されることが重要である。これらに加えて，モデルの進化と深化が有機的に行われることが重要である。これは，深化にとっては進化が有機的に機能し，進化にとっては深化の視点が有益であることが多いためである（図表終-1)。

　第2のモデルの構築とモデルの実装との関係は重要な様相を示す。モデル構築と実装が1つの実践的な統一化された活動としてモデルの有効性を高めるには，相互フィードバックは必須の条件である。これは，どちらを優先すべきという考え方ではなく，相互活用を指向したフィードバックが相互に展開されてはじめてZTCAデザインモデルが有効に機能するということである。つまり，このような連携は価値発現のためのスパイラルな活動から現出することの理解

図表終-1 ZTCA デザインモデル研究の構造

図表終-2 モデルと実践へのビルトインの相互関係

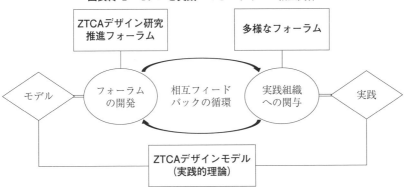

図表終-3 理論研究と社会課題対応の地域へのフィードバック

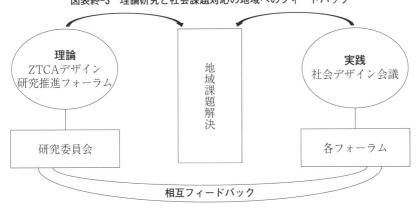

出所：図表終-1 から終-3 については，著者作成

が不可欠である（図表終-2）。

　第3の留意点は，社会課題である地域の活性化は，モデルを駆使することにより，地域の価値を最大化すると思われるゾーンを捉えて展開されるが，重要なことはこのようなことから導出される価値を各行政単位の地域に還元するということである。それはゾーンから現出した価値は，そのほとんどが他地域の経済主体に流出するようでは，地域にとっては他地域への貢献になってしまうからである。つまり，発現した地域価値の確保に向けた対応がなされることが不可欠になる（図表終-3）。

おわりに

　今後は先に取り上げた研究方向を指向するが，これまでの本書における理論研究の総括を行うと，本書における理論展開は，上記課題への対応のためには重要な第一歩である。その意味では，本書各執筆者による論考はZTCAデザインを起点にした地域デザイン研究に役立っていると考えられる。また，ここでの成果を踏まえながら，各人がそれぞれに創造的な研究を展開していくことが期待される。

　本学会の起点でもあるゾーンが意味のあるゾーンとして，さまざまなコンテンツやコンテクストを育むものであるためには，さらなる研究の進化が必要となる。今後は，これまでも触れてきたようにZTCAデザインモデルに磨きをかけると同時に，理論として耐えられるだけのさまざまな要素を付加する必要がある。また，このモデルを支えるモデルについても理論としての頑強さを付加する必要がある。単に主張だけに止まらず，当該モデル通り，あるいは参考にしたことによって，こうした現実対応が可能になったという事例の検証も積み重ねていかなければならない。

　次号以降の学会誌や叢書では，ZTCAデザインモデルのフィードバックともいえるような研究の進化・深化の証といえる対応が必要となろう。さしあたっては，地域デザインモデルのコンテクスト転換を中心として，地域デザイン

のイノベーションについて，さまざまな研究分野において戦略的に活用することを指向していきたい。

　地域デザイン学会では，研究委員会をはじめとして研究体制の充実を図っているが，それには多様な分野からのアプローチや，多様な研究報告の場の設定が期待される。また，本学会固有の組織である多様なフォーラムの活動は，理論と実践の相互真価が大いに期待されるところである。このようなことを踏まえながら，学会としてさらなる地域デザイン研究に取り組んでいきたい。

参考文献

電通 abic project 編，和田充夫・菅野佐織・徳山美津恵・長尾雅信・若林宏保著（2009）『地域ブランド・マネジメント』有斐閣。

原田保（2020）「地域デザイン理論のコンテクスト転換―ZTCA デザインモデルの提言」地域デザイン学会誌『地域デザイン』第 4 号改訂版，11-27 頁。

原田保編著（2013）『地域デザイン戦略総論―コンテンツデザインからコンテクストデザインへ』芙蓉書房出版。

原田保・石川和男・小川雅司編著（2019）『地域マーケティングのコンテクスト転換：コンステレーションのための SSR モデル』学文社。

原田保・宮本文宏（2016）「場の論理から捉えたトポスの展開―身体性によるつながりの場とエコシステムの創造」地域デザイン学会誌『地域デザイン』第 8 号，9-36 頁。

舘暲・佐藤誠・廣瀬通孝監修，日本バーチャルリアリティ学会編（2011）『バーチャルリアリティ学』コロナ社。

【監修】

一般社団法人 地域デザイン学会 (理事長 原田保)

　2012年1月設立。2015年6月一般社団法人化。日本学術会議協力学術研究団体。

　地域振興や地域再生を，産品などのコンテンツからではなく知識や文化を捉えたコンテクストの開発によって実現しようとする学会である。地域デザインを知行合一的に展開することで，インテグレイティッド・スタディーズとしての地域デザイン学の確立を指向している。

地域デザイン学会叢書 9
地域価値発現モデル
―ZTCAデザインモデルの進化方向

2022年9月10日　第1版第1刷発行　　　　　　　　　〈検印省略〉

監　修　一般社団法人 地域デザイン学会
　　　　　　　　　原田　　保
編著者　石川　和男
　　　　福田　康典

発行者　田中　千津子

発行所　株式会社 学文社

〒153-0064　東京都目黒区下目黒3-6-1
電話　03 (3715) 1501 (代)
FAX 03 (3715) 2012
https://www.gakubunsha.com

ISBN 978-4-7620-3190-8